O VERDADEIRO VALOR DO
BLOCKCHAIN

O VERDADEIRO VALOR DO
BLOCKCHAIN

COMO CRIAR VALORES EM UMA NOVA ERA DIGITAL

DAVID FURLONGER
CHRISTOPHE UZUREAU

GARTNER, INC.

M.Books do Brasil Editora Ltda.

Rua Jorge Americano, 61 - Alto da Lapa
05083-130 - São Paulo - SP - Telefone: (11) 3645-0409
www.mbooks.com.br

Dados de Catalogação na Publicação

FURLONGER, David; UZUREAU, Christophe.
O Verdadeiro Valor do Blockchain / David Furlonger e
Christophe Uzureau.
2021 São Paulo M.Books do Brasil Editora Ltda.

1. Blockchain   2. Liderança   3. Negócios

ISBN: 978-85-7680-346-1

Do original em inglês: The real business of blockchain
Publicado originalmente por Harvard Business School Publishing Corporation.

©2019 Gartner, Inc.
©2021 M.Books do Brasil Editora Ltda.

Editor: Milton Mira de Assumpção Filho
Tradução: Ariovaldo Griesi
Produção editorial: Lucimara Leal
Diagramação: 3Pontos Apoio Editorial
Capa: Isadora Mira

2021
M.Books do Brasil Editora Ltda.
Todos os direitos reservados.
Proibida a reprodução total ou parcial.
Os infratores serão punidos na forma da lei.

Para Brigette e Wing, que tornaram este livro melhor, do mesmo modo como fazem com todos os outros aspectos na vida.

SUMÁRIO

Prefácio 13

1. O Verdadeiro Valor do Blockchain 15

Os Cinco Elementos Centrais do Blockchain 17
Como o Blockchain Gera Valor para a sua Empresa 22
Indo além da Euforia Inicial 24
O Espectro de Blockchain da Gartner: Mapeando o seu Futuro 25
Fase 1: Inspirada em Blockchains 27
Fase 2: Blockchain Completo 29
Fase 3: Blockchain Aprimorado 30
A Sociedade Programável 31
Deslocando-se ao Longo da Descentralização Contínua 36
Ampliando sua Visão sobre o Verdadeiro Valor do Blockchain 37
O que Você Aprendeu neste Capítulo? 37
O que Você Deve Fazer a este Respeito? 38
O que Vem a Seguir? 38

PARTE UM
SOLUÇÕES INSPIRADAS EM BLOCKCHAINS

2. Buscando Valor 41

Moedas de Negociação em Soluções Inspiradas em Blockchain 43
Dados 46
Acesso 48

O VERDADEIRO VALOR DO BLOCKCHAIN

Contratos 49

Tecnologia 50

Arquétipos Inspirados em Blockchain 51

Soluções "Medo de Perder a Oportunidade" (MDPO) 52

Soluções Cavalo de Troia 54

Soluções Oportunas 55

Soluções Evolutivas 57

Soluções Blockchain Nativas 60

Soluções Inspiradas em Blockchain no Caminho para a
Descentralização 61

Ampliando sua Visão sobre o Verdadeiro Valor do Blockchain 61

O que Você Aprendeu neste Capítulo? 61

O que Você Deve Fazer a este Respeito? 62

O que Vem a Seguir? 63

3. Consorciando-se Com o Inimigo 65

Consórcios de Blockchain: em Termos, Uma Contradição? 67

Mantendo os Seus Inimigos Por Perto 69

Consórcios Setoriais 69

Consórcios Por Área Geográfica 70

Consórcios Focados em Tecnologia 70

Consórcios Baseados em Processos de Negócios 71

Por que se Consorciar? 72

Aprendizagem 72

O Blockchain Como um Bom Motivo para Iniciar Conversações 73

Gestão de Riscos 75

Soluções Conduzidas por Consórcios: de Dentro para Fora – de Fora
para Dentro 77

Soluções de Dentro para Fora 77

Soluções de Fora para Dentro 78

Quando os Membros de um Consórcio se Tratam Inimigos 81

Em Busca de Clareza 83

Por que Você se Encontra Lá? Clareza de Propósito 85

Quem Ganha o quê? Clareza sobre a Propriedade de IP 85

Quem Paga o quê? Clareza em Relação ao Financiamento 86

Quem Decide o quê? Clareza na Governança 86

Quem Pode Ser Responsabilizado pelo quê? Clareza na

Responsabilização.. 87
Quem se Beneficia? Clareza na Estrutura de Recompensas 87
Quem Deve Falar e a quem Atribuir o Crédito? Clareza nas
Comunicações Externas 88
Como São Tomadas as Decisões Relativas a Tecnologias?
Clareza no Suprimento de Tecnologia.. 89
Como Cair Fora? Clareza na Estratégia de Saída............................ 89
Ampliando sua Visão sobre o Verdadeiro Valor do Blockchain............ 90
O que Você Aprendeu neste Capítulo? 90
O que Você Deve Fazer a este Respeito?...................................... 90
O que Vem a Seguir? 91

PARTE DOIS
SOLUÇÕES BLOCKCHAIN COMPLETO

4. Foi Dada a Partida para a Tokenização 95

A Forma dos *Tokens*... 97
Tokens em Ação 99
Quando os *Tokens* Se Encontram com o Blockchain 100
Indo Além do Dinheiro Digital 104
Tokens: de Soluções Inspiradas em Blockchain a Soluções
Blockchain Completo 105
Tokens para Auxiliar na Descentralização.................................. 107
Monetização dos Dados.. 110
Caminhos para a Tokenização Estratégica 113
Ampliando Sua Visão Sobre o Verdadeiro Valor do Blockchain.......... 117
O que Você Aprendeu neste Capítulo? 117
O que Você Deve Fazer a este Respeito?...................................... 118
O que Vem a Seguir? 119

5. Chegando a um Consenso através da Descentralização.............. 121

Os Oito Componentes da Descentralização................................... 123
Governança 124
Examinando Mais de Perto a Governança................................... 125

O VERDADEIRO VALOR DO BLOCKCHAIN

Governança Comercial Descentralizada 127
O Estado em Constante Mutação da Descentralização 128
O Valor da Descentralização 130
Por que Descentralizar? 132
A Importância de Começar o quanto antes 136
Empresas Centralizadas Adotando a Descentralização.................. 139
Ampliando sua Visão sobre o Verdadeiro Valor do Blockchain 144
O que Você Aprendeu neste Capítulo? 144
O que Você Deve Fazer a este Respeito?................................. 145
O que Vem a Seguir? 145

6. Acesso e Participação No Mercado..................................... 147
Os Benefícios das Soluções Blockchain Completo 148
Inovação Financeira através de Soluções Blockchain Completo 153
Contratos Inteligentes como Instrumentos Reguladores 155
Os Riscos e os Benefícios das ICOs..................................... 157
Regulamentação de Financiamentos Descentralizados.................. 160
A Moviecoin e Finanças Descentralizadas além das ICOs 162
Swarm Fund 163
O Destino das Soluções Descentralizadas 164
Ampliando Sua Visão sobre o Verdadeiro Valor do Blockchain 166
O que Você Aprendeu neste Capítulo? 166
O que Você Deve Fazer a este Respeito?................................. 167
O que Vem a Seguir? 167

PARTE TRÊS
SOLUÇÕES BLOCKCHAIN APRIMORADO

7. Liberando Todo o Poder das Coisas Inteligentes....................... 171
Um Manual Elementar sobre IoT e IA 173
Como a IoT e a IA Aprimoram o Uso de Blockchain 175
Os Contratos Inteligentes se Tornam Realmente Inteligentes.......... 175
Coisas se Transformam em Nós 176
A Identidade se Torna Descentralizada e Soberana 177

O Corpo Humano se Transforma em Nó.............................. 180
Como o Blockchain Beneficia a IoT e a IA......................... 181
Com o Blockchain as Coisas Inteligentes Podem Identificar e
Transacionar... 181
O Blockchain Coloca os Dados dentro de um Contexto 183
Zonas de Perigo na IoT e IA....................................... 185
Cidades Inteligentes: Um Laboratório para Blockchain Aprimorado . 186
Ideias Inteligentes em Ambientes Existentes 187
Prédios Antigos, Nova Tecnologia e Regras Obscuras.............. 188
O Blockchain na Cidade Inteligente.......................... 190
Ampliando sua visão sobre o Verdadeiro Valor do Blockchain........... 194
O que Você Aprendeu neste Capítulo? 194
O que Você Deve Fazer a este Respeito?.................... 194
O que Vem a Seguir? 195

8. A Organização Blockchain 197

A Organização no Blockchain 199
Da Hierarquia à Holocracia 200
Da Autoridade para a Participação 204
Liderando Quando não Há Seguidores 205
Comunicando a Razão para Estar Lá e Como Fazer as Coisas.......... 206
Empoderando Trabalhadores Através do Blockchain 210
Transparência e Remuneração............................. 212
Desafios na Liderança Blockchain 215
Ampliando Sua Visão sobre o Verdadeiro Valor do Blockchain 217
O que Você Aprendeu neste Capítulo? 217
O que Você Deve Fazer a este Respeito?.................... 218
O que Vem a Seguir? 218

9. A Sociedade Blockchain 219

Optando Por Uma Sociedade Blockchain 221
Identidade na Sociedade Blockchain 228
De Azraq, Jordânia, a Austin, Texas....................... 229
Identidade Como Poder................................ 231
Sociedade e Representação............................. 233
Sociedade e Investimento............................... 234

Sociedade e Fronteiras...236
A *Internet Of Me*...238
Problemas em Uma Sociedade Blockchain 239
Ampliando sua Visão Sobre o Verdadeiro Valor do Blockchain 241
O que Você Aprendeu neste Capítulo?.............................241
O que Você Deve Fazer a este Respeito?..........................242
O que Vem a Seguir?...243

Conclusão   Em Busca do *Seu* Blockchain.............................245

Notas...249

Índice..271

Agradecimentos 283

Sobre os Autores..287

PREFÁCIO

O dia 3 de janeiro de 2019 marcou o 10º aniversário da primeira transação *blockchain*. Dias depois dessa transação inaugural, começamos a manter conversas com vários executivos sobre o potencial do blockchain na criação de oportunidades no mundo digital. Tais conversações chegam hoje a milhares. Ouvimos também centenas de provedores de tecnologia. Tais interações deixaram claro para nós que altos executivos como você se veem diante de escolhas difíceis.

Aqueles que estão apenas começando a explorar o blockchain podem ter a impressão de que a tecnologia é tão especializada e complexa a ponto de achar que ela deva se limitar ao campo dos especialistas em tecnologia. Você pode ter uma atitude de resistência em ver como ela é importante para você e seu negócio e, portanto, sentir pouco incentivo para passar de mero observador a experimentador. Outros podem ser veteranos no campo do blockchain, e anos atrás terem comprado a ideia desta tecnologia e sua promessa de promover a paz no mundo e eliminar a fome. Estes podem se sentir frustrados pelo fato de, dez anos depois, tais promessas não terem sido concretizadas.

Seja qual for o seu nível de experiência com esta tecnologia disruptiva, entenda que a promessa do blockchain de fornecer uma maneira de fazer negócio com qualquer um e com qualquer coisa no mundo, com transações de qualquer tamanho e sem nenhum intermediário, está mais forte do que nunca. A questão não é se a tecnologia irá ou não atender a demanda, mas sim, quando ela irá fazê-lo e qual o seu papel em garantir que esta promessa seja concretizada. Além disso, os líderes empresariais devem se perguntar se estão ou não prontos para aceitar e implementar as mudanças necessárias que o blockchain irá exigir de suas organizações. E tais mudanças valerão a pena em termos de retorno?

As respostas a essas perguntas são muito mais fáceis de serem alcançadas através de informações acuradas, objetivas e imparciais sobre o que é o blockchain e o que o torna poderoso, mantendo sempre os pés no chão e pensando nos negócios. É preciso entender onde ele poderá acelerar a sua transformação digital específica, como ele interage com outras plataformas de sua empresa e como ele poderá afetar construtos organizacionais e sociais. Você precisa ter um guia confiável para percorrer a evolução do blockchain e planejar como capitalizá-lo a seu favor.

Escrevemos este livro para provê-lo dessas informações, juntamente com o *insight* necessário para tirar proveito desta tecnologia que está transformando o mundo. Definimos blockchain da melhor forma possível em termos de negócios, bem como descrevemos o que ele permite que você faça e que não é possível hoje em dia. Partindo desses fundamentos, o provemos das ferramentas estratégicas, visão e confiança necessárias para que você possa tomar decisões embasadas e oportunas a seu favor e de sua empresa.

Tais decisões irão repercutir fora dos confins de sua empresa já que o blockchain, por definição, não está contido em uma empresa ou ecossistema. A forma como se aplica a tecnologia tem implicações para a sociedade e o papel futuro da tecnologia na experiência humana, na expansão do *franchising* financeiro e em questões de confiança, identidade, privacidade, valor e democratização.

Em suma, escrevemos este livro para executivos e responsáveis pela formulação de políticas para assisti-los de modo a neutralizarem o efeito de todo aquele estardalhaço e se concentrarem nas proposições de valor fundamentais que o blockchain pode revelar e o que será preciso para ser bem-sucedido.

CAPÍTULO 1

O VERDADEIRO VALOR DO BLOCKCHAIN

Em recente voo a Dubai, David sentou-se ao lado do CEO e presidente de uma empresa europeia que investe em blockchain. Ao longo das oito horas de voo, o CEO falou sobre o processo de transformação de sua empresa familiar que vinha originariamente atuando, desde o século passado, como indústria extrativista e que passou a atuar no setor de empreendimentos imobiliários para depois diversificar em computação na nuvem e agora em blockchain. Esta clássica lenda da destruição criativa executada no interior de uma organização poderia parecer, à primeira vista, a mudança menos provável para uma empresa como a dele, dado seu histórico de empreendimento e uso de moeda tradicionais.

É assim que acontece com o blockchain. Ele aguçou a imaginação dos empresários. Muitos o veem como a solução para agregar confiança e transparência aos ambientes digitais. Ao fazer isso, ele poderia expandir os negócios, criar novos mercados e disponibilizar ferramentas melhores para gerenciar processos caros e obscuros que custam milhões de dólares às empresas. Essa promessa fez do blockchain um dos temas mais populares entre os clientes da Gartner, empresa global nas áreas de consultoria e pesquisa em que nós dois trabalhamos.

Empresas em setores tão diversos como os financeiro, esportivo, assistência médica, varejo, gás e petróleo bem como farmacêutico estão embarcando na onda de experimentos com o blockchain. Elas têm esperança de solucionar problemas intricados como de falsificação e fraude, ineficiências causadas por processos manuais ou obscuros e eternos desafios com a qualidade e o gerenciamento dos dados. *Startups* também estão desenvolvendo soluções para, por exemplo, inovar no financiamento de filmes, engajamento em redes sociais, no setor hoteleiro e na indústria de jogos eletrônicos.

Abaixo listamos apenas algumas empresas com as quais falamos enquanto realizávamos a pesquisa para este livro:

- A ASX (a bolsa de valores australiana) e a DTCC (*Depository Trust and Clearing Corporation*) estão desenvolvendo plataformas de blockchain para modernizar os mecanismos usados para compensação e liquidação de títulos.

- O Taipei Medical University Hospital está desenvolvendo uma solução de blockchain para facilitar o acesso aos prontuários médicos por parte de diversas unidades da organização com a devida autorização dos pacientes.

- A UEFA (*Union of European Football Associations*), organizadora da Champions League e de outros torneios europeus de futebol, está trabalhando com o provedor de soluções de TI ELCA no desenvolvimento de uma solução blockchain para impedir fraudes e preços abusivos – os principais problemas enfrentados com a venda de ingressos no mercado paralelo – e manter o controle de segurança em eventos esportivos.

- A Volkswagen e a Renault estão usando blockchain separadamente para criar um "passaporte" imutável que capta o histórico dos veículos e os registros de manutenção para impedir a manipulação de hodômetros e outras formas onerosas de fraude.

- A cidade de Austin, no Texas, está criando um sistema de identificação para ajudar pessoas em situação de rua a ter acesso à assistência de saúde e a outros serviços.

As expectativas para o blockchain são bem fundamentadas. Junto com colegas na Gartner, estimamos que o blockchain possa gerar cifras que cheguem aos US$ 3,1 trilhões em valores gerados por novos negócios até 2030, metade deste valor até 2025 com aplicações voltadas para eficiência operacional.[1]

Entretanto, estes retornos não virão de graça. Um de nossos objetivos com este livro é substanciar as alegações a favor do blockchain, esclarecer aquilo que é verdadeiro e o que não é e ajudá-lo, na posição de líder, a compreender o que terá de fazer para garantir a sua parcela do valor. Tendo isso em mente, queremos enfatizar que a maneira como as empresas estão discutindo e usando o blockchain hoje em dia é apenas um passo inicial. Além de ganhos operacionais e maior eficiência, soluções de blockchain maduras lhe permitirão fazer uma reengenharia das relações comerciais, monetizar ativos de baixa liquidez e redistribuir os fluxos de dados e valores de modo que poderiam reinventar a forma como o seu negócio pode empreender no mundo digital. Este é o *verdadeiro* valor do blockchain.

Para descrever como você pode começar a obter sua parcela deste valor, iremos, primeiramente, esclarecer o que é blockchain, e o que ele lhe permite fazer, e não pode ser feito com o uso de outras tecnologias.

OS CINCO ELEMENTOS CENTRAIS DO BLOCKCHAIN

Formalmente, blockchain é um mecanismo digital para criar um livro razão digital distribuído em que dois ou mais participantes em uma rede não hierarquizada podem trocar informações e ativos diretamente sem a necessidade de um dispositivo intermediário de autenticação. O blockchain autentica os participantes e valida a posse dos ativos que querem trocar e garante que a transação possa ocorrer. O blockchain registra as informações pertencentes à transação em uma razão digital, sendo que uma cópia deste é mantida e atualizada independentemente por cada participante da rede. Os registros não são intercambiáveis, são timbrados com data e hora em que ocorreu a transação, criptografados e lincados entre si em blocos; cada bloco é um *cluster* de aproximadamente 2.000 registros de transação agrupados.[2] O livro razão cresce à medida que os participantes transacionam.[3]

Porém, informalmente, qual o significado desta definição? Significa que se pode, teoricamente, fazer negócios com alguém desconhecido em

FIGURA 1-1
Os cinco elementos do blockchain

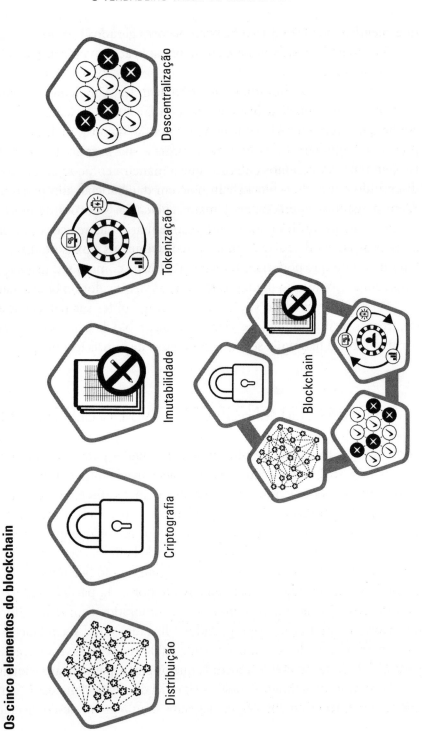

qualquer lugar do planeta e comercializar qualquer ativo seja qual for o valor dele sem a necessidade de um advogado, banco ou companhia de seguros ou qualquer outro intermediário, assegurando que ambas as partes sigam aquilo que haviam prometido fazer. Uma solução dessas amplia enormemente o espectro de ativos que uma empresa pode comercializar. O arranjo também aumenta enormemente com quem ou o que uma empresa poderia comercializar diretamente, sem precisar de um terceiro (que ficaria com parte do valor).

O blockchain combina tecnologias e técnicas existentes em uma arquitetura inovadora composta de cinco elementos (Figura 1-1):[4]

1. **Distribuição.** Os participantes do blockchain se encontram a uma distância física uns dos outros e estão conectados através de uma rede. Cada participante operando um *nó completo* (*full node*) mantém uma cópia completa do razão que é atualizado com as novas transações à medida que elas ocorrem. Os nós são as máquinas de propriedade ou usadas pelos participantes e equipadas para rodar o algoritmo descrito abaixo.[5] Qualquer participante pode rever qualquer parte do razão mas não pode alterá-lo exceto sob condições estipuladas.

2. **Criptografia.** O blockchain usa tecnologias como chaves públicas e privadas para registrar de forma segura os dados nos blocos e de modo semianônimo (os participantes possuem pseudônimos). Os participantes podem controlar suas identidades pessoais e outras informações e compartilhar apenas o que for preciso em uma transação.[6]

3. **Imutabilidade.** As transações completadas são assinadas criptograficamente, timbradas com data e hora em que ocorreu a transação e adicionadas sequencialmente ao razão. Os registros não podem ser corrompidos ou de alguma maneira modificados a menos que os participantes concordem sobre a necessidade de fazê-lo. Um acordo deste tipo é conhecido como *bifurcação* (*fork*).[7]

4. **Tokenização.** Transações e outras interações em um blockchain envolvem a troca segura de valores. O valor vem na forma de *tokens*.[8] Os mercados digitais são capazes de funcionar de maneira mais

eficaz com o uso de *tokens* e precisa criá-los (tokenização) por várias razões. Os *tokens* podem funcionar como representações digitais de bens tangíveis, na forma de um mecanismo de recompensa para incentivar os participantes ou para possibilitar a criação e a troca de novas formas de valor. Eles também permitem que os participantes, sejam eles indivíduos ou instituições, controlem os seus dados.

5. Descentralização. Tanto as informações de rede quanto as regras de como a rede opera são mantidas por vários computadores, ou nós, na rede distribuída. Na prática, descentralização significa que nenhuma entidade única controla todos os computadores ou informações ou então dita as regras. Cada um dos nós mantém uma cópia criptografada do registro na rede. Um mecanismo de consenso operado por cada nó completo verifica e aprova as transações.[*] Esta estrutura descentralizada e consensual elimina a necessidade de governança por parte de uma autoridade central e atua como um mecanismo à prova de falhas contra fraudes e transações suspeitas.

Juntos, esses cinco elementos centrais do blockchain possibilitam-no ambiente digital a interação segura entre dois ou três participantes que não se conhecem. Nossa insistência nos cinco elementos não é semântica. Quando estiver faltando um ou mais destes elementos em um blockchain, o seu valor é limitado ou até mesmo negado.

Há, entretanto, visões conflitantes a esse respeito. As novas tecnologias normalmente passam por um período em que oportunistas tentam definir o mercado de formas ambíguas ou que atendam a interesses próprios. O uso do termo "banco de dados" para descrever o blockchain é um exemplo disso. O blockchain *não* é um banco de dados. Embora empresas que o comercializem algumas vezes falsamente o descrevam como tal, o mecanismo tem diversas diferenças básicas. Por exemplo, diferentemente dos bancos de dados, o blockchain não é um depósito geral de informações.

---

[*] *Mecanismos de consenso* são regras algorítmicas que definem e descrevem a troca de dados entre os nós da rede. O consenso é alcançado através da concordância da maioria que dá permissão para os dados serem factualmente acordados e registrados em um razão.

Além disso, o blockchain é imutável; ele não pode ser lido, escrito, deletado e modificado da forma que os bancos de dados fazem. Mais importante ainda, embora um banco de dados possa ser distribuído a várias partes interessadas, apenas um administrador central o controla. No blockchain a administração é consensual.[9] O controle central vai contra o princípio fundamental do blockchain.

Observamos o uso de terminologia que induz a erro também em outros contextos. Prolifera o *"blockchain washing"** por parte de empresas tentando vender pacotes de software ou serviços que empregam algumas tecnologias que habilitam o blockchain mas usam apenas um subconjunto dos elementos do projeto de blockchain. Da mesma forma, algumas empresas com conhecimentos técnicos estão implementando soluções que estão chamando de "blockchain" para depois exigir a participação de parceiros da cadeia de suprimentos para fazer a integração com elas como uma forma de enraizar cada vez mais esses parceiros em seus ecossistemas.

Em seguida, nos deparamos com a pura realidade de que o blockchain proposto é imaturo e as organizações não sabem como usar ou extrair valor dele. Consequentemente, muitas estão experimentando apenas os elementos que compreendem ou possuem as habilidades de administrar. Consequentemente, a maior parte das soluções em desenvolvimento atualmente que receberam o nome de blockchain, algumas das quais enumeramos no início do capítulo, usam apenas parte dos cinco elementos do blockchain. Talvez as empresas nem teriam a necessidade do uso de blockchain para atingir as mesmas finalidades. De acordo com nossa pesquisa, a arquitetu-

---

* Literalmente, "lavagem de blockchain". Porém, pensemos em termos de "dar uma roupagem de blockchain" ou fazer uma analogia mais próxima como "banhado a ouro", por exemplo. Conforme trecho de entrevista de um executivo: "A maior parte dos exemplos que estamos vendo pode ser classificada como *'blockchain washing'* – a utilização *do rótulo tecnológico* aplicado a uma *solução*, produto ou serviço *já existente*. [grifo nosso] Segundo o Gartner, até 2018, 85% dos projetos chamados de blockchain entregarão valor de negócio sem utilizar um blockchain" (startupi.com.br/2016/12/gartner-afirma-que-blockchain-vai-alem-de-servicos-financeiros/). Outra citação: "Diz-se que o estudo constatou que muitas empresas estão fazendo uma promoção exagerada sobre a utilidade do *blockchain* ou usando o nome da tecnologia para dar uma roupagem nova a serviços existentes, prática que o relatório descreve como *"blockchain washing"*. (https://cointelegraph.com/news/report-companies--dropping-the-term-blockchain-due-to-hype-around-technology). (N.T.)

ra de dados tradicional poderia ter atendido tão bem ou até melhor do que o blockchain em 85% desses projetos.

COMO O BLOCKCHAIN GERA VALOR PARA A SUA EMPRESA

Não podemos superestimar o volume de novas atividades comerciais que o blockchain poderia possibilitar. Para termos uma ideia da oportunidade em jogo, consideremos o volume de dados produzidos atualmente por dispositivos móveis, GPS, sensores de IoT (Internet das coisas) colocados em ambientes físicos e dezenas de outros dispositivos habilitadores que estão tornando visíveis tanto ativos digitais quanto físicos para ambientes em rede. Quase de forma indecifrável, esta rede de dispositivos capta mais de 2,5 quintilhões de bytes de dados criados diariamente.[10] Líderes como você querem monetizar esses novos ativos de dados para a sua companhia e comercializá-los com possíveis compradores.

Mas a infraestrutura centralizada da qual você depende para efetuar transações comerciais e administrar riscos – sistemas de pagamento, seguros, entrega e logística – não foi desenvolvida para lidar com os tipos de transações máquina-máquina que são possíveis de serem realizadas hoje em dia com ativos digitais ou digitalizados. As transações digitais não têm um limite mínimo como acontece no mundo analógico. Unidades de dados, criptomoeda, pontos acumulados para bônus e partes de um ativo (ao contrário de seu todo) são apenas algumas das novas formas de valor que a digitalização torna comercializável em unidades únicas. Individualmente, as unidades poderiam ter um valor inferior a um centavo, mas elas podem ser comercializadas com valores que chegam à casa dos milhões ou trilhões. A crescente comercialização desses ativos digitais é um grande negócio, que estava explodindo na época em que escrevíamos este livro. A Amazon é detentora de uma patente para um mercado para *streaming* de dados.[11] As empresas do setor digital estão adotando as microtransações para compras durante o entretenimento com jogos *on-line*. E novos mercados estão se formando diariamente para comercializar dados, alguns Watts de energia elétrica, créditos de carbono e outros ativos representados digitalmente. A criptomoeda e a loucura provocada pelas ICOs (*Initial Coin Offerings*, oferta inicial de moedas)* que aconteceu em 2017 – seguida de uma queda brusca nas cotações e movimentações no sentido de se chegar a um patamar de equilíbrio – não arrefeceu o entusiasmo de fazer experimentos no mercado financeiro. Esse entusiasmo aponta no sentido de modelos de negócios baseados em *tokens* se tornarem a forma mais comum de se fazer negócios. Tais modelos são possíveis graças ao blockchain, visando financiar e agarrar oportunidades digitais.

Mecanismos centralizados tradicionais para estabelecimento de confiança, identidade e pagamento não foram feitos para tratar de forma autônoma essas microtransações aos trilhões em um ambiente distribuído baseado em uma máquina central. Eles realmente não conseguem lidar com isso, pelo menos não de maneira segura e eficaz. As empresas precisam de uma maneira diferente de lidar com novos ativos e instruções digitais sem envolver um intermediário capaz de coletar dados em cada parte da transação e pegar apenas parte do valor. Elas precisam usar blockchain.

O blockchain também pode redirecionar fluxos de valores *existentes*. Ele faz isso reduzindo o controle sobre quatro moedas de negociação por parte de poderes centrais do mercado – que incluem grandes multinacionais, plataformas digitais e grandes intermediários. As moedas de negociação são: dados, acesso, tecnologia e contratos. Nós as revisitamos em vários pontos do livro. Por enquanto basta dizer que os dados são a moeda de ancoragem por causa da maneira como os clientes deixam rastros de dados, como João e suas migalhas de pão.** Poderosos intermediários de mercado como grandes varejistas, financeiras, órgãos governamentais e plataformas

---

* Alusão às tradicionais IPOs (*Initial Public Offering*, oferta pública inicial). (N.T.)

** Jogo de palavras usado pelo autor fazendo uma analogia com a fábula de João e Maria que, enquanto caminhavam, iam deixando um rastro de migalhas de pão (*breadcrumbs*, em inglês) para poderem encontrar o caminho de volta para casa. *Breadcrumbs* ou *breadcrumb trail* é uma ferramenta usada em interfaces com o usuário. Ela possibilita que os usuários acompanhem o curso de suas localizações dentro de programas ou documentos. Tipicamente as *breadcrumbs* aparecem horizontalmente ao longo da parte superior de uma página Web, normalmente abaixo de barras de título ou cabeçalhos. Elas fornecem *links* que levam de volta a cada página anteriormente navegada até chegar à página Web atual ou – em estruturas de site hierárquicas – às páginas-pai da página atual. As *breadcrumbs* fornecem um "rastro" para o usuário poder retornar ao ponto de partida. Fonte: *Wikipedia*. (N.T.)

digitais podem colher esses dados praticamente de graça e analisá-los para melhorar as experiências do usuário e para orientarem o desenvolvimento de seus produtos. As organizações podem capturar uma quantidade enorme de dados a um custo baixíssimo e analisá-los e, portanto, obter uma vantagem competitiva em relação aos concorrentes na cadeia de valor.

O blockchain começa a tirar essa vantagem "censurando" o rastro de dados. Em vez de ir deixando rastros para trás à medida que realiza buscas e interage com uma pessoa ou organização, os dados relativos a você e às demais partes envolvidas no blockchain podem, sob determinadas condições, serem mantidos sob o controle do participante e compartilhado conforme necessário para uma transação. Essa mudança de controle evita que um agente central seja capaz de capturar uma parcela descomunal do valor e direcioná-la para fora da cadeia de valor ou através do uso de influência desmedida, exortando o cliente a se comportar de certa maneira que acaba levando-o a determinadas direções. Desta maneira, o blockchain também reabre mercados existentes para nova concorrência.

INDO ALÉM DA EUFORIA INICIAL

O potencial para criar novo valor e liberar fluxos de valor existentes torna o blockchain uma das tecnologias mais revolucionárias disponíveis hoje em dia. Porém, no estado atual e sob uma perspectiva empresarial, o blockchain ainda é imaturo e se encontra em desenvolvimento.

Ele ainda tem de provar seu valor em um contexto de negócios consistente e alguns dos seus elementos – particularmente a descentralização e a tokenização – são suficientemente radicais para fazer com que muitos líderes empresariais façam uma pausa. Aplicações mais sofisticadas virão através da experimentação e da maturação contínua da tecnologia e das empresas que a utilizam.

Neste meio-tempo, uma grande dose de informações contraditórias está circulando no mercado. De um lado, muitos observadores consagram o blockchain como *a* solução para uma gama incrível de problemas. Por outro, ouvimos histórias sobre empresas que lançaram projetos-piloto com blockchain mas não foram capazes de empregá-los operacionalmente e que resultaram em valores ou reduções de custos limitadas. Junte isso a expectativas não realistas e desapontamentos reais com a queda brusca da criptomoeda em 2018 e você chegará àquilo que prevíamos desde 2016, pelo menos.

No jargão da Gartner, o blockchain está se encaminhando para um "abisno de desilusão" mais coloquialmente, o inverno do blockchain.[12] É normal que tecnologias em estágio de evolução como a do blockchain sejam alardeadas por um tempo e depois passem por uma retração quase completa durante a qual as pessoas deixam de lado aquela grande expectativa e euforia iniciais, e caem no "abismo". Essa reação pode ser particularmente forte para tecnologias com potencial de solucionar uma ampla gama de problemas complexos ou gerar grande valor. Vimos uma queda de entusiasmo similar com a queda brusca das ponto.com em 2001 e com os desafios mais recentes que as empresas estão enfrentando com a transformação digital.[13] Entretanto, a queda inevitável do blockchain no "abismo" não é um sinal de que se deva fazer menos com a tecnologia. Pelo contrário, agora você vai querer fazer mais com ela. Apesar das mudanças na atitude em relação ao blockchain, suas tecnologias estão amadurecendo e os casos de uso aplicados a empresas estão começando a demonstrar o seu impacto. É nesse período de maturidade crescente que se encontrará mais facilmente os casos de uso e elementos de projeto que solucionam problemas *reais* e liberam todo o potencial da tecnologia. Após o "abismo de desilusão" vem o platô da produtividade; depois do inverno, a primavera.

O ESPECTRO DE BLOCKCHAIN DA GARTNER: MAPEANDO O SEU FUTURO

O blockchain evoluirá de sua aplicação inicial de hoje para depois concretizar todo o seu potencial de modo a possibilitar uma ampla gama de novas transações digitais. Criamos o espectro de blockchain Gartner (Figura 1-2) para ilustrar o trajeto evolucionário desde o final dos anos 2000, quando

---

* Foi feito um paralelo com o termo usado em meteorologia (*trough*) que corresponde a uma "zona de baixa pressão", uma "depressão" ou "vale" de baixa pressão. Sugerimos a comparação dos gráficos nos seguintes links: https://www.gartner.com/en/research/methodologies/gartner-hype-cycle; https://en.wikipedia.org/wiki/Hype_cycle e https://en.wikipedia.org/wiki/Trough_(meteorology). (N.T.)

FIGURA 1-2
O espectro de blockchain da Gartner

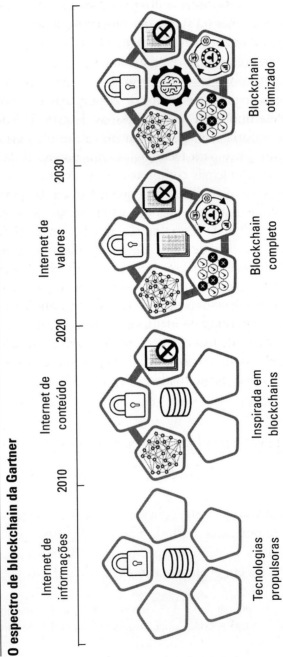

muitas das tecnologias propulsoras do blockchain chegaram a ser bem conhecidas, até as soluções de hoje em dia que usam apenas alguns elementos, e depois para o potencial a longo prazo do blockchain, possibilitando microtransações e a liberação de fluxos de valor digitais. Esse espectro reflete as experiências das organizações, incluindo centenas de nossos próprios clientes, engajados no desenvolvimento e na aplicação no mundo prático de tecnologias e princípios de projeto usando blockchain. Adotando o espectro como nosso guia, revelamos como o blockchain irá evoluir daquilo que é hoje para aquilo que será em 2030. Conforme visto na figura, nossa expectativa é que essa evolução se desdobre em três fases.

FASE 1: INSPIRADA EM BLOCKCHAINS

A primeira fase do espectro de blockchain começou a ganhar força depois de 2012 quando dirigentes empresariais começaram a explorar a tecnologia através de provas de conceito e projetos-piloto. Nossa expectativa é de que essa fase termine no início dos anos 2020. Soluções inspiradas em blockchains usam apenas três dos cinco elementos – distribuição, criptografia e imutabilidade. Essas soluções normalmente visam fazer a reengenharia de processos manuais já existentes específicos a uma dada organização ou setor de atividade. Entre os exemplos proeminentes inspirados em blockchain temos a solução desenvolvida pela Alibaba para facilitar o rastreamento de produtos alimentícios, entre os quais laticínios da Austrália e Nova Zelândia e mel e vinho de vários países ao redor do mundo. A companhia de transportes marítimos e logística de alcance global, a Maersk, também lançou uma solução inspirada em blockchain chamada TradeLens para administrar fluxos de documentos em cadeias de suprimento.[14]

Há várias razões para as soluções desenvolvidas durante a fase inspirada em blockchains focarem apenas em três de seus cinco elementos. As explicações acabam se resumindo ao seguinte: maturidade da tecnologia, grande disposição das empresas em adotar cada elemento, facilidade de implementação de cada elemento (interna e externamente), considerações de regulamentação e propensão a lidar com um conjunto limitado de participantes conhecidos e, consequentemente, confiáveis.

No que tange à tecnologia de blockchain, cada um dos elementos subjacentes – distribuição, criptografia, imutabilidade, tokenização e descentralização – possui um conjunto distinto de tecnologias associadas a ele e cada tecnologia tem o seu próprio trajeto de maturação. As tecnologias também precisam interagir de modo a serem escalonáveis, confiáveis e seguras. Apesar desse trabalho desafiador, ele está bem encaminhado e os analistas da Gartner esperam que os maiores desafios técnicos do blockchain para aplicação em escala nas empresas estarão resolvidos até 2025. Enquanto isso, o mercado possui centenas de experimentos em andamento, porém, poucas implementações. Apenas 3% dos 2.872 CIOs que responderam à pesquisa da Gartner CIO 2019 disseram ter um blockchain ativo e operacional para suas empresas e outros 8% encontram-se em planejamento de curto prazo ou em fase piloto. Pouquíssimas a quase nenhuma dessas implementações usam todos os cinco elementos do blockchain.[15]

O desafio não é apenas técnico. Existem também desafios organizacionais. Para se beneficiar de soluções com blockchain que vão além do foco de eficiência e melhoria nos processos da fase inspirada em blockchains, as organizações precisam abraçar a descentralização, o mais difícil dos cinco elementos. Descentralização significa que cada nó completo em uma rede de blockchains obtém um voto igual em relação à validade de um participante ou de uma transação e cada nó tem acesso e direitos de visualização plenos sobre o razão. Muitos dirigentes sentem tamanha inquietação pela noção de total transparência (muito embora em uma forma criptografada) como também por deixar que linhas de código tomem decisões empresariais, especialmente se tal execução estiver fora do pleno controle deles. Fornecedores de infraestrutura de tecnologia e intermediários no mercado alimentam esses temores. Tais agentes fazem dinheiro em cima de processos e tecnologia centralizados e possuem interesses próprios em fazer com que as empresas continuem usando os métodos deles.

A imaturidade tecnológica do blockchain associada ao conservadorismo dentro de muitas organizações se combinam para criar o mercado atual para soluções inspiradas em blockchain em ambientes *centralizados*. Podemos identificar tais soluções pelas palavras-chave *fechada, privada, permissionária, empresarial* e *proprietária*. Algumas das soluções também incorporam *tokens*, porém, de forma limitada. Por definição, sistemas inspirados em blockchain são centralizados e, portanto, não permitem comercialização sem intermediação de dados e outras formas de ativos.[16]

FASE 2: BLOCKCHAIN COMPLETO

As soluções blockchain completo fornecem a proposta de valor pleno do blockchain. O grande avanço em relação às soluções inspiradas em blockchain provém do fato de os *tokens* operarem em um ambiente descentralizado usando contratos inteligentes.[*] A tokenização permite a criação de novos ativos e a representação de ativos de baixa liquidez que pode ser comercializada autonomamente. A descentralização usa o consenso para autenticar usuários, ativos e transações potencialmente não confiáveis e garantir que nenhum provedor central possa ter ou controlar os mecanismos subjacentes de comercialização contidos nesses ativos. Empregado com todos os cinco elementos (distribuição, criptografia, imutabilidade, tokenização e descentralização), as soluções blockchain completo possibilitam a comercialização em novas formas de valor e desfaz monopólios sobre as formas existentes.

Que saibamos poucas empresas grandes bem como poucos governos estão construindo soluções blockchain completas. Entretanto, muitas startups estão fazendo isso e algumas delas ganharão impulso no mercado no início dos anos 2020, com maior escala aparente após 2025. Embora não imediata, a proliferação de soluções blockchain completo forçarão as empresas a explorarem novas maneiras de operar com maior grau de descentralização do que têm agora.

---

[*] *Contrato inteligente* é um protocolo ou programa de computador que tipicamente roda em um blockchain. O programa facilita, verifica ou executa processos de negócios disparados por eventos, transações dentro do blockchain ou interações com outros contratos inteligentes. O contrato inteligente é uma representação autônoma e digital do processo tradicional de um contrato, incluindo a confecção (preparação) do contrato, a criação de direitos e obrigações aplicáveis e imutáveis bem como a celebração e o cumprimento do contrato.

FASE 3: BLOCKCHAIN APRIMORADO

Após 2025, tecnologias complementares como IoT (Internet das Coisas), IA (Inteligência Artificial) e soluções SSI (*Self-Sovereign Identity*, identidade auto-soberana) descentralizadas irão convergir e se tornarão mais integradas com redes blockchain.* As soluções blockchain aprimoradas resultantes irão expandir o tipo de valor que pode ser transformado em *tokens* e trocado, habilitando a ocorrência de um número maior de transações menores e suportado por contratos inteligentes que não seriam possíveis com mecanismos tradicionais. O blockchain aprimorado irá, algum dia, permitir que ocorram microtransações entre diversos objetos computadorizados autônomos sem intervenção humana. A partir dessas capacidades surgirão novos mercados para monetizar ativos outrora não monetizáveis ou de baixa liquidez como propriedade intelectual, dados, objetos físicos e outros ativos de volume ou valor elevados.

Soluções SSI descentralizadas trarão benefícios particularmente para redes de blockchains. Essas tecnologias permitirão aos participantes assegurar seus dados pessoais em uma carteira digital ou algum outro mecanismo de armazenamento e compartilhá-la de acordo com regras estabelecidas para este fim. (Os participantes também serão capazes de compartilhar dados seletivamente em soluções de blockchain completo através do consentimento à tokenização de dados pessoais que eles queiram compartilhar com terceiros.) Quando combinadas com IA, o SSI faz valer as regras estabelecidas pelo proprietário dos dados e automaticamente exige o consentimento do proprietário antes de os dados poderem ser compartilhados ou

---

* A SSI (*Self-Sovereing Identity*) permite que indivíduos ou organizações possuam suas identidades digitais e não digitais além de permitir a eles dar consentimento expresso para compartilhar essa identidade com terceiros de modo a poderem fazer transações comerciais. Os serviços de identidade descentralizada habilitados por uma estrutura de custódia de identidades, que a Gartner chama de ITF (*identity trust fabric*), podem armazenar, de maneira imutável, a prova das identidades e seus atributos de perfis criptograficamente. Organizações, pessoas ou coisas podem extrair e compartilhar parte ou todo o registro de identidades conforme necessário para uma interação. Dessa maneira, a SSI adiciona segurança e flexibilidade a indivíduos ou organizações que queiram compartilhar os seus dados ou ID a cada interação.

usados. Após concordarem em compartilhar os seus dados, os participantes também podem rastrear e documentar quem pode visualizá-los e quem pode usá-los. Essa transparência possibilita uma maior monetização do (e também a responsabilização pelo) uso de dados pessoais, garantindo, ao mesmo tempo, a privacidade.

À medida que novas formas de valor se tornam *on-line* por meio de soluções blockchain aprimoradas, as empresas irão querer inovar novos modelos de negócios empregando estruturas operacionais descentralizadas. As organizações serão tecnicamente capazes de delegar a tomada de decisão econômica a "coisas" que irão atuar autonomamente e de acordo com os termos definidos em um contrato inteligente que roda no blockchain. Essas coisas aprimoradas poderiam eliminar os seres humanos da transação e, futuramente, caminharem as redes de blockchains no sentido de transações completamente autônomas até, finalmente, chegarmos às organizações autônomas descentralizadas (DAO, em inglês).[*]

O espectro de blockchain da Gartner articula como a adoção do blockchain irá evoluir ao longo do tempo de modo a incluir a descentralização como elemento de projeto. Essa evolução criará uma nova trajetória para tornar digital sua empresa e o seu setor de atuação.

A SOCIEDADE PROGRAMÁVEL

À medida que o blockchain (e o mundo dos negócios) evolui, o que está em jogo é nada menos que a sua habilidade de participar em uma economia e sociedade habilitadas digitalmente, justas e acessíveis. Em um ambiente como este uma grande variedade de empresas, indivíduos e coisas interagem, operam, lucram e criam valor em termos próprios. Neste mundo não se consegue chegar a uma conclusão facilmente previsível.

---

[*] Organização autônoma descentralizada (DAO, em inglês) é uma entidade digital capaz de se envolver em interações comerciais com outros agentes digitais e entidades corporativas sem o gerenciamento humano convencional. As DAOs se baseiam em contratos inteligentes para administrar e executar interações. Por definição as DAOs operam independentemente e podem abarcar jurisdições legais e geográficas múltiplas bem como limites institucionais diversos.

FIGURA 1-3
Planejamento para capacidade digital e nível de descentralização

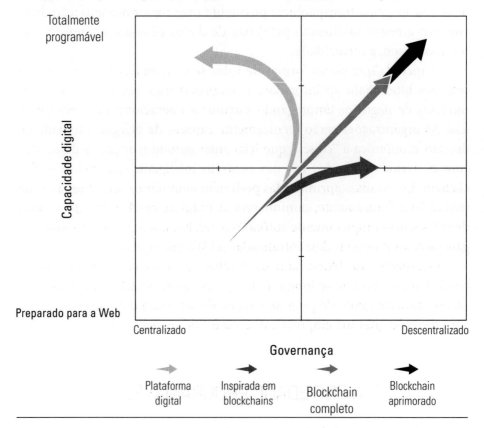

A Figura 1-3 ilustra opções para onde pode se encaminhar a capacidade digital no mundo de hoje, cada vez mais preparado para a tecnologia. O eixo Y representa o ambiente de capacidade digital em evolução, desde o fato de se estar preparado para o uso da Web até a programabilidade total. *Totalmente programável* implica que coisas inteligentes ou agentes autônomos obtiveram poderes legais para tomarem decisões independentes para produção ou consumo de ativos. Ilustremos isto com um exemplo simples. Um sensor em um prédio programável poderia decidir sobre a quantidade de energia que uma sala precisaria ter para o sistema de iluminação e, em seguida, poderia "comprar" a energia necessária de sensores que comandam as microturbinas eólicas instaladas no telhado de um vizinho. Em um ambiente totalmente programável, esta troca de valores pode ocorrer com ou sem o envolvimento humano. O eixo Y é independente do blockchain. O mundo dos negócios e a sociedade se tornarão mais programáveis com ou sem a tecnologia de blockchain à medida que o IoT, a IA e paradigmas computacionais avançados como a computação quântica e a computação na borda   se tornem mais dominantes.*

O eixo X representa o contínuo que vai desde a centralização total da estrutura de governança até a descentralização total. A ideia de um contínuo é crítica já que a descentralização por si só é uma condição dinâmica – mesmo no blockchain. Alguns setores de atividade e respectivas empresas são altamente centralizados hoje em dia em função de suas estruturas. Outros são naturalmente mais fragmentados. Mesmo dada esta variação, qualquer movimento significativo ao longo do eixo X é dependente de blockchain já que as organizações que querem se transformar digitalmente e operar sob governança descentralizada *precisam* de blockchain ou alguma outra forma de tecnologia de livro-razão digital para possibilitar que todos os participantes econômicos, inclusive coisas autônomas, transacionem entre si e obtenham os devidos ganhos econômicos. Apenas a descentralização *habilitada por blockchain* torna possível transações sem um intermediário em um ambiente de rede.

Consequentemente, embora a figura represente quatro quadrantes o aumento inevitável na programabilidade limita, de modo real, as opções de caminhos a serem trilhados: as organizações irão se mover no sentido norte para se tornarem mais digitais sob governança centralizada ou então para nordeste para se tornarem mais digitais sob governança descentralizada.

---

* Computação na borda (*edge computing*) descreve um ambiente computacional distribuído em que o processamento de dados se dá próximo das coisas ou pessoas que produzem ou consomem dados. O objetivo é reduzir a latência (retardos) mantendo tráfego desnecessário afastado do centro da rede. A computação na borda também estabelece hubs locais para interconexões entre interessados. *Computação quântica* é uma forma de computação avançada em que vários aspectos da mecânica quântica, inclusive a superposição quântica e o entrelaçamento (ou emaranhamento quântico), realizam operações em dados. A computação quântica pode aumentar significativamente a eficiência e a velocidade dos cálculos. Refira-se à Wikipedia, *s.v.* "*quantum computer*", modificado pela última vez em 09 de setembro de 2020, https://simple.wikipedia.org. wiki/Quantum_computer e o artigo de Neil Gershenfeld e Isaac L. Chuang, "Quantum Computing with Molecules", *Scientific American*, junho de 1998, 66-71.

A ênfase prevalecente para as duas últimas décadas tem sido a de se dirigir no sentido da "transformação digital". Em termos da Figura 1-3, os avanços deslocaram as organizações no sentido norte a partir do canto inferior esquerdo – onde grande parte dos negócios na maioria dos setores opera como relativamente centralizada e muito analógica – para o quadrante superior esquerdo acima da linha. Embora algumas empresas do passado tenham obtido resultados positivos com essa abordagem, um número muito maior de organizações sofre para obter valor através da transformação digital de seus modelos atuais.[17] Infraestrutura, investimentos, processos, parcerias, culturas organizacionais, modelos de lucro legados e outros aspectos dessas empresas são fonte de vantagem competitiva, porém, também são extremamente difíceis de sofrer ajustes sem se arriscar relacionamentos críticos e atuais fontes de renda. Pelo fato de as plataformas nativas digitais não possuírem tais limitações, elas são capazes de ganhar terreno no quadrante noroeste (negócios centralizados digitalmente sofisticados) e, nesta posição, atraírem clientes. Um conjunto de produtos relevante e diversificado, uma interface com o usuário intuitiva, pagamentos descomplicados e entrega conveniente cultivam a lealdade dos clientes, possibilitando uma centralização ainda maior.

Plataformas não digitais disputando os mesmos clientes e usando as mesmas tecnologias carecem da proficiência desfrutada pelas plataformas nativas.

Organizações que optam por ir em direção ao norte observarão, consequentemente, maior programabilidade e continuarão ao longo da mesma trajetória que seguiram pelas duas últimas décadas sob o controle de algumas poucas grandes empresas (e órgãos governamentais) capacitados digitalmente usando infraestrutura cada vez mais centralizada da qual dependemos hoje em dia. Permitir a digitalização para progredir dessa maneira resulta em uma parcela enorme do valor indo beneficiar umas poucas organizações poderosas, entre as quais plataformas digitais, bancos, companhias de seguro e de telecomunicações, gigantes do setor logístico e governos centrais. Tais organizações teriam controle ilimitado sobre os dados e o valor produzidos em um mundo programável, permitindo a elas ditar os termos de como as demais empresas acessariam mercados e tecnologias bem como elas se beneficiariam disso. O controle absoluto capacitaria essas entidades programáveis a se tornarem ainda mais centralizadas ao longo do tempo.

Como alternativa, as organizações podem optar por uma trajetória nordeste para se tornarem mais digitais e mais descentralizadas. Poucas companhias já decidiram encarar o quadrante nordeste para competirem em seus mercados com modelos de negócios digitalmente capacitados e relativamente descentralizados. Dizemos "relativamente" porque a natureza multifacetada do negócio também significa que uma companhia pode ser bastante centralizada em alguns aspectos mas descentralizada em outros. Dentre alguns exemplos de empresas que abraçaram a ideia da descentralização em aspectos de seus negócios ou modelos operacionais temos empresas de compartilhamento de automóveis como a Zipcar, que possibilita a propriedade descentralizada de um automóvel e a LO3 Energy que usa blockchain para suportar a geração de energia pessoal e intercâmbio sem o envolvimento de um concessionário centralizado. Marcas de vestuário como Betabrand e Everybody World adotam modelos de desenvolvimento de produtos de código aberto e com financiamento coletivo (*crowdfunding*). E o financiamento coletivo, como Kickstarter, Indiegogo e Ulule, propicia financiamento descentralizado para empreendimentos independentes.[18] Esses exemplos e dezenas de outros demonstram como a descentralização de certas atividades operacionais são capazes de gerar valor. As companhias em si podem ser pequenas, mas elas estão entre as que mais crescem em seus respectivos setores.

Esses são os caminhos que podem ser trilhados à medida que o mundo se torna mais programável: ir no sentido norte e competir diretamente com plataformas digitais nativas e outros atores centrais; mover-se para nordeste abrindo potencial para evitar as plataformas digitais nativas e outras forças centralizadoras e estabelecer novos termos de participação. Ao longo dessa trajetória nordeste residem, primeiramente, soluções blockchain completas e, posteriormente, soluções blockchain aprimoradas incorporadas em redes que incluem "coisas" como participantes e utilizam IA no desenho de protocolos.*

---

* Usamos o termo *coisas* para descrever máquinas computadorizadas e preparadas para redes. Na atual IoT (Internet das Coisas) estas máquinas funcionam basicamente para capturar dados sobre o dispositivo ou ambiente em que estão incorpo-

DESLOCANDO-SE AO LONGO DA DESCENTRALIZAÇÃO CONTÍNUA

A própria noção de tomada de decisão baseada em consenso que é inerente ao desenvolvimento de soluções blockchain completo e blockchain aprimorado é a antítese da maioria dos líderes e organizações. Você e outros líderes podem ficar tentados a simplesmente concentrar esforços na fase inspirada em blockchains e, consequentemente, limitando a movimentação para a parte inferior do quadrante nordeste da Figura 1-3 e ignorando as fases posteriores do espectro.

Entretanto, encorajamos as pessoas a terem em mente o longo prazo à medida que experimentam soluções inspiradas em blockchain. Posicionamos a movimentação ao longo do contínuo da descentralização como uma opção com que você irá se deparar em um mundo e sociedade cada vez mais programáveis, mas não acreditamos que cada uma das opções disponíveis seja igualmente atraente. Milhões, se não bilhões de nós na Internet e objetos interligados em redes passaram as últimas duas décadas capturando comunicações, registrando conversas e rastreando movimentações e transações, relações, objetos usados e objetos sob consideração para bilhões de seres humanos e organizações ao redor do planeta. Cada vez mais empresas e governos que controlam os dados não estão apenas coletando-os, mas também interpretando-os, retransmitindo-os, incitando pessoas e influenciando comportamentos.

Isso é realidade – a nossa realidade. Poucas organizações ao redor do mundo detêm um enorme volume de dados de pessoas e empresas. Nós os repassamos a eles em troca de maior conveniência e novas funcionalidades, muitas vezes fúteis. Eles não precisam ter objetivos nefandos *à la Big*

---

rados e os transferem para um armazenamento central. À medida que a Internet das Coisas for se tornando mais inteligente – ou seja, forem se tornando dotadas de algoritmos *se-então* ou, finalmente, providas de formas mais sofisticadas de IA – elas serão capazes de comprar, vender e solicitar serviços. Essa crescente sofisticação abrirá novas oportunidades para receitas, melhorias e CRM (*Customer Relationship Management*, gestão do relacionamento com os clientes). Coisas inteligentes representam novos clientes para os quais a empresa poderá vender e que os governos poderão tributar. Os seres humanos já capacitaram algumas coisas para negociar, comprar e vender.

Brother para que a centralização s recursos tenha consequências econômicas e sociais nada agradáveis.

Nossa economia e sociedade não se tornarão menos digitais e programáveis nos anos vindouros. Pelo contrário, elas se encontram num claro caminho em direção à adoção continuada da IA e expansão contínua do IoT a ponto de que praticamente todo ativo, ambiente, processo e interação serão totalmente programáveis daqui a poucas décadas, conforme descrito por Alan Turing há mais de cinquenta anos. Agora você precisa decidir em que tipo de sociedade programável irá querer viver. Você vai querer uma em que as interações, transações e dados relativos a elas sejam controladas por um pequeno grupo? Ou vai querer uma sociedade com acesso, privacidade, engajamento e troca de valores disseminados?

Esse último tipo de sociedade requer um engajamento ao blockchain com a adoção final de todos os cinco elementos. Para construir uma sociedade destas, você e outros dirigentes empresariais precisarão colaborar ativamente para reconceber as respectivas empresas como participantes dinâmicos e cada vez mais autônomos em uma rede maior. Os benefícios serão em seu favor, de sua organização, da economia, comunidade empresarial e da sociedade já que as maneiras de se intercambiar valor se alinharão com o ambiente cada vez mais inteligente e baseado em coisas em que vivemos.

AMPLIANDO SUA VISÃO SOBRE O VERDADEIRO VALOR DO BLOCKCHAIN

O QUE VOCÊ APRENDEU NESTE CAPÍTULO?

Blockchain é uma forma computadorizada para permitir que dois ou mais participantes de uma rede façam trocas de ativos sem precisar de um terceiro para intermediação, intermediário este que ficaria com uma parcela do valor. O blockchain conforme o definimos possui cinco elementos centrais: distribuição, criptografia, imutabilidade, tokenização e descentralização. Juntos, estes elementos criam um ambiente seguro no qual se pode gerar e compartilhar valor. Estes elementos não são iguais em termos da facilidade para implantação. A descentralização é o elemento mais desafiador, já que ela também requer que toda a empresa adote certo grau de governança descentralizada.

O QUE VOCÊ DEVE FAZER A ESTE RESPEITO?

Na qualidade de líder, você deve criar uma visão de como uma maior descentralização poderia beneficiar a sua empresa. Os prazos são curtos, já que as soluções blockchain completo com todos os cinco elementos começarão a ganhar impulso no mercado por volta de 2023. Um pouco mais à frente teremos um ambiente organizacional e social futuro que incluirá a IoT e IA, em que coisas inteligentes e autônomas possuirão ativos e comercializarão valor. Você precisa saber como se preparar para interagir através de IoT e IA sem precisar de um agente central para intermediar a interação para você.

O QUE VEM A SEGUIR?

A evolução do blockchain não pode ser ignorada. Dezenas de entrevistas com estudos de caso e milhares de sondagens feitas pela Gartner nos últimos anos revelam que países, setores de atividade, governos, empresas e consumidores estão tomando medidas para entenderem o seu uso e aplicação. O impacto da tecnologia será significativo. Você terá de decidir do que, onde e como irá participar. Comecemos nos aprofundando na fase atual do espectro, qual seja, aquela inspirada em blockchains.

PARTE UM

SOLUÇÕES INSPIRADAS EM BLOCKCHAINS

CAPÍTULO 2

BUSCANDO VALOR

Soluções inspiradas em blockchain abrangem três dos cinco elementos do blockchain: distribuição, criptografia e imutabilidade. As organizações estão usando essas soluções para melhorar a manutenção de registros, aumentar a transparência e modernizar processos manuais ou complicados, incluindo aqueles que ultrapassam as fronteiras da empresa. Até 2023 a maioria das soluções dentro de organizações sedimentadas no mercado e denominadas "blockchain" serão inspiradas em blockchain e desenvolvidas para um desses propósitos.

Aplicadas no contexto justo, as soluções inspiradas em blockchain poderiam, por exemplo, aumentar a eficiência, reduzir custos administrativos, acelerar o processo de confirmação, liquidação e rastreabilidade bem como melhorar a qualidade e a gestão dos dados.[1] Um exemplo de solução de grande potencial que atende estes critérios está em desenvolvimento no momento na ASX (a bolsa de valores australiana) para substituir seu CHESS (*Clearing House Electronic Subregister System, sistema de subregistro eletrônico de câmara de compensação),* um sistema computacional que registra participações acionárias, administra transações com ações e facilita a troca de titularidade ou propriedade quando as pessoas vendem produtos financeiros por dinheiro. Hoje em dia o CHESS lida com nada menos que dois milhões de operações por dia.[2] O sistema é um verdadeiro burro de carga, mas vinte e cinco anos é um tempo muito longo no mundo da tecnologia. Dan Chesterman, CIO da ASX, explicou que em 2015 ele chegou à conclusão de que a bolsa de valores havia atingido o limite natural do que ela poderia fazer para incrementar a capacidade e a eficiência do CHESS.[3] Permanecer fiel ao *status quo* não era uma opção, dadas as oportunidades e desafios que pressionavam a ASX. O CHESS roda um protocolo de mensagens particular, tornando difícil para a ASX atrair empresas com ações cotadas em bolsa do Pacífico asiático ou do Oriente Médio. O governo australiano também abriu concorrência na área de compensação e liquidação de negociações de ações.[4] A ASX não possui um concorrente crível na Austrália, mas avanços tecnológicos poderiam mudar essa situação. Por tais razões, a organização vai precisar de um novo sistema para manter a sua posição na Austrália e ser um parceiro global viável para fora do próprio continente. Em 2016, a ASX apresentou o seu plano de ação para substituir o CHESS por uma solução DLT ("*Digital Ledger Technology*, tecnologia de livro-razão digital" – em outras palavras, o CHESS na forma de um *blockchain* permissionário.[5] Entretanto, o plano de ação também estipulava que a ASX iria desenvolver uma opção de sistema de mensagens para participantes do ecossistema que não quisessem usar o recurso de DLT. Através desse anúncio, a ASX se estabeleceu como uma das primeiras bolsas de valores mobiliários nacionais com intenções de usar a tecnologia de blockchain para seus cruciais sistemas de liquidação financeira.

A ASX e outros que estão desenvolvendo soluções inspiradas em blockchain veem benefícios no emprego dessa nova tecnologia como parte do projeto, mesmo sem *tokens* ou descentralização. Começando pelas ações, a ASX planeja incorporar outras categorias de ativo constituído por valores mobiliários e novos produtos. Finalmente, esta visão poderia ser um elemento essencial na revolução dos mercados australianos e outros. Entretanto, há riscos. Vamos esclarecer estes riscos e benefícios ao longo do capítulo bem como fornecer ferramentas para avaliar as soluções existentes no mercado.

Para deixar bem claro, acreditamos firmemente que as soluções inspiradas em blockchain não concretizam totalmente as promessas que são feitas por aí para o verdadeiro valor do blockchain. Mesmo assim, essas soluções não deixam de ter o seu valor. Para a aplicação certa no contexto correto, elas podem possibilitar melhorias na gestão de documentação, na rastreabilidade e prevenção de fraudes bem como pode criar outras melhorias. Empregando uma taxonomia de arquétipos inspiradas em blockchain, discutimos formas de distinguir as soluções que proporcionam grandes benefícios daquelas com pequenos benefícios. Mas antes de discutirmos os arquétipos, retornemos à questão da centralização em soluções inspiradas em blockchain e como ela afeta as quatro moedas de negociação (dados, acesso, contratos e tecnologia) que formam o núcleo do cálculo risco/benefício de soluções inspiradas em blockchain.

MOEDAS DE NEGOCIAÇÃO EM SOLUÇÕES INSPIRADAS EM BLOCKCHAIN

Recapitulando, as quatro moedas de negociação são as principais fontes de valor e vantagem competitiva em ambientes digitais, não apenas com blockchains. Nas interações mais simples os usuários "pagam" por acesso livre a software ou a uma solução digital com os detalhes que eles revelam sobre seus interesses e hábitos; as plataformas digitais, por sua vez, usam estes dados para atrair anunciantes, desenvolver novos produtos e recursos e cada vez mais induzir os clientes a realizarem certas ações. A falta de um contrato explícito e multilateral entre o usuário e o provedor da plataforma digital significa que não existe nenhum limite sobre o volume de dados que o provedor pode coletar ou com que frequência ele usa os dados e em quais situações.

Todas as plataformas digitais centralizadas exercem controle sobre os dados que circulam por elas. Isso significa que as soluções inspiradas em blockchain exercem controle centralizado sobre os dados da mesma forma que as plataformas digitais fazem. Além disso, pelo fato de as soluções inspiradas em blockchain não serem projetadas para serem descentralizadas, elas, ao contrário, operam com o mesmo nível de coordenação centralizada e governança da rede. A centralização é alcançada através da inclusão de aspectos de mecanismos de gerenciamento de bancos de dados como parte da arquitetura das informações; os mecanismos de banco de dados determinam qual entidade atua como autenticador e validador de transações e, consequentemente, decidem o que será escrito no razão. Muito embora, conforme explicado anteriormente, um blockchain não seja um banco de dados e careça de uma autoridade central, as estratégias inspiradas em blockchain tornam confusas tais distinções. Alguns poderiam argumentar que um "blockchain centralizado" é uma contradição em termos e que um blockchain que inclua um banco de dados não é um blockchain de fato. Ignorando-se esses argumentos semânticos, atribuímos o nome de *inspiradas em blockchain* a essas soluções que exploram a tecnologia de bancos de dados.[6]

Mais importante ainda, uma solução centralizada possui uma única autoridade e não adota um algoritmo de consenso descentralizado para validar a identidade dos participantes e autenticar as transações. Da mesma forma, uma arquitetura centralizada com uma única autoridade cria um único ponto de falha para a rede. Colocado de forma simples, todas as promessas que se ouve sobre o blockchain como mais seguro e confiável do que as tradicionais arquiteturas de dados não são verdadeiras *caso o desenho seja centralizado*. A segurança também não é a única consideração a ser levada em conta. Sem a tokenização e o consenso descentralizado, uma solução inspirada em blockchain não consegue habilitar participantes que não se conhecem entre si a trocar valor sem um terceiro validar a troca.

A propriedade sobre uma solução blockchain se torna um grande problema com soluções sob um controle central. Com blockchains descentralizados como a Bitcoin, não existe um proprietário e o acesso é aberto a qualquer um (pseudonimamente) que queira participar e tenha a infraestrutura para assim fazê-lo. De modo contrastante, as soluções inspiradas em blockchain normalmente têm um proprietário ou um grupo limitado de proprietários e a associação é restrita às partes convidadas pelo proprietário a participarem. Por isso, as soluções inspiradas em blockchain também são conhecidas como redes de blockchain *fechadas, privadas* ou *permissionárias*.

Essa dinâmica de controle tecnológico e comercial tem um impacto direto nas oportunidades competitivas e ameaças que uma dada solução pode possibilitar. A Figura 2-1 é uma reprise da Figura 1-3 que mapeava o grau de digitalização ou programabilidade e o grau de descentralização operando no ambiente de negócios. Na Figura 2-1 soluções inspiradas em blockchain são representadas pela área sombreada, com claras fronteiras que se baseiam no grau de controle centralizado.

Esta figura nos dá uma visão estratégica do que a centralização significa para um blockchain. Qualquer solução inspirada em blockchain irá capturar uma faixa menor de território em relação aos graus de digitali-

FIGURA 2-1

A zona de benefícios de soluções inspiradas em blockchain

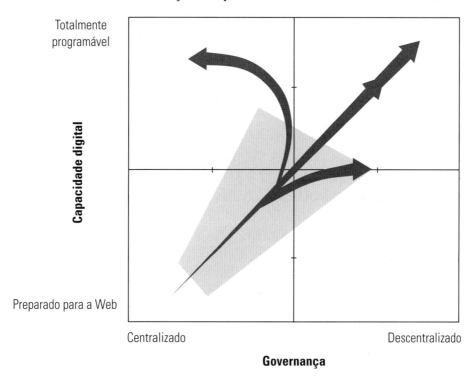

zação e à descentralização. Algumas soluções blockchain, como a ASX e sua substituição do CHESS, fornecem uma solução altamente controlada e centralmente operada e governada para um problema de mercado. Os fundamentos por trás dessa escolha são consistentes. Como explicou Chesterman durante palestra no Gartner IT Symposium/Xpo em outubro de 2018 na Austrália: "Não estamos resolvendo um problema de confiança. As pessoas confiam naturalmente na ASX como sendo a fonte de confiança para os dados que se encontram no CHESS. Estamos resolvendo um problema de sincronização de dados".

Outras soluções que são similarmente conduzidas por uma empresa ou um pequeno grupo de empresas poderiam ter como objetivo exercer controle sobre outros na cadeia de valor. Futuramente, algumas soluções esperam evoluir no sentido de colaboração descentralizada ao longo do tempo. A distinção pode, muitas vezes, ser vista em como uma solução negocia nas quatro moedas de negociação. Examinemos cada moeda, tendo em vista como ela opera na fase inspirada em blockchain do espectro.

DADOS

Dados são uma importante moeda em todos os estágios do espectro de blockchain, mas eles são mais vulneráveis durante a fase inspirada em blockchain.[7] Esta vulnerabilidade é particularmente aparente em soluções inspiradas em blockchain desenvolvidas para facilitar interações entre organizações dentro de uma cadeia de valor. Se sua organização participa de um desses blockchains e a governança desse blockchain permite a um único agente ou subgrupo acessar ou controlar todos os dados que fluem através dele, então você pode estar expondo informações de sua empresa sem receber *insight* ou valor comensurado em troca.

Para demonstrar o que estamos querendo dizer, usaremos o exemplo de colaboração com blockchains chamado TradeLens. Lançado em agosto de 2018 pela gigantesca companhia de transportes marítimos Maersk e pela empresa de tecnologia global IBM, o TradeLens é uma solução logística inspirada em blockchains desenvolvida para otimizar o compartilhamento de informações no setor de cadeia de suprimento.[8] Daniel Wilson, diretor de desenvolvimento de negócios para o TradeLens na Maersk, nos disse que a solução adveio de uma exploração maior de soluções digitais para o setor de logística. "Há uma necessidade desesperante em nosso setor por transformação digital, já que todos os participantes têm fluxos de informação confiáveis e previsíveis. Vimos que uma plataforma blockchain iria pelo menos dar certo alívio nesta dor".

Para fins de contextualização, mais de cinco mil navios porta-*containers* navegam pelos oceanos da Terra, e alguns desses navios transportam até vinte mil *containers* de mercadorias de todo o mundo.[9] O setor de transporte marítimo precisa de registros perfeitos de conformidade com as exigências legais para administrar tamanhos volumes, porém, grande parte dessa manutenção de registros ainda é feita em papel. Se a documentação for incompleta, estiver escrita na linguagem incorreta ou perdida, as mercadorias poderão ficar retidas, gerando custos adicionais.

O TradeLens visa transformar o processo em digital através da captura das informações de embarque necessárias em uma plataforma inspirada em blockchain que possibilita aos agentes envolvidos em uma transação acessarem o registro quando necessário. A rede TradeLens tinha mais de uma centena de participantes do setor logístico mundial no seu lançamento em agosto de 2018 e em outubro de 2018 a plataforma conseguiu lidar com 154 milhões de eventos de embarque, com volumes diários chegando a 1 milhão. A Maersk relata que a rede de participantes usando o TradeLens a bordo representa 20% do mercado mundial de transporte marítimo disponível e seus promotores enfatizam o potencial do blockchain para a redução em 40% no tempo gasto para a administração de embarque e a expedição de mercadorias.[10]

A promessa está feita. Não obstante, a abordagem centralizada dá um fôlego para certos protagonistas do setor. Executivos da companhia de transportes Hapag-Lloyd, por exemplo, expressaram publicamente sua resistência em participar de uma plataforma cujo controle e propriedade são de um concorrente. "Tecnicamente a solução poderia ser uma boa plataforma", disse o CEO Rolf Habben Jansen, "porém, ela exigiria uma governança que a transformasse numa plataforma do setor e não uma plataforma apenas da Maersk e IBM. E este é o ponto fraco que estamos vendo em muitas dessas iniciativas, já que cada projeto individual alega oferecer uma plataforma para o setor mas que eles próprios controlam. Isso é contraditório; sem uma solução conjunta, vamos perder um bocado de dinheiro e isso não irá beneficiar ninguém".[11]

Perguntamos a Wilson sobre a questão da governança e ele respondeu: "A perspectiva de muitos do setor é que ter uma plataforma que facilite padrões para compartilhamento de informações traria uma sensação de bem-estar absoluto, mas eles podem ter preocupações em relação ao modelo de governança. E nós mudamos a governança nos últimos doze meses de modo a refletir este *feedback* do setor. Estamos ouvindo o mercado. Não ouvimos nada negativo em termos práticos sobre a abordagem técnica".

Sobre a tecnologia, acrescentou Wilson: "Estamos trabalhando através de diversos fóruns para a discussão de padrões. Estamos usando tecnologia aberta; todas as estruturas de dados são abertas. Outros poderiam pegar a mesma tecnologia e construir a sua própria plataforma; mas fariam eles isso? O valor está em ter todas as informações em um único lugar, se ter um centro de compras único".

Enquanto isso, foi anunciada uma solução rival para o setor de transporte marítimo e inspirada em blockchain. A Global Shipping Business Network tem nove signatários do setor, entre os quais a COSCO e a Shangai International Port. A rede declarou sua intenção de desenvolver uma solução inspirada em blockchain, embora com o que se parecerá a solução na prática ainda não está muito claro.[12]

As preocupações comerciais e de acesso a dados expressas pela Hapag-Lloyd acabam levando a qualquer solução construída com governança de tecnologia centralizada e propriedade centralizada. As preocupações são exacerbadas por soluções com o uso intensivo de informações. Quando soluções inspiradas em blockchain possibilitam que uma única grande empresa com capacidade analítica de IA visualize e acesse os dados e influencie os fluxos de todas as partes envolvidas no sistema, os benefícios podem acabar indo desproporcionalmente para este agente, com as disparidades se multiplicando ao longo do tempo. A falta de *tokens* em soluções inspiradas em blockchain reforça a centralização de poder já que não há nenhum mecanismo para que os participantes controlem suas informações, deem o seu consentimento ou o negociem como um ativo.

Portanto, quando dizemos que os dados são uma moeda, queremos dizer que a forma, propriedade e estrutura de governança de soluções inspiradas em blockchain podem dar aos participantes maior ou menor controle sobre os dados que eles fornecem. Saiba o que e como você está "pagando" antes de adotar tais soluções.

ACESSO

A empresa que detém uma solução inspirada em blockchain controla o acesso a um processo ou uma parte do mercado. Empresas que queiram participar pagam explicitamente por este acesso através de taxas ou assinatura, mas elas também pagam implicitamente ficando presas à solução ou expondo informações competitivas próprias.

De modo contrastante, o conceito de acesso com permissão não existe em soluções blockchain completo. Qualquer participante ou nó pode juntar-se a uma rede não hierarquizada blockchain. O desenho de blockchain na verdade favorece a participação pois a tomada de decisão descentralizada e baseada num consenso se torna mais sólida e confiável quanto maior o número de nós envolvidos. Acesso e participação definem os valores e as atitudes baseados na ideia de que a transparência impulsiona a adesão a regras. O conceito é similar ao uso inicial do eBay de revisões permitindo às pessoas reclamarem de licitantes ou vendedores que não honram os termos de um leilão. Torne-a aberta, transparente e com possibilidade de imputabilidade e todo mundo irá se comportar de maneira colaborativa e sem criar atritos.

Os benefícios teóricos do acesso aberto são claros, mas a realidade é mais complicada. Acesso aberto é um conceito desafiador para muitos líderes acostumados a ver limites dentro e fora de suas organizações. Para eles, uma solução inspirada em blockchain, com o seu acesso com permissão, interações definidas e agentes conhecidos, é mais familiar e confortável e pode ser aplicada hoje dentro de suas organizações.

Contudo, existem riscos nestas águas plácidas. Levadas ao extremo, as soluções inspiradas em blockchain se aproveitam da escassez e não da abundância. Os criadores de soluções tornam essas formas de blockchain úteis de modo que os "clientes" e "parceiros" enxerguem os benefícios de curto prazo. Mas esse "valor" poderia ser coagido nas circunstâncias certas. Por exemplo, um grande cliente ou parceiro de canal de vendas poderia tornar a participação em seu blockchain controlado centralmente uma condição para a continuidade da parceria. Nessas condições, o acesso à solução blockchain será sinônimo de acesso ao mercado. Caso você se recuse a fazê-lo, você perderá a capacidade de se conectar com o seu cliente final.

CONTRATOS

Os contratos especificam os termos e as condições de se fazer negócios. No blockchain esses termos são capturados na tecnologia do próprio blockchain, seja na forma de um *contrato inteligente* – linhas de código que capturam e executam as regras de negócio e acordos de um blockchain –

ou na pilha de tecnologia subjacente.* As regras permitem ao blockchain executar transações sem a intervenção humana.

Mas quem define essas regras e quem decide sobre modificações a serem feitas nelas? Se um agente define as regras e detém a propriedade do blockchain, então há motivo para ficar preocupado. De modo contrastante, se as decisões são tomadas pela comunidade e os contratos inteligentes e a respectiva manutenção forem transparentes, eles podem servir como forças equalizadoras que mantêm visíveis as regras e suas consequências. Portanto, é preciso entender a origem dos contratos inteligentes, quem está a cargo da manutenção do código relacionado e quem assume a responsabilidade em caso de erro. Os contratos inteligentes e as regras que eles executam jamais devem ser considerados como um problema técnico. Trata-se de uma questão comercial, já que o controle do contrato dá controle sobre o valor produzido e trocado pelo blockchain.

TECNOLOGIA

Há uma batalha em andamento no setor de tecnologia para definir os sistemas dominantes usados para construir soluções blockchain. Há muito em jogo, como no passado, sendo os combatentes tanto conhecidos (IBM, Oracle, Intel, SAP, Microsoft, Samsung SDS, etc.) quanto novos (Ethereum, R3, Quorum, NEO, Digital Asset, Fisco e mais de uma centena de outras plataformas potenciais). Os combatentes conhecidos apostam em suas autoridades sobre posições desgastadas: fonte confiável *versus* código aberto,

---

* A Gartner define *contrato inteligente* como um programa ou protocolo de computador, rodando tipicamente numa plataforma de tecnologia baseada em blockchains que facilita, verifica ou executa processos de negócios. Estes processos de negócios poderiam ser disparados por eventos, transações dentro e fora do blockchain ou interações com outros contratos inteligentes. As regras de negócio são definidas no contrato inteligente que, automaticamente, faz valer as regras permitindo a realização de uma transação sem a participação de terceiros, tornando um contrato inteligente autoexecutável. *Pilha de tecnologia* é uma combinação de componentes de software do sistema e ferramentas usadas para criação e suporte de uma aplicação. Ela inclui programas relacionados, ambientes em tempo de execução, estruturas e linguagens de programação.

estabilidade *versus* flexibilidade e assim por diante. Os fornecedores estão indo com vontade atrás dos orçamentos das empresas destinados a projetos de blockchain. Alguns deles desenvolveram soluções específicas para problemas comuns do setor. Outros alegam que são capazes de criar qualquer coisa.

Muitas das soluções que já estão no mercado são transitórias; o objetivo básico delas tem sido o de atender uma necessidade ou oportunidade imediata. Elas devem ser encaradas como plataformas de aprendizagem, não como soluções de longo prazo, já que a tecnologia blockchain está em contínua evolução e maturação. A maturação contínua da tecnologia blockchain é importante, particularmente com soluções inspiradas em blockchain, já que soluções criadas com governança centralizada não podem ser facilmente descentralizadas posteriormente (se é que isso seja possível). Tecnologias projetadas para uma arquitetura centralizada não podem ser usadas para descentralização e os fornecedores não recebem nenhum incentivo para assim fazê-lo, especialmente se o blockchain usa pilha de tecnologia e sistema *próprio*. As soluções abertas criadas desde o princípio para darem certo grau de descentralização possibilitarão que se faça um *upgrade* mais rápido e com evolução nessa direção ao longo do tempo.

ARQUÉTIPOS INSPIRADOS EM BLOCKCHAIN

As quatro moedas de negociação oferecem uma visão ampliada para avaliar as centenas de soluções inspiradas em blockchain em desenvolvimento no momento. Como uma solução trata os dados? Quem obtém acesso? Quem define os contratos?

Quem desenvolve a tecnologia? Respostas a estas perguntas esclarecem o equilíbrio dos riscos e benefícios em soluções blockchain ofertadas por parceiros comerciais ou fornecedores. Obter essas respostas também nos ajuda a decidir com antecedência quais qualidades vamos querer nas soluções que criamos ou adquirimos.

Você estará fazendo tais perguntas frequentemente, dada a explosão na atividade de blockchain que observamos no mercado. As centenas de provas de conceito, projetos-piloto e implementações em andamento variam na forma como eles lidam com as quatro moedas. Tendo em vista tais diferenças, identificamos cinco arquétipos inspirados em blockchain

(Figura 2-2). Alguns deles mantêm aberta a possibilidade de evoluírem, ao longo do tempo, no sentido de um modelo descentralizado e com *tokens*; eles podem migrar de inspiradas em blockchain para blockchain completo se os princípios de projeto permitirem. Outros arquétipos reforçam as abordagens operacionais centralizadas que são incompatíveis com soluções blockchain completo. Corremos riscos ao adotar qualquer tecnologia nova, mas você se beneficiará por ter dado o primeiro passo. Para ajudá-lo a decidir como, apresentamos uma visão mais detalhada destes cinco arquétipos.

FIGURA 2-2

Os arquétipos inspirados em blockchain

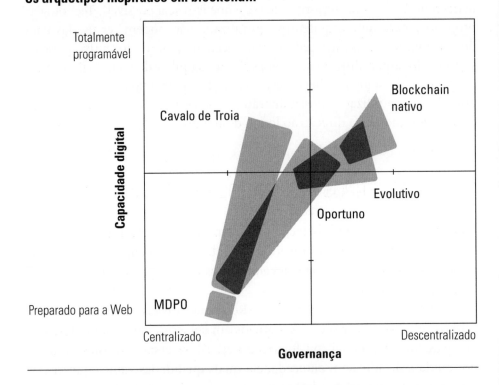

SOLUÇÕES "MEDO DE PERDER A OPORTUNIDADE" (MDPO)

Em recente conversa que Christophe teve com dirigentes de uma companhia de seguros de automóveis que buscava desenvolver uma solução blockchain para processamento de pedidos de indenização de seguros de veículos, fizemos uma pergunta comum na interação com os clientes: Por que blockchain? Os dirigentes queriam capturar informações sobre o motorista, veículo e o contexto do acidente, acreditando que tais dados poderiam aperfeiçoar as investigações sobre um acidente através de um processo mais transparente. Na realidade, o blockchain neste contexto fechado e centralizado poderia ser mais caro, complexo e arriscado do que alternativas construídas com bancos de dados e tecnologia de envio de mensagens padrão. Cristophe disse aos dirigentes o que pensava, mas ignoraram e disseram que a diretoria lhes havia dito para encontrarem uma forma de usar a tecnologia. O desejo da empresa de usar blockchain é mais um reflexo da pressão exercida sobre as organizações para se manterem em compasso com as tendências digitais do que um reflexo da relevância da tecnologia para o problema em questão.

Constantemente ficamos sabendo de organizações que estão desenvolvendo testes ou projetos-piloto com blockchain na tentativa de resolverem um problema doméstico que poderia ser mais bem solucionado e de forma mais rápida e barata caso adotassem uma abordagem já estabelecida. Para alguns líderes, o oba-oba em torno do blockchain cria uma visão estreita que os torna incapazes de considerarem alternativas diversas. Outros líderes sabem que deveriam comparar diferentes opções, porém, não veem valor em fazer isto; seus superiores, sob a influência da MDPO do blockchain, disseram partam para o blockchain ou então vão pra casa. Como o CIO de uma financeira regional contou para David no Middle East Symposium da Gartner, em 2018: "Você não está entendendo; o meu CEO me disse para adotar o blockchain".

Projetos de blockchain MDPO muito provavelmente não pouparão custos ou criarão valor. Entretanto, eles não são em vão. Explorar uma solução digital avançada como o blockchain poderia dar o recado ao mercado de que sua organização é inovadora e a par das tendências atuais. Esta mensagem pode fazer com que clientes potenciais vejam a sua empresa com outro olhar. Ela também pode forçar os concorrentes a investirem tempo e recursos por razões MDPO similares.

Entretanto, os líderes precisam ter cuidado para não criar uma falsa sensação de segurança sobre o seu conhecimento de blockchain e controlar cuidadosamente o dinheiro gasto nesses tipos de soluções. Quando um projeto não consegue gerar valor, alguns líderes acreditam que tentaram o blockchain e falharam quando, na verdade, eles simplesmente tinham um caso errado de aplicação. Muitos blockchains MDPO arruínam a credibilidade dos blockchains na empresa. Além do mais, quando as empresas tentam implementar soluções blockchain preventivamente, tais soluções normalmente sobrecarregam os sistemas e processos existentes e criam custos adicionais que não provocam nenhum aumento de eficiência.

SOLUÇÕES CAVALO DE TROIA

Para este arquétipo, um poderoso protagonista ou um pequeno grupo de atores desenvolve uma solução inspirada em blockchain e convida – ou algumas vezes exige – os participantes do ecossistema a usarem-na. Tais soluções são, por definição, inspiradas em blockchain pois possuem um único proprietário ou um pequeno grupo de proprietários que se conhecem entre si. Embora alguns fornecedores de soluções centralizadas usem palavras como *descentralização* e *consenso* (uma característica de sistemas descentralizados), a propriedade central do arquétipo indica de forma veemente que o desenho do sistema também é centralizado. Apelidamos tais soluções de *cavalos de Troia* porque elas parecem atraentes do lado de fora. Elas têm uma marca respeitada por trás, gozam de fundamentos tecnológicos aparentemente sólidos e querem atender uma ampla gama de problemas conhecidos e caros em um dado setor. Entretanto, o preço do ingresso é uma potencial exposição de atividades comerciais, processos e dados particulares sem reciprocidade pelo outro lado. Vistas sob a ótica das moedas de negociação, as soluções cavalos de Troia exigem que os participantes renunciem a certo controle sobre seus dados e termos de contratação para obter acesso a mercados e tecnologia.

O blockchain de rastreamento de alimentos do Walmart parece cair nessa categoria.[13] Esta solução foi desenvolvida para rastrear a cadeia de suprimento de gêneros alimentícios. O Walmart foi motivado, segundo dizem, pelo desejo de evitar intoxicação alimentar e reduzir os custos de contaminação de produtos alimentícios. No ambiente sem o emprego de blockchains, pode-se levar semanas ou mais para localizar a fazenda ou planta industrial de processamento exata e dezenas de pessoas podem adoecer nesse ínterim. Este estopim ocorreu nos Estados Unidos no final de novembro de 2018 envolvendo a alface-romana, que desapareceu das prateleiras da loja por mais de um mês depois do incidente.[14] Esses eventos causaram uma perda de produtos não contaminados e mancharam a reputação da marca. Registros completos e acessíveis irão possibilitar que lojas como o Walmart localizem mais rapidamente as origens da contaminação e a corte na sua fonte.[15]

Inegavelmente, o setor precisa de maneiras melhores de se interromper a contaminação alimentícia. Embora apenas os participantes da cadeia de suprimento entrem com os seus dados em um sistema centralizado, essas empresas correm o risco de serem obrigadas a compartilhar os seus dados com o sistema, mas sem a devida compensação por tais informações.

O potencial de estratégia de longo prazo para soluções cavalo de Troia inspiradas em blockchain segue o caminho da desintermediação do mercado – um caminho atravessado por poderosos parceiros de canal desde o princípio da era industrial. Em primeiro lugar, estas empresas proeminentes encorajam seus parceiros comerciais a participar oferecendo uma solução para um problema existente e acesso a um cliente final desejado. Mas, uma vez no sistema, os participantes são capturados – o dono da plataforma pode se recusar a fazer negócios com eles a menos que permaneçam ou aceitem novos termos e condições.[16] Ao longo do tempo, os cavalos de Troia podem analisar os dados da plataforma e trocar de fornecedor, passando àqueles presentes na rede com menor custo e de menor peso. Gradualmente eles também podem pressionar os produtores a aumentar a qualidade, reorientar a produção e diminuir os custos de modo que o proprietário da plataforma consiga atrair mais clientes, o que encoraja uma polarização ainda maior de volume. Num primeiro momento os clientes se beneficiam na forma de maior conveniência, produtos melhores e custos mais baixos. Entretanto, no final, a consolidação de poder no mercado diminui a concorrência, provocando riscos de se tornar o fornecimento menos confiável, diverso e influenciado pela escolha do consumidor, além de mais caro. Em suma, as soluções cavalo de Troia levam a uma maior centralização.

SOLUÇÕES OPORTUNAS

A DTCC (*Depository Trust and Clearing Corporation*) é o intermediário para compensação e liquidação pós-negociação do sistema financeiro dos Estados Unidos. Como a ASX na Austrália, a DTCC administra processos pós-negociação e serve como uma única fonte de registro da atividade de operações no mercado norte-americano. Em 2006 a DTCC desenvolveu uma solução *mainframe* chamada TIW (*Trade Information Warehouse*). Conforme descrito por Robert Palatnick, diretor executivo e gerente de arquitetura de TI da DTCC, o *mainframe* seria supostamente "o valiosíssimo registro central dos *swaps* com ressarcimento em caso de mora".[17]

"Havia um bocado de processos manuais e em papel que o *mainframe* resolveu quando a solução foi lançada em 2006", disse Palatnick. "Porém, desde a crise financeira, uma série de bolsas foram criadas e o volume de operações de balcão tem diminuído. Com a necessidade de uma atualização do *mainframe* e o tamanho do mercado diminuindo, constatamos que o custo seria muito alto. Portanto, nos reunimos com os provedores de tecnologia, especialistas e nossos clientes, e decidimos que o TIW representava uma boa oportunidade para fazer algo significativo e impactante com o uso de blockchains". No momento, a companhia está trabalhando para desenvolver o seu TIW com o emprego de soluções na nuvem e com tecnologia de livro-razão distribuído. Quando conversamos com Palatnick, o TIW se encontrava em fase de testes estruturados com quinze bancos participantes e gerindo cerca de US$ 10 trilhões em valores mobiliários em circulação.

Como a substituição do CHESS na bolsa australiana, o TIW cai na categoria de soluções oportunas inspiradas em blockchain. Tais soluções resolvem problemas ou oportunidades conhecidos e a empresa que dava os seus primeiros passos na tecnologia de blockchain avaliou os riscos de se usar tecnologia não testada, os custos associados a ela e os prováveis benefícios resultantes. A solução é inspirada em blockchain, mas não há nenhuma trajetória para aumento da descentralização (e que uma autoridade centralizadora, como a DTCC, nem iria querer).

Iniciativas oportunas inspiradas em blockchain geram valor por meio de uma melhor manutenção dos registros ou eficiência nos processos. A bolsa de valores australiana também viu o potencial para geração de valor adicional a partir da expansão do mercado para clientes fora de sua área geográfica de atuação principal.

As organizações também ganham experiência através de soluções oportunas inspiradas em blockchain, experiência esta que lhes pode ser útil no futuro. Essas iniciativas dão credibilidade à tecnologia, à equipe que a implementou e, ao mesmo tempo, fazem todos experimentarem alguns desafios técnicos e culturais do compartilhamento de dados distribuído.

Para o ex-CIO de um banco no Oriente Médio, que passou por uma iniciativa de pagamentos via blockchain no início de 2017, os benefícios de soluções oportunas inspiradas em blockchain valeram a pena. A solução foi desenhada para conectar um grupo definido de clientes de porte operando em diferentes países de modo a poderem executar pagamentos fora de seus países sem usarem o intermediário SWIFT (*Society for Worldwide Interbank Financial Tellecomunication*).* Entretanto, o sistema foi tirado do ar seis meses depois. De acordo com o CIO, havia "falta de ROI (retorno sobre o investimento)". Conversações com um grande parceiro no exterior, e que planejava usar o sistema, foram por água abaixo. Sem esses volumes, o sistema não conseguia justificar os custos.

Mesmo assim, o CIO falou positivamente da experiência. Ele disse que o seu banco ganhou confiança no blockchain, como algo confiável para aquele caso de uso específico, além de sua equipe ter aprendido como construir e operar um sistema blockchain. "Adquirimos experiência de como tudo funcionava, gastamos [muito pouco], descobrimos que trabalhar em um consórcio, por menor que ele possa ser, é penoso e que nossa estratégia de abandono da tecnologia manteve a experiência do cliente". Por fim, acrescentou: "Foi uma ótima relações-públicas para o banco!"[18]

Colocado novamente sob a perspectiva das moedas, as soluções oportunas inspiradas em blockchain apresentam alguma perda de controle sobre dados e contratos. Mas como reconheceu o CIO, a solução realmente resultou em algum benefício no acesso ao mercado bem como na experiência com a tecnologia.

SOLUÇÕES EVOLUTIVAS

A imaturidade tecnológica do blockchain *hoje em dia* dificulta a implementação de soluções completas em um ambiente com sistemas cruciais.

---

* Sistema global de comunicações, com base em Bruxelas, que interliga bancos em mais de 60 países, para realizar transferências financeiras entre bancos. *Fonte*: Dicionário de Termos Financeiros, Santander Banespa, 2003. (N.T.)

Contudo, algumas organizações estão explorando soluções inspiradas em blockchain com pretensão de evoluírem para soluções blockchain completo à medida que a tecnologia for amadurecendo. Para manter a possibilidade de uma futura transição, os proprietários precisam, desde o princípio, tomar decisões arquitetônicas e operacionais que possibilitem a descentralização e a tokenização, mesmo que estes elementos não sejam usados na implantação inicial.

A iniciativa da Suécia de construir um registro de imóveis baseado em blockchains nos dá um ótimo exemplo de solução com potencial evolutivo. Na maior parte do mundo desenvolvido, os cidadãos concentram grande parte de sua riqueza em imóveis, que as pessoas podem usar como penhor para garantir empréstimos a juros baixos. Apesar da relevância econômica da propriedade como um ativo, comprar e vender imóveis é um processo técnico oneroso e que é limitado em forma. Proprietários, compradores e imobiliárias trocam extensa documentação quando chegado o momento da venda, compartilhando documentos com sociedades de crédito imobiliário, bancos e pessoas jurídicas envolvidas na verificação da propriedade e revisando contratos e arranjos financeiros. Cada participante pode chegar a receber, preencher ou rever a documentação digitalmente, mas o número de etapas e o número de pessoas que se envolve em cada transação podem alongar o processo por semanas ou meses e gerar a possibilidade de erros, ainda maiores quando papelada estiver envolvida. Seguem-se atrasos adicionais depois de "fechar negócio" já que a papelada tem de ir para o cartório de registro de imóveis onde ela pode "ficar mofando" por semanas antes que o oficial do cartório registre a venda e emita uma certidão formal. Esses atrasos cumulativos podem ser custosos, limitando oportunidades no mercado imobiliário, criando inúmeros sistemas paralelos e inconsistentes, bem como possibilitando a proprietários fraudulentos a se candidatar a empréstimos ou fazer negociações comerciais sobre propriedade que realmente não possuem.

O *Lantmäteriet* da Suécia, cartório oficial do governo para registro de bens imóveis e levantamento topográfico, e responsável pela regulamentação deles, está testando uma solução blockchain para enxugar o processo e economizar possíveis US$ 106 milhões por ano. Ele formou uma parceira com as seguintes empresas: SBAB Bank, Landshypotek Bank, Telia Company (empresa de telecomunicações), Kairos Future (consultoria de gestão) e ChromaWay (fornecedor de tecnologia blockchain). Como enfatizou o Diretor de Inovação da Lantmäteriet: "O objetivo é desenvolver um livro-razão baseado em blockchains em que rodarão transações com bens imóveis, com nós distribuídos e, idealmente descentralizados, espalhados por todas as organizações participantes deste ecossistema".[19] A rede blockchain do Lantmäteriet poderia, finalmente, incluir mutuantes, corretores de imóveis, escritórios de advocacia, imobiliárias, incorporadoras e compradores/vendedores privados. A meta é habilitar um registro mais eficiente e transparente que o existente hoje em dia no registro público de bens imóveis.

A primeira transação ocorrida na rede foi em junho de 2018. Em sua forma nascente e "inspirada", o sistema opera como uma rede fechada ou permissionária rodando num número limitado de nós. Cada parte participante da negociação da propriedade usa uma interface separada para acessar a rede e o sistema usa uma combinação de tecnologias, inclusive um banco de dados gerenciado de forma centralizada em vez de um livro-razão. No desenho inicial não são inclusos nenhum *token*. Um contrato inteligente valida o processo, porém, atualmente o contrato não é autoexecutável: ele meramente valida a ocorrência de um compromisso de compra e venda; ele não a consuma.

O Lantmäteriet sueco precisa resolver vários problemas antes de poder atingir escala. Alguns desses problemas são administrativos (por exemplo, a legislação sueca exige assinaturas em papel em transações imobiliárias ao passo que a União Europeia permite assinaturas eletrônicas) enquanto outros são de ordem operacional (os diversos participantes em transações imobiliárias possuem casos de negócio para participação e nem todos eles estão alinhados). A solução blockchain também poderia trazer à tona questões culturais. Por exemplo, os clientes precisariam de tempo antes de aceitar um processo digitalizado descentralizado para negociarem sua fonte primária de riqueza. Questões financeiras como quem paga pela solução e quem se beneficiaria dela, também precisam ser resolvidas. Finalmente, a Lantmäteriet deve considerar a governança regulatória de redes com múltiplos participantes. E tem mais, um grupo de bancos e empresas do setor imobiliário está desenvolvendo um sistema concorrente de portal na Web que poderia provocar uma divisão no mercado ou se tornar uma solução de curto prazo melhor. Não obstante todos esses desafios, os promotores desse registro imobiliário baseado em blockchains afirmam que a solução poderia evoluir para uma rede que conecta de forma a "não precisar obter permissão" a todos os atores envolvidos no ecossistema. As moedas de negociação em uma solução dessas seriam negociadas com um nível de risco de baixo a moderado para os participantes.

SOLUÇÕES BLOCKCHAIN NATIVAS

O quinto e último arquétipo inspirado em blockchain são as soluções que "já nasceram blockchain". Desenvolvidas por startups ou iniciativas de inovação em áreas inexploradas, tais soluções criam um novo mercado ou uma abordagem disruptiva a um modelo de negócios existente usando o blockchain como pedra angular. Algumas soluções no arquétipo nativo ainda são inspiradas em blockchain devido à imaturidade dos elementos fundamentais da descentralização e da tokenização, mas o desenvolvimento delas fora dos ambientes da atividade empresarial existentes permitirá a elas evoluírem, com o passar do tempo, no sentido de soluções blockchain completo.

Um dos setores com atividade significativa no campo do blockchain nativo é o de educação superior. A Woolf University, por exemplo, é uma entidade blockchain nativa que espera se tornar a primeira instituição educacional movida a blockchain. Fundada por um grupo de acadêmicos de Oxford e Cambridge, ela aspira ser uma "sociedade educacional digital sem fronteiras", um Airbnb descentralizado para cursos de graduação. A Woolf University conecta professores a estudantes através de contratos seguros e captura um registro da "transação" de aprendizagem de modo que o aluno possa obter créditos e o professor possa ser pago. O WOOLF é o *token* nativo usado em contratos inteligentes, porém, os instrutores podem optar por serem pagos em WOOLFs ou na moeda oficial de seus países. A Woolf University busca obter credenciamento da União Europeia e antecipa o lançamento de uma plataforma global em 2019.

As soluções inspiradas em blockchain nativas irão inserir novas abordagens ou modelos de negócios em setores tradicionais. Tecnologia não testada será o principal risco da moeda. Tais soluções atrairão participantes que queiram controlar os seus próprios dados e testar a descentralização.

SOLUÇÕES INSPIRADAS EM BLOCKCHAIN NO CAMINHO PARA A DESCENTRALIZAÇÃO

Os cinco arquétipos do emprego de soluções inspiradas em blockchain ilustram claramente o imenso mundo a ser explorado do blockchain. Os motivos comerciais e desenhos subjacentes a cada arquétipo determinam tanto os custos de participação quanto o que se obtém desta participação. Soluções baseadas em MDPO podem oferecer algumas oportunidades de se aprender, mas raramente aumentam as capacidades digitais ou grau de descentralização de uma organização. Uma solução cavalo de Troia leva seus participantes marcadamente para a direção norte na grade mostrada na Figura 2-2, habilitando capacidades digitais mais acentuadas, porém, dentro de um modelo centralizado. As soluções oportunas levam as organizações que as estão implantando, para uma direção nordeste, mas atingem um limite rígido devido à sua falta de descentralização. Já as soluções evolutivas e blockchain nativo são aquelas com maior potencial para preparar as organizações para a descentralização e futuro emprego de blockchain completo.

A maioria das empresas que obtêm valor mensurável com risco limitado o fará através de um arquétipo oportuno, evolutivo ou blockchain nativo. Os blockchains cavalo de Troia ganharão atenção do mercado e possível impulso, mas provavelmente não trarão valor a longo prazo para ninguém, exceto o dono da plataforma. Se o tempo e a pressão do mercado fossem no sentido de mudar as estruturas de propriedade dos cavalos de Troia, então esses protótipos poderiam evoluir no sentido de um modelo evolutivo.

AMPLIANDO SUA VISÃO SOBRE O VERDADEIRO VALOR DO BLOCKCHAIN

O QUE VOCÊ APRENDEU NESTE CAPÍTULO?

As soluções inspiradas em blockchain dominarão o mercado até por volta de 2023. Tais soluções tiram proveito de três dos cinco elementos fundamentais do desenho blockchain e normalmente resolvem desafios conhecidos que envolvem compartilhamento de dados e fluxos de trabalho dentro e fora da empresa. Soluções bem elaboradas trarão benefícios, mas é preciso pesar os riscos e custos envolvidos. Pelo fato de as soluções inspiradas em blockchain carecerem de descentralização como elemento de projeto, os participantes que não se conhecem entre si não conseguem comerciar ou trocar valores sem um terceiro validar a negociação. Em vez disso, normalmente estas soluções têm um proprietário ou um grupo limitado de proprietários. Neste contexto, as moedas de negociação (dados, acesso, contratos e tecnologia) poderiam ser controladas por um único agente ou subgrupo, dependendo do desenho e do propósito da solução. Os cinco arquétipos do blockchain refletem graus de centralização variáveis: soluções MDPO (a maioria projetos internos), cavalos de Troia (por exemplo, o Walmart), soluções oportunas (por exemplo, a ASX), iniciativas evolutivas (por exemplo, o Lantmäriet sueco) e soluções blockchain nativo (por exemplo, a Woolf University).

As organizações não podem usar soluções inspiradas em blockchain para criar ou intercambiar novas formas de valores, já que as novas formas nativas digitais exigem *tokens* que operem em um ambiente descentralizado. Portanto, a fase inspirada em blockchain do espectro não é o fim da linha, mas sim uma estação intermediária a caminho da fase blockchain completo.

O QUE VOCÊ DEVE FAZER A ESTE RESPEITO?

Na posição de líder, você precisará revisar e realizar *benchmarks* do seu desenvolvimento de blockchain em relação às quatro moedas de negociação (dados, acesso, contratos e tecnologia) para compreender os riscos e propostas de valor no médio e longo prazo. Faça as seguintes perguntas a sua equipe de executivos: De que forma a sua organização irá conduzir iniciativas blockchain? Quais arquétipos se adéquam melhor à sua estratégia? Como você irá gerenciar suas moedas de negociação? Caso já esteja envolvido em projetos-piloto, provas de conceito ou implementações completas, as soluções são inspiradas em blockchain? Em caso positivo, onde residem os dados da rede? Quem tem acesso a eles? E quem redige os contratos?

O QUE VEM A SEGUIR?

As organizações conduzem iniciativas de blockchain para uso interno e através de parcerias e esforços conjuntos (consórcios) em um determinado mercado, área geográfica ou cadeia de valor. De fato, os consórcios têm sido o motor que impulsiona a grande atividade com blockchains. Os consórcios também representam um desafio significativo para as organizações, apesar do possível benefício de se dividir os riscos com parceiros que pensam da mesma forma. É preciso ser cauteloso em ceder controle a um poder central controlador ou a concorrentes. Estabelecer consórcios ou não? Esta é a pergunta que iremos responder no próximo capítulo.

CAPÍTULO 3

CONSORCIANDO-SE COM O INIMIGO

Os consórcios estão tendo um papel crítico no desenvolvimento de blockchains. Assim como as soluções inspiradas em blockchain que eles ajudaram a introduzir no mercado, os consórcios assumem muitas formas. Alguns alinham as organizações em um genuíno modelo coletivo visando concretizar objetivos comuns; outros representam a visão de uma única e poderosa entidade exercendo influência sobre os subordinados do setor. Embora algumas pessoas possam encarar este último como uma parceria ou *joint-venture* mais do que o encaram como um consórcio, adotamos uma visão mais ampla do que seja um consórcio, isto é, qualquer grupo de empresas ou organização trabalhando no sentido de um objetivo que seus membros individuais não conseguiriam alcançar por conta própria. Sob esta perspectiva, os consórcios estão por trás da maioria das soluções blockchain empresariais planejadas ou em desenvolvimento.

Os consórcios de blockchain possuem particular credibilidade como desenvolvedores de soluções para resolver um problema de um setor de atividade ou de uma área geográfica. Consideremos a solução no desenvolvimento feito pelo Isabel Group, na Bélgica. Formado em 1995 como um consórcio entre quatro bancos belgas, cada um dos quais detém 25% da organização atual, o Isabel Group é um provedor de serviços de tecnologia que administra atividades como banco múltiplo e fornece soluções para habilitar *compliance* KYC (*know-your-customer*, conheça o seu cliente).

KYC é uma exigência regulatória que visa frear a lavagem de dinheiro.[1] As regras KYC exigem que todos os bancos coletem e atualizem regularmente informações de identificação de clientes envolvidos em transações financeiras. O *compliance* pode custar milhões de dólares aos bancos, mesmo não agregando valor competitivo. Entre outros serviços fornecidos pelo Isabel Group temos o de gerenciamento de identidades *on-line*, administração de pagamentos e segurança.

A prática típica do KYC requer que cada banco capture, separadamente, informações sobre clientes corporativos, administre-as localmente e as atualize regularmente (normalmente a cada seis meses). Como as corporações podem manter relações com várias instituições financeiras (algumas vezes dezenas delas), esta abordagem cria, entretanto, redundância no sistema financeiro e leva a inconsistências que provocam atrasos ou rejeições de pagamentos e afeta o fluxo de capital.[2] O Isabel Group acredita que o blockchain seja capaz de fornecer uma alternativa mais eficiente e está construindo uma solução inspirada em blockchain desenvolvida para capturar e verificar credenciais KYC para empresas apenas uma vez a cada ciclo de renovação, independentemente do número de relacionamentos com bancos que uma empresa possa ter.

Frank Verhaest, gerente de programação para inovação e blockchain do Isabel Group, caracterizou a solução durante uma teleconferência com os autores em setembro de 2018 como sendo uma ferramenta soberana de gerenciamento de identidades para corporações.[3] Uma vez capturada sua identidade, a corporação, quer irá obter acesso gratuito à solução blockchain, pode reutilizar o seu registro com outros bancos bem como com terceiros como companhias de seguro ou provedores de pagamento que não sejam bancos criando, efetivamente, um passaporte corporativo. Os registros de identidade poderiam permitir ao Isabel Group oferecer serviços complementares como faturamento eletrônico e controle de fraudes. A Verhaest estima que a funcionalidade KYC isoladamente poderia reduzir em 50% o custo anual de 335 milhões de euros incorridos pelos bancos belgas.

São cifras impressionantes. Mas o Isabel Group precisaria de blockchain para alcançá-los? "Poderíamos ter usado um banco de dados criptografado para esta iniciativa", admitiu Verhaest. "Porém os bancos veem vantagem no blockchain pois cada um deles tem acesso apenas aos dados de seus próprios clientes e, como consequência, reforça uma escala mais ampla de confiabilidade por todo o consórcio".

O comentário de Verhaest vai ao âmago da questão, tanto em termos de riscos quanto de benefícios. Líderes como você se beneficiam do compartilhamento de ideias bem como dos riscos e custos do desenvolvimento de uma solução. Contudo você também fica receoso em ceder o controle ou expor informações particulares a empresas que, na verdade, são seus concorrentes. Os benefícios parecem ser maiores no mercado atual, resultando na rápida formação de consórcios em todos os setores de atividade. Como líder, você não pode se dar ao luxo de ignorar a influência que esses consórcios têm no desenvolvimento do blockchain em seu setor. Pelo contrário, é preciso ter uma estratégia para participar disso: Por que se consorciar? Quando fazê-lo? Como se consorciar de uma maneira que gere benefícios e limite os riscos? Neste capítulo, forneceremos a você as ferramentas necessárias para responder essas questões.

CONSÓRCIOS DE BLOCKCHAIN: EM TERMOS, UMA CONTRADIÇÃO?

Para muitos gestores de blockchains os consórcios parecem uma adequação natural ao blockchain. Redes não hierarquizadas que possibilitam transações diretas precisam da resiliência de muitos nós distribuídos operando protocolos de consenso que fazem valer as regras da rede. Como organizações multiétnicas, os consórcios poderiam realizar projetos-piloto no desenvolvimento de soluções desde o princípio com um número substancial de participantes. Se for desenhado para progredir no sentido da descentralização, essas soluções cairiam na categoria evolutiva das soluções inspiradas em blockchain descritas anteriormente.

Apesar das aparentes similaridades entre blockchain e consórcios, também há diferenças. Normalmente os consórcios se formam para consolidar recursos de mercado com o propósito de desenvolver e promover procedimentos operacionais padrão. Exemplos de consórcios formados para este fim são o SWIFT para pagamentos fora do país, a OPEP (Organização dos Países Exportadores de Petróleo) no setor de gás e petróleo,

Dairy.com no mercado agrícola ou a Hulu no setor de mídia de entretenimento.

Os consórcios existem para atender uma necessidade de um setor, algumas vezes ditando as regras de mercado de modo que podem beneficiar grandes e poderosos membros, com impactos variados para os participantes menores e para a economia como um todo. Uma centralização dessas conflita diretamente com a promessa do blockchain de possibilitar a participação igualitária e acesso a todos.

Quando vários consórcios focam nos mesmos problemas de formas diferentes, o problema da centralização se torna mais complicado. Vários consórcios de blockchain estão tentando resolver os desafios trazidos pela *compliance* KYC e pelo financiamento de operações comerciais, por exemplo.[4] Entre as iniciativas KYC há o Isabel Group, já citado e a Nordic KYC Utility, uma *joint-venture* em desenvolvimento de cinco bancos nórdicos com planos de atender terceiros. A R3 também já conduziu um projeto-piloto de blockchain KYC, com trinta e nove bancos operando em dezenove países.[5] Entre os consórcios de blockchain temos: we.trade, Marco Polo, Voltron e eTradeConnect, cada qual com uma abordagem ligeiramente diferente, dependendo de protocolos de blockchain como o Hyperledger (ferramentas de código aberto do Linux para livros razão distribuídos em blockchains) e o Corda da R3 (outra plataforma blockchain de código aberto).

Quais seriam as implicações competitivas se vários consórcios ganharem impulso enquanto se concentram nas mesmas questões? Sob a perspectiva de centralização, ter apenas algumas opções de consórcio cria um ambiente de concorrência limitada que protege o *status quo*. Sob esta visão, os consórcios de blockchain são vistos como uma tentativa de proteger poder de mercado ao prenderem os participantes em soluções inspiradas em blockchain promovidas por intermediários centralizadores. É o modelo cavalo de Troia de blockchain pensado para atrair líderes inocentes com a promessa de um "presente" que, em última instância, irá limitar a independência destes.

Uma alternativa seria a colaboração entre consórcios para conduzir a novos padrões. Ter padrões sem autoridades centrais poderia encorajar a entrada no mercado de novas empresas, maior concorrência e inovação bem como o estabelecimento dos componentes básicos para sistemas descentralizados e interconectados. De acordo com esta visão, os consórcios poderiam facilitar a transição de soluções inspiradas em blockchain para blockchain completo e, finalmente, soluções blockchain aprimorado. Elas enfrentariam o *status quo*.

Ambos os cenários, de blockchain como consolidante e blockchain como descentralizador, são possíveis. Alguns consórcios terão em vista a centralização do poder de mercado ao passo que outros se tornarão obsoletos à medida que o mercado de blockchain amadurece. Enquanto alguns grupos farão a sua fusão (como a we.trade e a Batavia), se dissolverão ou falirão por não conseguirem resolver a questão da governança e de condições comerciais, outros irão desenvolver sistemas e estratégias para descentralizar e evoluir para o blockchain completo.[6] Durante a fase de soluções inspiradas em blockchain e provavelmente mais além, todos os tipos de consórcios serão o centro das atenções de inumeráveis iniciativas. Vamos dar uma olhada nos tipos de consórcios que estão sendo formados hoje em dia no mercado.

MANTENDO OS SEUS INIMIGOS POR PERTO

Segundo nossa contagem, em 2019 havia mais de uma centena de consórcios focados em blockchain, com mais deles se formando o tempo todo. As ligações entre os membros do consórcio variam muito e os motivos da filiação podem ser setoriais, geográficos, tecnológicos e comerciais. Muitas empresas participam de mais de um consórcio.

CONSÓRCIOS SETORIAIS

Alguns dos consórcios de blockchain mais conhecidos se norteiam pelas ligações setoriais. Por exemplo, a Energy Web Foundation, com sede em Zug, Suíça, identifica e desenvolve casos de uso de blockchain na cadeia de suprimento de energia. A Blockchain Insurance Initiative, originalmente um projeto europeu, foi formada para avaliar a inovação dos blockchains no setor de resseguro. A Mobility Open Blockchain Initiative inclui membros da cadeia de valor automotiva e a Blockchain in Transportation Alliance foca no desenvolvimento de padrões para uso de blockchain nos setores logístico e de transportes. Consórcios com base em setores normalmente convergem para a busca de soluções para um problema comum. Eles se unem para enfrentar desafios específicos como KYC, financiamento de operações comerciais, logística, certificações e padrões. Em muitos casos, esses consórcios também criam um fórum aberto para discutir tais problemas.

CONSÓRCIOS POR ÁREA GEOGRÁFICA

Alguns consórcios também se concentram em desafios específicos para um país ou região geográfica. Esses consórcios geográficos também podem ter conexões setoriais. O Isabel Group, por exemplo, tem suas origens no mercado bancário belga, mas espera que suas iniciativas de blockchain venham a ajudá-lo a se tornar um fornecedor não europeu. A Russian FinTech Association é outro consórcio focado em um país e que se formou sob a supervisão do Banco Central da Rússia. A organização atribuiu a marca Masterchain ao seu blockchain, no qual ela desenvolveu e testou soluções para processamento de pagamentos segundo dizem para possibilitar pagamentos com países fronteiriços e na União Europeia de uma forma que se esquive da rede SWIFT.[7] A Russian FinTech Association destaca como consórcios em outras localidades acabam se misturando com geopolítica como a recente atividade de consórcios na China (com o Financial Blockchain Shenzhen Consortium), em Luxemburgo (Infrachain), no Japão (o Blockchain Collaborative Consortium) e nos Emirados Árabes Unidos (com o Global Blockchain Council).[8]

CONSÓRCIOS FOCADOS EM TECNOLOGIA

Consórcios tecnológicos giram em torno de uma plataforma ou outra abordagem tecnológica como primeiro princípio para o desenvolvimento de uma solução. O Hyperledger, encabeçado pela Linux Foundation, em 2015, e o Enterprise Ethereum Alliance, iniciado em 2017, são dois dos exemplos mais conhecidos de consórcios de blockchain tendo a tecnologia em primeiro lugar.[9] Ambos se formaram com o objetivo de possibilitar a colaboração entre organizações e promover a necessidade da interoperabilidade entre os livros razão.[10]

Um terceiro consórcio com foco em tecnologia, o R3, nasceu de uma parceria inicial entre instituições financeiras e provedores de tecnologia. O R3 é o criador da (agora) plataforma de código aberto Corda. Como um dos primeiros participantes do projeto Hyperledger, e devido à sua filiação com o setor de serviços financeiros, o R3 goza de certa influência. A organização participou ativamente de múltiplas provas de conceito e projetos-piloto de alta visibilidade no setor financeiro, trabalhando em colaboração com o HSBC, ING e a Cargill para capturar e compartilhar cartas de crédito para financiamento de operações comerciais, bem como de iniciativas com o Bank of Thailand e o Banco Central canadense.[11] Entretanto, por ter sido extremamente difícil alcançar a implementação em escala empresarial e envolvendo tantos participantes, alguns membros originais do consórcio R3 perderam a fé e abandonaram a iniciativa.[12] (Deserção e alta rotatividade também afligiram o Hyperledger.[13])

CONSÓRCIOS BASEADOS EM PROCESSOS DE NEGÓCIOS

Os consórcios baseados em processos de negócios visam desenvolver soluções para reduzir custos, atritos ou riscos envolvidos nas atividades comerciais. No setor de transportes marítimos, o Register da Lloyd tem fornecido financiamento para o Maritime Blockchain Labs, um consórcio que está buscando maneiras de se aumentar a segurança na seleção de tripulação e melhorar a documentação e a certificação de tripulações.[14]

A AntFinancial, braço financeiro do Alibaba, em cooperação com quatro indústrias alimentícias da Austrália e Nova Zelândia, bem como com a alfândega da China e a empresa de logística Cainiao é outro bom exemplo de consórcio focado nos processos de negócios. Fraude com produtos alimentícios tem sido um grande problema na China, dado o enorme e crescente mercado de importação do país. Por exemplo, em 2008 trezentos mil recém-nascidos ficaram doentes e seis morreram, após ingerirem leite em pó feito com leite contaminado.[15] A Ant Financial tem uma solução blockchain para rasteramento que foi implementada na plataforma de comércio eletrônico Tmall para uma grande variedade de produtos, inclusive leite em pó e leite longa-vida importados, produtos à base de mel, arroz orgânico, vinho e bebidas alcoólicas, com mais de 150 milhões de artigos rastreados desde novembro de 2018.[16] Um representante da Ant Financial especificou para os autores, em outubro de 2008, que "cada artigo rastreado recebe um certificado blockchain exclusivo que permite aos consumidores pesquisar informações sobre proveniência, cadeia de suprimento e garantia da qualidade através do aplicativo para celular chamado Alipay. Pequenos produtores também podem diferenciar os seus produtos daqueles piratas de baixa qualidade existentes no mercado graças a esta solução de rastreamento".[17]

POR QUE SE CONSORCIAR?

Os membros de consórcios blockchain normalmente trabalham colaborativamente em torno de um interesse comum: por setor, localização geográfica, tecnologia ou processos de negócios. Contudo esses interesses claramente não são mutuamente exclusivos. Por exemplo, um consórcio do setor financeiro também poderia adotar uma determinada tecnologia como padrão. Ou membros provenientes de um mesmo país podem ter o objetivo comum de permitir a expansão geográfica para seus participantes.

Entretanto, concordâncias sobre questões ou abordagens básicas raramente são suficientes para motivar uma colaboração no longo prazo. Pelo contrário, os consórcios blockchain estão sujeitos a muita agitação. Empresas e seus dirigentes se associam a um ou mais consórcios, participam por um tempo e, depois, saem deles, normalmente para se juntar a um consórcio diferente poucos meses depois. Diversas vantagens da colaboração podem encorajar membros a permanecerem conectados no longo prazo.

APRENDIZAGEM

Líderes empresariais muitas vezes são motivados a participar de um consórcio para trocar ideias e coletar informações – algumas vezes até mesmo para coletar inteligência competitiva. Embora ideias fluam de empresa para empresa naturalmente, os consórcios tornam esse compartilhamento mais eficiente e legitima as informações. Os líderes também alegam que pertencer a um consórcio dá a eles oportunidades de relações-públicas que mitigam a pressão MDPO vinda de superiores em suas organizações. Todo aquele entusiasmo, ou a ilusão dele, toma tempo deles para compreender o sentido do blockchain para suas emoresas.

Entretanto, até mesmo benefícios de aprendizado sólido usualmente não são suficientes para manter os líderes associados no longo prazo. Quando indagados a aumentarem o comprometimento – por exemplo, investindo em ou integrando-se a uma solução construída em um consórcio – os líderes podem decidir que não há benefício direto suficiente para dar o próximo passo. Aqueles que mantêm sua participação frequentemente o fazem em termos de benefícios mais quantificáveis.

O BLOCKCHAIN COMO UM BOM MOTIVO PARA INICIAR CONVERSAÇÕES

Líderes de alguns setores normalmente têm ideias e experiências em comum para serem aplicadas num ambiente colaborativo, mas eles nem sempre encontram maneiras de se reunir para compartilhá-las. Pessoas pertencentes a setores altamente regulamentados podem, em particular, hesitar em se encontrar com outros do próprio setor por medo de, ao fazê-lo, acabar, involuntariamente, cometendo um delito concernente a leis antitruste.

"O blockchain nos permitiu entrar em uma sala e conversar e pudemos descobrir que existem áreas em que podemos concordar para encontrarmos uma maneira digital de trabalhar", disse Rebecca Hofmann, executiva de operações e excelência em tecnologia de uma concessionária de energia norueguesa, a Equinor.[18] Seu debute no blockchain se deu em 2014 em uma conferência, em que várias pessoas conhecidas suas do setor lhe disseram sobre a necessidade de um fórum sobre blockchain do setor energético para facilitar a compreensão, a colaboração e a exploração de oportunidades para o setor. Poucos meses depois Hofmann fundou o US Oil & Gas Blockchain Forum. Hoje em dia, tem como membros a Equinor bem como Chevron, ConocoPhillips, ExxonMobil, Repsol, Pioneer Natural Resources e Hess.

Hofmann acredita que o blockchain abriu as portas para as empresas se unirem de uma forma que não podiam anteriormente, para poderem discutir tanto questões específicas ao blockchain como também outras necessidades. "Para mim", disse ela, "isso é mais importante do que a tecnologia blockchain em si, embora sem o blockchain não teria sido possível entrarmos naquela sala". Estas empresas haviam tentado colaborar entre si anteriormente. "Temos muitos comitês de normatização sem fins lucrativos que haviam tentado obter eficiência adicional para o setor", disse Hofmann. "Apenas nunca havíamos acreditado uns nos outros, de modo que os processos entre as partes permaneceram fragmentados. Somos todos concorrentes, mas também somos parceiros, e temos um estigma em nós de não acreditar uns nos outros. O blockchain promete um fator de confiança centralizado. Acredito que ele está permitindo às pessoas dizerem: 'Se existe um lugar em que todas as empresas podem interagir em tempo real e todos nós podemos obter uma cópia desta fonte fidedigna pois ela é bloqueada criptograficamente, isso é realmente interessante'. Nos dá oportunidade de dizer: 'Vamos conversar sobre isso'".[19]

Desde que fundou o fórum em fevereiro de 2018, ele se desmembrou em dois grupos operacionais: o US Oil & Gas Blockchain Forum original que se concentra em aprendizagem contínua e *networking* em torno da tecnologia blockchain para o setor energético e, em janeiro de 2019, o OOC Oil & Gas Blockchain Consortium, que se concentra no desenvolvimento colaborativo de soluções blockchain. Cada uma das quatro soluções em desenvolvimento na época em que conversamos com Hofmann, focaliza em processos integrativos e transformacionais no setor de gás e petróleo. Neste setor, alguns processos como gerenciamento de dados sísmicos, *truck ticketing*, aprovação para despesas, votação e cobrança de forma associada são altamente fragmentados, com documentação ainda em papel.

O setor energético não parece estar só em seu desejo de fomentar uma melhor colaboração e oportunidades de alinhamento. Jean-François Bonald, líder de projeto blockchain do RCI Bank and Services, que fornece financiamentos e serviços para clientes e redes de revendedores da

---

* *Field Run Ticket*. Registro em papel preenchido pelos compradores ou transportadores representantes documentando o volume de óleo cru retirado de um poço petrolífero. *Fonte:* www.mineralweb.com, Oil & Gas Terms. (N.T.)

Renault-Nisan-Mitshubishi, expressaram visões semelhantes àquelas que motivaram Hofmann a formar o seu grupo. "Por definição", diz ele, "não se consegue fazer um razão distribuído por conta própria. O consórcio nos permite associar com outros bancos... Como parte dele somos forçados a concordar primeiramente sobre as regras para filiação e estar de acordo sobre como serão tomadas as decisões". Os aspectos colaborativos, acredita ele, são fundamentais. "Se uma das partes assumir o controle, o blockchain não funcionará. Trata-se de quebrar monopólios existentes e desenvolver um novo ecossistema. Trata-se de definir novos parâmetros, novos protocolos, um novo ambiente competitivo".[20]

GESTÃO DE RISCOS

Novas tecnologias trazem consigo uma série de riscos, inclusive o abandono de sistemas legados, custos de infraestrutura, custos de integração, falhas no sistema, vulnerabilidades em termos de segurança, escalonamento e velocidade. Todas as organizações, até mesmo as empresas com talentos em TI bem preparados, se veem diante desses riscos. Os consórcios tornam mais fácil dividir os riscos bem como limitá-los através de provas de conceito, desenvolvimento de aplicações e implementações beta financiadas pelo grupo. Um subconjunto de membros do consórcio participa de acordo com regras estabelecidas pelo consórcio, mas todos os membros compartilham os resultados, lições, desafios e melhores práticas. A B3i (Blockchain Insurance Industry Initiative) formou-se, inicialmente, como um consórcio para colaboração em soluções tecnológicas dessa maneira. A organização desde então se tornou uma empresa de software privada, a B3i Service AG, propriedade de dezesseis participantes do mercado de seguros. Ela planeja empregar uma solução para atividades comerciais baseada em blockchains.[21]

Os consórcios também limitam os riscos através da promoção de padrões que facilitam a maturidade tecnológica e, consequentemente, reduzindo os custos para o setor. A rede SWIFT para pagamentos internacionais exemplifica como os padrões ajudam. A rede oferece aos membros de bancos um processo e mecanismo para remessa de dinheiro entre eles. Por causa do SWIFT, um banco em Cingapura pode emprestar US$ 10 milhões a um banco em Nova York depois de os mercados em Cingapura fecharem e pegá-lo de volta na abertura do mercado no dia seguinte, tudo a um custo muito menor e mais seguro para efetuar a transferência, algo que dificilmente aconteceria com sistemas particulares. Os padrões mantêm, literalmente, o dinheiro circulando.

No blockchain, um grande e complexo conjunto de padrões será necessário ao longo do tempo. Entre estes temos padrões comerciais para termos e condições legais; padrões para financiamento; padrões tecnológicos para governança de dados e padrões de interoperabilidade para possibilitar a comunicação entre soluções. Uma iniciativa da Comissão Europeia – o Observatório e Fórum de Blockchain da União Europeia – que está tentando promover inovação e desenvolvimento com blockchain, emitiu recentemente um relatório destacando a importância dos padrões.[22] Iniciativas similares estão sendo exploradas pela ISO (*International Organization for Standardization*, Organização Internacional para Padronização) e pela Standards Australia.[23] Durante a fase de soluções inspiradas em blockchain, o desenvolvimento de padrões irá se concentrar nos problemas comuns enfrentados pelos diversos setores de atividade ou departamentos. Conforme a tecnologia for amadurecendo e as empresas evoluírem para habilitarem soluções blockchain completo, os padrões precisarão ser expandidos para o nível granular das diversas tecnologias usadas para construir soluções blockchain bem como dos contratos que rodam acima delas. Nada disso será fácil ou rápido com desafios significativos em termos de governança e de responsabilidade comercial.

Os padrões também se aplicam aos padrões da prática. Conforme explicado anteriormente, o futuro do blockchain está nas soluções blockchain completo e blockchain aprimorado descentralizadas rodando em redes não hierarquizadas com nós se estendendo por toda a cadeia de valor. Se seus parceiros comerciais, clientes e participantes da cadeia de suprimento de massa estiverem seguindo abordagens incompatíveis, a falta de padrões atinge a todos. Com padrões de prática em ação, todo mundo usa a mesma tecnologia e métodos. A padronização encoraja os participantes a testarem e usarem o sistema. Com mais participantes, o consórcio consegue interagir na solução e otimizá-la em ciclos mais rápidos, acrescentando novas funcionalidades que atraem um número ainda maior de participantes.

(Esse mesmo processo também poderia impulsionar maior centralização já que os volumes de transações polarizam em torno de uma dada solução. Se o consórcio opera em um setor altamente regulamentado e recebe aprovação de agências reguladoras governamentais, sua relevância contínua é praticamente garantida).

O último benefício dos padrões para a gestão de riscos se aplica à validação e consolidação do provedor de tecnologia. Quando os consórcios desenvolvem soluções únicas para serem usadas por vários membros, há menos compradores individuais dos sistemas e das aplicações tecnológicas. Para concorrer nesses tipos de projeto, os fornecedores têm que profissionalizar seus processos de desenvolvimento e corrigir problemas em suas soluções. O "mercado de compradores", que poderia resultar da cooperação de consórcios, explica porque tantos fornecedores para empresas grandes estão participando de vários consórcios. Eles querem garantir que serão incluídos nas soluções finais.

SOLUÇÕES CONDUZIDAS POR CONSÓRCIOS: DE DENTRO PARA FORA - DE FORA PARA DENTRO

Todas as organizações têm tanto foco para dentro quanto para fora. Embora as soluções impulsionadas por blockchain funcionem para alguns problemas da gestão interna da empresa, você, na qualidade de líder, também precisa considerar o poder do blockchain no fornecimento de soluções para problemas desafiadores que seus clientes, fornecedores e a comunidade como um todo enfrentam.

SOLUÇÕES DE DENTRO PARA FORA

Em setembro de 2018, a RiskBlock Alliance, um consórcio de blockchains para o setor de seguros, anunciou sua primeira solução: o Mortality Monitor.[24] Desenvolvido para o setor de seguros de vida, o Mortality Monitor varre dados da seguridade social para verificar a morte de um segurado e repassa as informações para a companhia de seguros de vida concernente.

O objetivo é digitalizar, otimizar e validar o processo de modo que parentes próximos possam receber indenizações de seguro de vida mais rapidamente e de modo que os pedidos fraudulentos possam ser interceptados.[25] A solução também protege os familiares que talvez possam não saber que o ente querido possuía um seguro de vida.[26]

O Mortality Monitor é apenas uma das soluções inspiradas em blockchain que o RiskBlock planeja construir e tornar disponível para os membros de sua plataforma blockchain, a Canopy.[27] A ideia é, conforme nos comunicou a RiskBlock Alliance em reunião recente, estabelecer a plataforma blockchain definitiva para os setores de gestão de riscos e seguros e, depois, desenvolver soluções interoperáveis para rodar em cima dela. A RiskBlock já tem uma série de companhias de seguro seletas entre seus membros como a Geico, Liberty Mutual, Munich Re e Nationwide.[28]

Colocamos a RiskBlock em destaque não apenas pela ambição de sua visão, mas também pelo foco de sua solução inicial. Assim como a solução planejada do Isabel Group para *compliance* KYC, a primeira aplicação da RiskBlock se concentra em questões da gestão interna da empresa que criam custos para todo mundo. Isso é muito comum. Em nossa revisão da atividade de consórcios feita para este livro, observamos no momento uma ênfase significativa em processos administrativos por uma boa razão. Processos em papel sujeitos a fraudes são, claramente, pontos nevrálgicos para as organizações. A sua solução pode gerar grandes benefícios na forma de eficiência administrativa. Líderes pressionados com a entrada no mercado de novas empresas digitais talvez não queiram limitar seus experimentos a questões relativas a processos internos apenas. Em vez disso, eles poderiam diversificar as soluções por eles exploradas de modo a incluir aquelas com impacto direto nos clientes. Eles precisarão mudar o seu olhar "de dentro para fora" para "de fora para dentro".

SOLUÇÕES DE FORA PARA DENTRO

Soluções de fora para dentro resolvem uma necessidade não atendida de um cliente através de um *design* de produto superior, de uma melhor experiência para o cliente ou através de um novo modelo de negócios. Tipicamente, os consórcios não visam essas soluções, pois seus membros as veem como elementos diferenciadores cruciais para sua vantagem competitiva. As firmas não querem os consórcios mediando essas relações.

Apesar da clara dificuldade, acreditamos, não obstante, que nem as empresas individualmente nem os consórcios consigam dar conta de se concentrar exclusivamente nas questões administrativas de dentro para fora. As startups têm se movimentado bastante e há a pressão competitiva das nativas digitais, fatos esses que não podem ser ignorados.

Usemos a indústria automotiva como exemplo. As iniciativas de blockchain estão em andamento em vários redutos da cadeia de valor. Entre as iniciativas, temos os projetos já citados da Renault e Volkswagen para capturar o histórico de veículos e em várias companhias de seguro de automóveis para melhorar o processamento de pedidos de indenização de seguros. Ambas as iniciativas devem reduzir os custos diretos das empresas e com possíveis repasses de redução de custos para os clientes. Mas a maneira como cada um destes exemplos foca apenas em um trecho da cadeia de valor automotiva é patente. As seguradoras têm como motivo reduzir a ineficiência na parte que lhes cabe dentro do ecossistema; as montadoras, idem. Mas tais esforços ajudam o cliente, ou seja, o motorista?

Os motoristas veem todas as questões relacionadas a dirigir segundo uma única perspectiva – aquela do viajante tentar chegar ao seu ponto de destino. Segundo esta visão, a montadora, a oficina mecânica, o posto de gasolina ou o local para recarga de bateria de carros elétricos, as concessionárias ou órgãos de transporte do governo que fazem a manutenção das rodovias e recolhem pedágio, os estacionamentos e outros atores fazem parte do mesmo sistema. Já que cada reduto é independente e carece de integração IoT com uma rede, nenhuma parte da cadeia de valor pode fazer muita coisa para facilitar as operações em outra parte. Mas à medida que cada parte for ficando mais inteligente, o transporte se torna mais integrado e os participantes separados têm de colaborar caso queiram permanecer relevantes para o mercado.

Este futuro automotivo inteligente está muito próximo. Dentro de uma década, os sensores inteligentes dos automóveis serão capazes de se comunicar com sensores localizados ao longo das vias para troca de informações. A empresa alemã Bosch lançou uma startup chamada StreetProbe com o apoio do governo alemão para concretizar uma versão deste con-

80 O VERDADEIRO VALOR DO BLOCKCHAIN

ceito.[29] Pontos de referência como condições de dirigibilidade (*Diminua a velocidade; pista coberta de gelo!*); distância percorrida (*Serão cobrados $ 3,60 de pedágio se você permanecer nesta faixa, $ 5,00 se quiser mudar para a pista de alta velocidade*) e disponibilidade de vagas para estacionamento (*Há três vagas disponíveis próximas do seu destino; gostaria de reservar uma delas?*) poderiam ser alimentadas para os veículos e seus motoristas de modo a facilitar as decisões. Algumas dessas trocas de informações já acontecem através de processos confinados em redutos mediados por seres humanos. Por exemplo, os motoristas poderiam ficar sabendo de acidentes no percurso diretamente de seus sistemas de navegação e *transponders* dentro dos carros permitiriam que cabines de pedágio registrassem os dados dos veículos e cobrassem o pedágio correspondente. Entretanto, tais sistemas não interagem entre si e ainda precisam de uma grande dose de intervenção humana para funcionar (o motorista precisa inserir o destino no sistema de navegação, por exemplo). O *input* feito por seres humanos não seria necessário à medida que a Internet das Coisas for amadurecendo; inclusive as cidades já estão se preparando para o futuro.[30]

Quando esses sensores são equipados para executar transações, uma rede de blockchains aprimorados poderia facilitar os pagamentos e outras interações orientadas por valor como fazer reserva e pagar por estacionamento bem como puxar energia da rede elétrica. A rede se faz ainda mais necessária quando veículos autônomos forem passando de um dono para outro ou operarem em uma rede de compartilhamento de carros num sistema de carona.[31] Nesse ambiente compartilhado, os sistemas de informação dos veículos acessarão a identidade de cada caroneiro; documentarão quantos quilômetros a pessoa viajou daquela vez; dividirá proporcionalmente as despesas de energia, pedágios extras para horários de pico ou em trechos com trânsito pesado, prêmios de seguro cobrados por hora, pedágios e pedidos de indenização por acidente; e, finalmente, executará as transações.

A recém-formada Mobility Open Blockchain Initiative está apontando no sentido do futuro descrito através de sua lista de casos de uso, incluindo compartilhamento de veículos com sistema de carona, seguros cobrados conforme o seu uso e pagamentos de uma máquina para outra feitos de forma autônoma. Dentre seus membros temos companhias de seguro, montadoras e provedores de tecnologia blockchain. Mencionamos essa iniciativa nem tanto pelas soluções que ela está desenvolvendo (pelo que sabemos não há nenhum sistema totalmente operacional até o momento) mas sim pelo seu foco de fora para dentro sobre a experiência de caronas através do engajamento pelo ecossistema automotivo mais amplo. Como contou o CEO da iniciativa, Chris Ballinger, à CoinDesk em maio de 2018: "O que é preciso para avançar [soluções blockchain] é uma rede comercial descentralizada. É realmente preciso ter padrões comuns e maneiras comuns para os carros se comunicarem, se identificarem e efetuarem pagamentos. Mas se cada uma das montadoras estiver tentando desenvolver sua própria carteira para criptomoedas (no caso, um dispositivo de hardware com recursos de auditoria de segurança embutido no veículo) ou a sua própria maneira de pagamento de pedágios ou de oferecer um serviço de caronas, isto simplesmente não irá funcionar; é a própria Torre de Babel".[32]

Ballinger indica para uma evolução inevitável se os consórcios desempenharem um papel no blockchain que vá além da fase de soluções inspiradas em blockchain. Da mesma forma que as organizações terão de ir no sentido de buscar soluções blockchain completo capazes de aproveitar oportunidades digitais, também os consórcios – se quiserem continuar a serem relevantes – terão de facilitar uma transição organizacional no sentido da descentralização.

QUANDO OS MEMBROS DE UM CONSÓRCIO SE TRATAM COMO UM INIMIGO

Até agora neste capítulo nos concentramos no papel que os consórcios desempenham no desenvolvimento de soluções inspiradas em blockchain. Também sugerimos que eles poderiam facilitar a transição do mercado para soluções blockchain completo. Entretanto, na realidade, organizações de todos os tipos se veem diante de inegáveis desafios para se consorciar. Colocando a questão de forma mais branda, empresas que competem diretamente entre si em um dado mercado não possuem um histórico consistente de jogarem leve. Muito pelo contrário, se olharmos para o passado em busca de exemplos de consórcios positivos, a tendência está mais para o insucesso do que para o sucesso.

82 O VERDADEIRO VALOR DO BLOCKCHAIN

A experiência vivida pelo setor formado por instituições que oferecem linhas de crédito na Índia é instrutiva. Os modelos de financiamento que reúnem muitos bancos para oferecer capital para empréstimos dispendiosos já foi promovido como uma forma de, ao mesmo tempo, estender o crédito e limitar os riscos. Entretanto, a experiência do mundo real nos mostra que os bancos não compartilham informações entre si no momento oportuno. Por exemplo, quando um banco ficava sabendo que um tomador de empréstimo se encontrava em atraso, ele nem sempre dividia essa informação com os demais participantes do consórcio. A falta de compartilhamento de informações resultava em fraudes, inadimplência e outros eventos que aumentavam o risco para os participantes.[33]

A detenção de informações como aquela vivida por bancos indianos explica porque os consórcios não dão certo. A questão resume-se à confiança. Se alguns participantes detêm informações ou outros ativos – como acesso a tecnologias, patentes, recursos ou talentos – então o consórcio não pode funcionar equitativamente. Obviamente, o compartilhamento nem sempre é institucional ou tecnicamente fácil. Consórcios em setores altamente regulamentados como os de gás e petróleo ou serviços financeiros têm de respeitar estrita legislação pertinente à privacidade dos clientes. Pelo fato desses setores terem no passado atraído atenção não desejada de órgãos reguladores preocupados com a formação de cartéis contra a lei antitruste e tentando fazer valer essa lei, os dirigentes podem achar que o esforço para se encontrar um meio-termo entre compartilhar e não ultrapassar marcos regulatórios é muito difícil de suportar.

Mesmo quando a legislação não é um problema tão grande assim, as organizações acham difícil colaborar no longo prazo. Nosso colega Dwight Klappich dividiu conosco sua experiência de promover a cooperação no segmento de cadeia de suprimento:

> Em 1992 eu estava com um fornecedor que construiu um sistema de transporte de mercadorias capaz de, simultaneamente, otimizar frete de chegada e de saída. Vinte e seis anos mais tarde, as empresas tiveram ótimos resultados na otimização de frete de saída, porém, uma porcentagem muito pequena de empresas teve sucesso na automatização para frete de chegada. Por quê? O transporte de mercadorias que chegam é um desafio em termos de governança e de habilitação de ecossistemas em que potencialmente existem milhares de fornecedores e centenas de fornecedores de serviços logísticos

espalhados em muitas localidades geograficamente dispersas. Fazer esses participantes embarcarem em uma plataforma comum já é um tanto difícil, mas como fazer com que os fornecedores façam de forma consistente o que supostamente deveriam fazer, no tempo em que supostamente deveriam fazer, como supostamente eles teriam que fazer e de uma forma consistente e no momento oportuno? É praticamente impossível. E por aí vai. É muito difícil fazer inicialmente e permanece difícil manter a cadeia de suprimento unida no longo prazo, pois as relações estabelecidas são frágeis, exigindo que elas sejam constantemente cuidadas e nutridas. Tecnologia não é o problema. Mais uma vez, tínhamos a tecnologia em 1992 e sistemas ainda melhores existem atualmente e, mesmo assim, a taxa de adesão é muito baixa e até com sucesso menor largamente devido a questões de habilitação de ecossistemas.[34]

No futuro a escolha deverá ser feita por você, no sentido que a Internet das Coisas, IA e outras ferramentas habilitadoras da automação podem impulsionar as empresas conjuntamente mais cedo do que elas escolheriam por conta própria. As empresas poderão ser forçadas a integrar os seus produtos ou serviços de forma tal que reflita a experiência do usuário – é integrar ou então capitular diante de poderes centralizadores capazes de quebrar a intermediação de provedores. Por que não enfrentar o problema de maneira proativa? Os consórcios oferecem uma maneira de se colaborar dentro de um ambiente estruturado. Para tirar o máximo proveito de um relacionamento, os líderes precisam entender diversas questões comerciais fundamentais.

EM BUSCA DE CLAREZA

Os líderes devem considerar o arquétipo provável em que qualquer solução blockchain desenvolvida irá cair e, a partir desse contexto, fazer perguntas sobre as questões colocadas na Figura 3-1. Essas questões podem afetar a experiência dos líderes para cada arquétipo de blockchain e vice-versa. As barras refletem o grau de risco inerente a cada arquétipo já que ele está relacionado com cada questão. Por exemplo, um consórcio desenvolvendo um blockchain por causa de MDPO não tem nenhuma clareza de propósito (consequentemente, o seu nível de risco nesta questão é maior). E

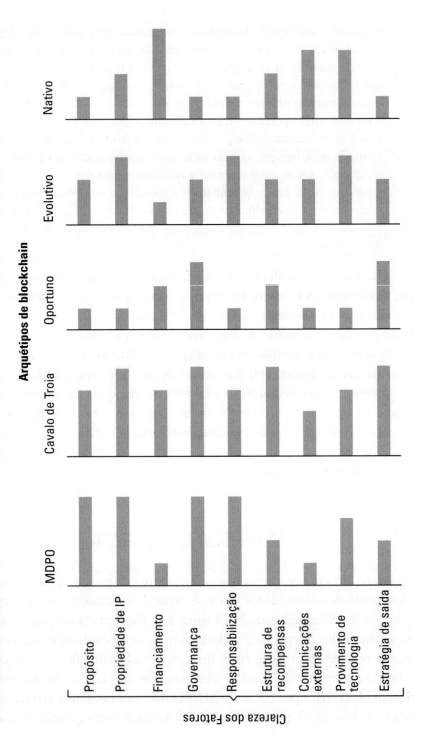

FIGURA 3-1
O grau de risco de participação em consórcios criado pela falta de clareza, de acordo com os arquétipos de blockchain

um consórcio com uma solução blockchain nativo tem um excelente nível de clareza de governança (baixo risco). Suas respostas às perguntas sobre esses temas, individualmente ou em combinação, irão permitir que você escolha relações que minimizem os riscos e maximizem as oportunidades.

POR QUE VOCÊ SE ENCONTRA LÁ? CLAREZA DE PROPÓSITO

Sua organização tem uma visão do que o blockchain significa para a estratégia dos clientes? Você sabe como se diferenciar no mercado? Que novas oportunidades você vai querer buscar? Optar por consórcios diferentes poderá ser melhor ou pior para ajudá-lo a concretizar os objetivos de empresa; portanto, é preciso conhecer as respostas para essas perguntas antes de tomar parte de um consórcio.

Mesmo assim, ainda que você e sua organização tenham clareza a respeito dos seus objetivos, muitos consórcios de blockchain não têm. Tais consórcios parecem motivados por um interesse geral de *não fazer nada*. Eles até podem crescer rapidamente no número de adesões, porém, se seus membros tiverem objetivos muito divergentes e níveis de comprometimento inconsistentes, os consórcios enfrentarão problemas em chegar a um consenso.

Fique atento também em relação a consórcios focados em problemas que são muito grandes ou com definições muito abrangentes. Há um *gap* enorme entre identificar um problema e se ter um consenso suficiente sobre as nuances e causas fundamentais para explorar o blockchain como solução. Com problemas complexos, membros relutantes em compartilhar e partes interessadas com necessidades bastante diversas, é difícil concretizar qualquer coisa. Como regra prática, consórcios mais focados e com objetivos claros são mais efetivos do que aqueles com foco mais amplo e disperso e com intenções mal definidas.

QUEM GANHA O QUÊ? CLAREZA SOBRE A PROPRIEDADE DE IP

Os participantes de consórcios trazem consigo uma ampla gama de *expertise* para o ambiente colaborativo. Para criar um ambiente de participação e abertura, um consórcio precisa esclarecer quais ativos intelectuais pertencem às organizações participantes e quais ao consórcio. Por isso, a criação, doação e monetização de IPs devem ser bem definidas.

QUEM PAGA O QUÊ? CLAREZA EM RELAÇÃO AO FINANCIAMENTO

Dinheiro é um problema constante para os consórcios, que devem manter um equilíbrio entre a necessidade de financiamento sustentável e as expectativas em torno de acesso e controle. A experiência da R3 pode ser instrutiva. A organização começou com poucos interessados em participação societária, mas posteriormente expandiu-se para um modelo de subscrição, possibilitando que a filiação se expandisse para mais de trezentos membros e parceiros.[35] Ter esse grande número de membros deu à R3 mais opções de financiamento, mas com essas opções também veio um grupo mais diverso de partes interessadas com habilidades e objetivos mais variados. Consideremos, por exemplo, que papel os fornecedores de tecnologia e as empresas de prestação de serviços especializados deveriam desempenhar no consórcio e que envolvesse usuários finais. Como avaliar o valor de contribuições de diferentes membros e reconhecer isso e recompensá-los? Com o que deveria se parecer a estrutura de recompensas? É crítico estabelecer o equilíbrio entre flexibilidade financeira e a possibilidade de se fazer auditorias.

QUEM DECIDE O QUÊ? CLAREZA NA GOVERNANÇA

Os consórcios precisam de claras regras de governança. Todos os membros têm direito de voto iguais ou existe uma filiação por categoria? Os membros votantes pagam por sua posição no grupo de candidatos elegíveis ou os líderes são eleitos para cargos via votação? As regras se baseiam na maioria, numa pluralidade ou unanimidade? Quem está encarregado de administrar as operações do consórcio? A equipe de gestão deve responder a quem? Como é estruturado o conselho? Trata-se de uma empresa com ou sem fins lucrativos? Quais são as objeções ou preocupações arbitradas?

Como as regulamentações são levadas em conta? Quais regulamentações setoriais e jurisdicionais devem ser levadas em conta? As regras se aplicam ao consórcio como um todo ou algumas regras se aplicam apenas a algumas equipes ou iniciativas, como no caso do projeto Hyperledger? Como as regras são atualizadas à medida que os contextos tecnológicos e comerciais vão mudando? Independentemente das respostas a essas perguntas, um consórcio poderia usar uma solução blockchain de diversas maneiras para operar a organização, documentar as regras e fazê-las cumprir.

QUEM PODE SER RESPONSABILIZADO PELO QUE? CLAREZA NA RESPONSABILIZAÇÃO

É importante compreender quem está no comando ou tem voz ativa em um consórcio. Como são tomadas as decisões? Quem recebe um voto e quem pode ser responsabilizado caso decisões ou processos entrem em conflito com agências reguladoras governamentais ou partes interessadas que são ativistas? Os consórcios de blockchain, como já dissemos, algumas vezes podem operar como agentes centralizadores. Eles permitem que várias partes combinem recursos para criar uma solução digital comum. Não fica claro, entretanto, se eles também centralizam a responsabilidade. A elaboração de um processo feita em conjunto também produz uma responsabilidade conjunta caso o processo falhe? O que ou quem um órgão regulador controla: os consórcios ou os balanços patrimoniais das organizações-membro? As soluções inspiradas em blockchain não irão esclarecer os mistérios da responsabilidade pela prestação de contas para você, embora seus registros sejam valiosos para tratar de solução de conflitos e para esclarecer as regras de responsabilização.

QUEM SE BENEFICIA? CLAREZA NA ESTRUTURA DE RECOMPENSAS

É igualmente importante compreender como são distribuídos os benefícios dentro de um consórcio. Quem obtém acesso em primeiro lugar a soluções desenvolvidas pelos consórcios? Se uma solução gerar lucro, quais são as regras de recompensa ou de reinvestimento? Como essas regras se relacionam com a questão de quem paga? Os vários modelos que existem para alocação dos benefícios variam com a situação das empresas e seus setores de atividade, o tipo e o tamanho das empresas, quais membros usam a solução e outras questões. Alocações iguais das economias de custos obtidas e dos "lucros" gerados podem ser mais eficazes e, quem sabe, até seja a abordagem mais equitativa, mas uma distribuição destas talvez não seja realista caso o uso da solução por parte dos membros varie muito. Na prática, a equidade total entre os participantes é improvável, particularmente em grupos com muitos filiados. Tendo em vista estas considerações complexas e mutáveis, você deve, antes de participar de um consórcio, entender as regras atuais sobre benefícios e as políticas de ajuste para o futuro. Também é preciso reconhecer como as regras podem vir a mudar, especialmente com um consórcio cavalo de Troia que, num primeiro momento pode ser generoso nos benefícios mas com o intuito de atrair filiados e encorajá-los a ficarem presos.

QUEM DEVE FALAR E A QUEM ATRIBUIR O CRÉDITO? CLAREZA NAS COMUNICAÇÕES EXTERNAS

Os membros de um consórcio precisam ter regras gerais referentes à comunicação sobre o consórcio. De onde se originam os materiais de *marketing* e relações públicas e quem precisa saber a respeito deles ou então aprová-los? Se um dado membro estiver envolvido em um caso de uso, você, como membro, pode falar a esse respeito? Que tipo de informação a pessoa pode compartilhar? Com quem e como eles esclarecem sobre o que irão falar com as pessoas designadas para representar o consórcio publicamente? As questões a serem consideradas dizem respeito à responsabilidade pela prestação de contas, à *compliance* e aos controles de qualidade assegurados por diferentes organizações-membros. Enquanto realizávamos pesquisas para este livro, conversamos com membros de consórcios que não concordavam plenamente com o que outros membros estavam dizendo sobre a organização. Este tipo de mensagem dúbia pode danificar a estrutura de confiança dos consórcios e, além disso, podem ter consequências jurídicas e comerciais.

COMO SÃO TOMADAS AS DECISÕES RELATIVAS A TECNOLOGIAS? CLAREZA NO SUPRIMENTO DE TECNOLOGIA

Normalmente, os consórcios de blockchain realizam testes ou projetos-piloto e muitas destas iniciativas envolvem terceiros, como fornecedores de tecnologia ou prestadores de serviços. A necessidade de *expertise* externa levanta importantes questões sobre como a tecnologia será selecionada e paga, além de como evitar uma influência por parte dos membros mais fortes na questão da escolha de fornecedores. Como o consórcio irá compartilhar lições e as melhores práticas com todos os seus membros? Quem pagará pela integração de soluções para cada empresa e como as soluções irão acomodar sistemas e processos existentes? Que obrigações um membro terá que assumir para usar uma solução desenvolvida pelo consórcio? Como serão acordadas as atualizações e outras modificações feitas na solução do consórcio? Quais serão os padrões de tecnologia adotados? Que implicações terão a seleção da tecnologia sobre a política de segurança de cada empresa? Quem sabe ainda mais crítico, será que a dívida técnica[*] das empresas tomadas individualmente aumentará?[36] Quando a tecnologia construída pelo consórcio não se adéqua à arquitetura mais ampla de membros considerados individualmente, os membros incorrerão em custos adicionais e problemas operacionais.

COMO CAIR FORA? CLAREZA NA ESTRATÉGIA DE SAÍDA

As regras de consórcios normalmente definem como os membros participam mas raramente esclarecem a rota de saída para seus membros quando os objetivos do consórcio não se alinham mais com aqueles de um membro. Os líderes precisam entender tanto as regras de entrada quanto as de

---

[*] A dívida técnica (também conhecida como dívida de projeto ou dívida de código, mas que também pode estar relacionada a outros empreendimentos técnicos) é um conceito no desenvolvimento de software que reflete o custo implícito do retrabalho causado por se escolher uma solução fácil em vez de se utilizar um enfoque que levaria mais tempo para desenvolvimento e implementação. Fonte: https://es.wikipedia.org/wiki/Deuda_técnica. (N.T.)

saída de modo a decidir se os riscos de um possível "aprisionamento" são compensados pelos ganhos com a participação.

As estratégias de saída também possibilitam que você defina os limites do seu comprometimento financeiro, tecnológico, de processos e de dados com o consórcio e o que fazer quando os objetivos do consórcio não se adequarem mais às suas prioridades. Caso não exista nenhum plano de ação para sair do consórcio, considere esta omissão um sinal de alerta.

AMPLIANDO SUA VISÃO SOBRE O VERDADEIRO VALOR DO BLOCKCHAIN

O QUE VOCÊ APRENDEU NESTE CAPÍTULO?

Os consórcios estão tendo um papel ativo no desenvolvimento de soluções inspiradas em blockchain. As organizações recorrem aos consórcios visando consolidar recursos do mercado e limitar a responsabilidade à medida que forem se engajando em explorações iniciais de blockchain. Os membros de consórcios apreciam um envolvimento ativo com outros participantes do seu setor, quando eles normalmente encaram quaisquer outros grupos como concorrentes. Para alguns membros esse engajamento estabelece um espírito de colaboração e possibilita um nível de confiança maior.

Formou-se um número muito grande de consórcios em poucos anos visando promover os interesses de certos setores, países e plataformas tecnológicas. Firmas poderosas com interesses em jogo e que querem proteger cadeias de valor e operações centralizadas estabelecerão consórcios para alcançarem o domínio do mercado e promoverão soluções cavalo de Troia que capturam os participantes.

O QUE VOCÊ DEVE FAZER A ESTE RESPEITO?

Consorciar-se com o inimigo requer cuidadosa consideração, dependendo de sua visão para a sua organização e de como você pretende explorar o blockchain. Primeiramente, certifique-se de que sua estratégia organizacional relativa ao blockchain se enquadre nas intenções e modelo de engajamento dos consórcios do seu setor ou área geográfica. Em segundo lugar, categorize os possíveis consórcios conforme seus arquétipos inspirados em blockchain – MDPO, cavalo de Troia oportuno, evolutivo ou nativo – e decida que tipo você provavelmente irá explorar. Em terceiro lugar, maximize suas oportunidades tendo clareza sobre as nove importantes considerações que um consórcio relevante deve ter: propósito, propriedade de IP, financiamento, governança, responsabilidade pela prestação de contas, estrutura de recompensas, comunicações externas, provimento de tecnologia e estratégia de saída.

O QUE VEM A SEGUIR?

Nossa expectativa é que os consórcios e as soluções por eles desenvolvidas evoluam ao longo da contínua descentralização. À medida que amadurecem, os consórcios irão considerar como os *tokens* e a tokenização poderiam melhorar suas soluções. No próximo capítulo, exploramos a tokenização e como ela irá impulsionar novas formas de valor e crescimento digital.

PARTE DOIS

SOLUÇÕES BLOCKCHAIN COMPLETO

CAPÍTULO 4

FOI DADA A PARTIDA PARA A TOKENIZAÇÃO

Os *tokens* possibilitam a troca de valor e já fazem isso há séculos. Eles datam de dois ou três milênios atrás com o uso de conchas de cauri[*] como forma de pagamento nas redes de comércio da África e Ásia. As conchas tinham um valor inerente como ornamentos, como tiveram as moedas de ouro e prata que as seguiram. À medida que a moeda corrente e os sistemas bancários evoluíram ao longo de séculos, os *tokens* com valor inerente foram substituídos por moedas fiduciárias, cujos valores eram definidos pelos governos.[1]

A circulação fiduciária trouxe benefícios generalizados na forma de estabilidade e segurança econômicas, mas ela tem seus limites. Entre os inconvenientes mais relevantes para os ambientes digitais estão sua denominação e forma físicas – as transações fiduciárias possuem literalmente um valor mínimo (na denominação dos EUA, $0.01) e um mínimo prático ligeiramente maior devido à natureza centralizada e a onerosa infraestrutura subjacente ao sistema de pagamentos global.[2] Contudo, pequenas transações estão se tornando mais comuns à medida que dispositivos e sensores permitem o intercâmbio de segmentos de dados individuais, watts

---

[*] Molusco gastrópode da família dos cipreídeos (*Cypraea moneta*), encontrado nas regiões tropicais dos oceanos Índico e Pacífico, cuja concha foi usada no passado como moeda, na África e na Ásia. Fonte: *Dicionário Houaiss da língua portuguesa.* (N.T.)

de energia ou minutos de atenção. Essas microtransações digitais baseadas em máquinas, e que precisam ser executadas em tempo real em uma escala macro, não são coisas que os sistemas de pagamento tradicionais foram projetados para fazer.

Esses limites começaram a impulsionar uma adoção de *tokens* digitais muito antes de o blockchain ter começado a ganhar destaque. No início dos anos 2000, moradores de regiões urbanas da África subsaariana começaram a enviar minutos de celular em vez de dinheiro para seus familiares que moravam em vilas rurais remotas.[3] Anos depois, no Zimbábue, após a hiperinflação ter desvalorizado drasticamente a moeda nacional, os donos de loja começaram a dar minutos em vez de recarga.[4] Quando usados como unidades de comércio, os minutos de celular se tornaram *tokens* de valor, úteis além de seu propósito original.

Essa flexibilidade é uma qualidade atrativa para usuários de *tokens*, mesmo que não seja para os seus emitentes. A gigante chinesa atuando no setor de *games* e mídia social, a Tencent, viu como os usuários buscam, em primeiro lugar, flexibilidade. O exemplo disso aconteceu em meados da primeira década deste milênio, quando pacotes de Q-*coins* começaram a aparecer para venda na Taobao, resposta chinesa ao eBay. Q-*coins* são uma moeda virtual emitida pela Tencent como forma de pagamento em seus serviços de mensagem e *gaming*, o Tencent QQ. Oficialmente, os *gamers* supostamente deveriam usar Q-*coins* para comprar recursos para seus avatares. Porém, logo depois do lançamento dos *tokens* em 2002, as pessoas começaram a usá-los fora do ecossistema da Tencent. Primeiramente, outras empresas de jogos *on-line* começaram a aceitá-la. Depois a Q-*coin* tornou-se um mecanismo de pagamento alternativo em redes não hierarquizadas. Mais tarde, ela apareceu como opção para pagamento de serviços no mercado negro como apostas ou prostituição. Em 2009, o comércio em moeda virtual havia alcançado os US$ 2 bilhões por ano na China, quando o Banco Popular da China vetou o uso de Q-*coins* para compras de bens e serviços reais e, finalmente, bloqueou toda a comercialização em Q-*coins* entre detentores de contas QQ.[5] Mas a mensagem do mercado era clara: as Q-*coins* revelaram a demanda que os usuários digitais tinham por uma maneira segura e flexível de trocar valor em ambientes digitais. A explosão de interesse pelos *tokens* – incluindo as criptomoedas – mostra que a demanda tem apenas aumentado.

FOI DADA A PARTIDA PARA A TOKENIZAÇÃO 97

O presente capítulo ilustra por que e como os dirigentes empresariais interessados em blockchain têm de abraçar a ideia dos *tokens*, independentemente do barulho e de possíveis preocupações em torno do uso empresarial das criptomoedas. Ao discutirmos o verdadeiro valor do blockchain, oferecemos um argumento mais amplo para o valor dos diversos tipos de *tokens*. Iremos nos concentrar em como os *tokens* e a *tokenização* – a criação e a representação de ativos usando *tokens* – funcionam no blockchain para gerar benefícios para os criadores e participantes. Mostramos como os *tokens* impulsionam a transformação digital nos negócios, captam novas fontes de recursos e criam novos mercados. Da mesma maneira, destacamos a flexibilidade dos *tokens* como meio de pagamento, mecanismo de troca e como ferramenta para recompensar e motivar participantes a permitir que eles controlem e monetizem ativos pessoais como, por exemplo, dados. Mas comprador, fique atento! Os *tokens* também são uma ferramenta útil para plataformas digitais e uma maior consolidação do mercado. Para esclarecer porque os *tokens* podem tanto possibilitar a transformação digital de empresas que nasceram não digitais *como também* aumentar o poder das plataformas digitais, começamos com uma explicação sobre os diferentes tipos de *tokens* que já existem nos ambientes digitais existentes e demonstramos como o seu contínuo desenvolvimento como parte do blockchain irá impulsionar o valor digital.

A FORMA DOS *TOKENS*

Teoricamente, poderiam existir tantos tipos de *tokens* nos ambientes digitais quanto o número existente de fontes de valor. Para definir *tokens* em termos gerais antes de explorarmos o seu uso específico no blockchain, apresentamos as quatro categorias a seguir:

Tokens fiduciários representam moedas emitidas centralmente por governos como o euro, o dólar americano ou o yuan chinês e são usados para facilitar a troca de mercadorias e serviços. Esses tokens são mais conhecidos por suas formas físicas, entre as quais cédulas e moedas, metais preciosos e commodities. A forma física limita o uso deles nos ambientes digitais.

Os *tokens de processos* estendem o alcance dos fiduciários através do encapsulamento de um processo necessário para usá-los nos ambientes digitais. Por exemplo, os *tokens* EMVCo normalmente encontrados dentro de *smartphones* representam informações de contas bancárias e de cartões de crédito/débito; são usados para facilitar as transações em ambientes remotos. Da mesma forma, os *tokens* de acesso do Facebook são expedidos para *apps* de terceiros quando os usuários clicam a função "Entre com o seu *login* Facebook"; de modo similar, estes *tokens* encapsulam credenciais de *login* do usuário.

Os *tokens complementares* atuam como um meio de troca em contextos fechados ou de alguma outra forma limitados. Entre alguns exemplos temos bônus de milhas de companhias aéreas, programas de fidelidade de hotéis ou de marcas famosas como Starbucks Stars e Uber cash. Outros exemplos são moedas digitais como as Amazon coins ou Q coins. Cidades como Brixton no Reino Unido também implementaram moedas complementares – neste caso, o Brixton pound (a libra Brixton) – para apoiar pequenos estabelecimentos comerciais. Outro exemplo geográfico de moeda complementar é o *fureai kippu* no Japão, uma moeda de serviço social que as pessoas recebem quando praticam um ato de caridade voluntário. Os *tokens* complementares historicamente preencheram lacunas deixadas pelas moedas fiduciárias em casos que elas não forneciam incentivo suficiente para o emitente em relação aos termos e condições de se fazer negócios e também por questões econômicas e regulamentárias.

Criptomoedas são moedas digitalmente nativas que substituem as moedas fiduciárias e os *tokens de processos* e podem ser usadas para criar novas formas de ativos. Os *tokens utilitários* funcionam como um método de financiamento coletivo (*crowdfunding)* para o desenvolvimento de produtos e serviços e como mecanismo de acesso à solução resultante. Os *tokens para valores mobiliários* dão aos seus usuários uma participação na entidade emitente, de modo muito parecido com um acionista em uma companhia de capital aberto. As *moedas estáveis* são criptomoedas cujo valor é atrelado a um segundo ativo (uma moeda fiduciária, por exemplo), uma *commodity* negociada em bolsa ou outra criptomoeda.

A história de dez anos das criptomoedas tem sido denegrida pela especulação e manipulação, normalmente no contexto de *tokens* para valores mobiliários e ICOs (*Initial Coin Offerings*, oferta inicial de moedas). Entretanto, a existência de fraudes que ganharam destaque na mídia não deve contaminar toda a categoria. As criptomoedas são necessárias para permitir a criação de novas formas de ativos digitais e, portanto, novos mercados. Por exemplo, as criptomoedas possibilitam que participantes representem ativos físicos ilíquidos na forma digital, transforme-os em *tokens* e os comercializem. As criptomoedas também incluem todos os tipos de *tokens* emitidos ou trocados através de uma solução blockchain; faremos notar quando um dado exemplo de uma criptomoeda der uma falsa impressão a respeito da categoria inteira.

TOKENS EM AÇÃO

Para ver como os diferentes tipos de *tokens* operam em um ambiente digital, vamos dar uma olhada em uma situação real tão corriqueira quanto aquela do planejamento de uma viagem de férias (Figura 4-1). Imagine que uma plataforma digital como a Travelocity ou Expedia, ou até mesmo o Facebook, usasse *tokens* para dar apoio ao planejamento de viagens. Se esse fosse o caso, o planejamento começaria como é feito hoje, com o cliente tomando algumas decisões básicas sobre quando, onde e com quem iria viajar. Provavelmente ele também iria considerar outros detalhes como preferências de hotel ou companhia aérea, tipos favoritos de comida ou restaurantes e excursões interessantes. No mundo concreto (não virtual), os viajantes compartilham essas informações com um agente de viagem (ser humano). Na Internet eles usam os gabaritos disponíveis em sites Web de intermediação de viagens. Esses sites funcionam como "corretores" de dados, já que eles usam informações sobre os clientes para atrair empresas que trabalham nos diversos setores de trurismo e gerar receita. Em nosso ambiente baseado em *tokens*, as informações sobre os planos do viajante vão para um desses corretores de dados de viagem (Etapa 1, na Figura 4-1).

Ao receber os dados do cliente, o corretor de dados pegaria as informações e as capturaria numa forma tokenizada, criando, portanto, *tokens* de dados. Em nossa ilustração, os *tokens* são armazenados em uma carteira digital sob controle do corretor de dados. Poderia haver diferentes *tokens* representando combinações de dados diversas, necessárias para os fornecedores de serviços de viagem, entre os quais companhias aéreas, hotéis, restaurantes, guias turísticos e assim por diante. Essas empresas responderiam de forma tokenizada com ofertas de produtos. Os *tokens* emitidos pelos fornecedores são capturados na carteira administrada pelo corretor de dados (Etapa 2, na Figura 4-1).

Na Etapa 3, o turista começa a pagar e consumir os serviços, usando os *tokens* emitidos pelo fornecedor durante a viagem, por exemplo, fazendo o *check-in* no hotel e consumindo serviços ali. Os *tokens* podem continuar a ter um papel enquanto o turista está de férias (como na Etapa 4). Por exemplo, quando o turista aceita uma oferta do hotel de uma noite a mais, a oferta poderia ter sido proveniente de *tokens* extras para uso de serviço de quarto, para um drinque no bar do hotel ou de um *upgrade* de acomodação. Nesses contextos, os *tokens* encorajam o turista a permanecer dentro do ecossistema comercial do provedor.

Tanto durante as férias quanto após o seu término, o turista poderia fazer o *upload* de fotos, avaliações sobre restaurantes e elogios a respeito de *tours* em vários *feeds* de redes sociais e que poderiam incluir o corretor de dados (Etapa 5). O corretor de dados realiza um trabalho de coordenação com os fornecedores no sentido de incentivar esses relatos boca a boca ao tokenizar uma oferta de uma noite ou refeição gratuitas em troca de uma avaliação. O viajante poderia poupar esses *tokens* para outra viagem, usá-los em um lugar diferente daquele de propriedade do fornecedor ou então compartilhar os *tokens* com amigos por meio da carteira digital e esses poderiam decidir seguir os passos do viajante (Etapa 6).

QUANDO OS *TOKENS* SE ENCONTRAM COM O BLOCKCHAIN

Até agora, nos concentramos nas diversas formas que os *tokens* podem assumir nos ambientes digitais e físico sem os benefícios do blockchain. Quando os *tokens* são usados em um blockchain, além disso, eles são desenhados para atender pelo menos um de três propósitos.

Primeiramente, eles podem *maximizar valor existente* para o emitente do *token*. Quando o propósito de um *token* for maximizar valor, o *token* encoraja os clientes a tomarem medidas que direta ou indiretamente be-

FOI DADA A PARTIDA PARA A TOKENIZAÇÃO 101

FIGURA 4-1
Tokens em um contexto digital centralizado

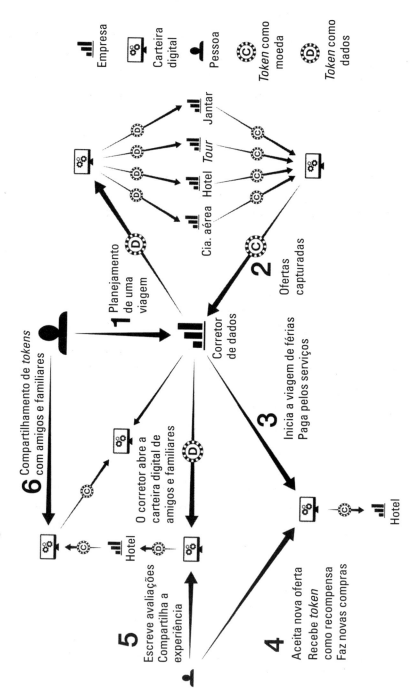

neficiarão o emitente. Pontos acumulados para bônus, *tokens* de identidade e informações KYC tokenizadas são exemplos de como uma companhia poderia tokenizar um recurso existente e administrá-lo dentro de um blockchain para facilmente emiti-lo, acompanhá-lo e permitir que proprietários o usem. O objetivo é aumentar a conveniência do cliente ou reduzir o atrito para possibilitar uma maior fidelidade ou volume de negócios. No exemplo das viagens de férias, quando o hotel oferece *tokens* como recompensa aos turistas que acabam aceitando ofertas adicionais como um quarto melhor, os *tokens* maximizam o valor.

Em segundo lugar, um *token* pode *representar valor*. As criptomoedas podem ser imaginadas como representações de valor. Praticamente de forma literal, *bitcoin* representa o valor de recursos computacionais e de eletricidade usados por "mineradores" de *bitcoins** que rodam o algoritmo que autentica usuários e validade transações.[6] Com o *bitcoin,* também pelo fato de os *bitcoins* serem um incentivo para a participação dos mineradores na operação da rede, os *tokens* também maximizam valor.

Embora o *bitcoin* também seja um modo de pagamento aceito em alguns sites de comércio eletrônico, a maior parte do comércio com *bitcoins* é feita por especuladores que avaliam a moeda pelo quanto ela vale em relação ao dólar americano ou outras moedas estrangeiras para câmbio – em outras palavras, pelo o que ela representa em fidúcia.[7] Além do *bitcoin*, as criptomoedas que permitem aos participantes de redes de blockchain transacionarem um ativo do mundo real ou uma participação nele (como, por exemplo, coparticipação nos gastos com energia, títulos de investimentos ou um bem imóvel) representam valor. Voltando novamente ao exemplo da viagem, quando fornecedores tokenizam ofertas como um pacote de diárias de hotel, eles estão criando *tokens* que representam valor para seus detentores, já que os *tokens* podem ser trocados por um ativo ou serviço.

---

* Mineração de *bitcoins* é o processo computacional em que, através de consenso distribuído, as transações são autenticadas, verificadas e asseguradas no blockchain. Os "mineradores" executam essa tarefa resolvendo um problema computacional conhecido como *consenso de Nakamoto* ou prova de trabalho. Como recompensa pelos recursos computacionais e de eletricidade que usaram, os mineradores recebem *bitcoins* de uma reserva de *tokens* de vinte e um milhões de *bitcoins* e que foi criada no nascimento da rede. Esses *tokens* podem ser usados para outros propósitos no ecossistema das *bitcoins.*

Finalmente, os *tokens* podem criar um novo tipo de valor com um blockchain. Por exemplo, os *tokens* podem permitir aos participantes monetizar ativos outrora ilíquidos ou não monetizáveis. Conforme destacou Roman Cheng, presidente do Taipei Fubon Bank: "O blockchain cria uma capacidade de introduzir *tokens* garantidos por ativos de forma parecida com as contas a receber devidas às diversas camadas de fornecedores do ecossistema de cadeia de suprimento de uma grande corporação compradora. Ele cria então ferramentas financeiras poderosas para essas [empresas de pequeno e médio porte]".[8] Outro exemplo oportuno de *tokens* que atendem este propósito pode ser visto nos emergentes mercados de ativos digitais voltados para o intercâmbio de dados. Alguns desses mercados irão permitir aos usuários tokenizar seus dados pessoais ou corporativos e vendê-los ativamente de acordo com o seu valor de mercado ou compartilhar os mesmos com partes aprovadas.

A Edgecoin, por exemplo, tem uma solução *bitcoin* para credenciais acadêmicas que permite às universidades digitalizarem os históricos escolares e fornecer aos graduados uma cópia tokenizada e certificada para compartilhamento com possíveis empregadores ou outras instituições de ensino. Outro provedor de blockchain que usa *tokens* para facilitar o intercâmbio de ativos de dados é a ClimateCoin, uma organização sem fins lucrativos para tornar acessíveis a indivíduos os mercados de compensação de créditos de carbono criados para instituições e governos. O *token* CO2 da ClimateCoin pode ser adquirido por qualquer um e a receita arrecadada é usada para investimento em empresas envolvidas com atividades de compensação de créditos de carbono como, por exemplo, a geração de energia renovável.

Independentemente do propósito deles ser maximizar valor, representar valor ou criar um novo tipo de valor, os *tokens* são, para muitos entusiastas, o principal ponto do blockchain, já que a demanda por uma forma particular de valor (o que o *token* representa ou o valor que ele gera) motiva a criação de uma rede e a participação nela. Nem o tamanho, a liquidez ou o valor de um ativo tokenizado está vinculado a tecnologias de ponta ou não e os participantes da rede podem ser máquinas. Consequentemente, os *tokens* permitem que a atividade econômica se expanda extraordinariamente de modo a incluir, teoricamente, qualquer ser humano e máquina existentes e qualquer recurso comercializável.

INDO ALÉM DO DINHEIRO DIGITAL

Os vários tipos de dados e propósitos dos *tokens* em jogo em uma transação simples como a do planejamento de uma viagem de férias deve deixar claro que os *tokens* são bem mais diversos do que se imagina a partir da observação do foco atual do mercado nas criptomoedas como substituto das moedas fiduciárias. Até entendemos o instinto de colocar no mesmo saco os vários tipos de *tokens*, dado que o blockchain da Bitcoin foi o primeiro razão distribuído a chamar a atenção do grande público e a primeira solução blockchain completo em operação. Mas as criptomoedas desenvolvidas para substituir as moedas fiduciárias são apenas um tipo de *token* que será útil em ambientes digitais.

Não obstante, o grande alvoroço em torno das ICOs (*Initial Coin Offerings*, oferta inicial de moedas) acabou sendo um item a mais na confusão e merece uma breve menção. Uma ICO supostamente levanta fundos em um ambiente de código aberto para uma iniciativa baseada em blockchains. Como parte da ICO, uma empresa emite *tokens* em uma plataforma blockchain e usa contratos inteligentes – linhas de código que automaticamente realizam a celebração dos termos de um contrato para gerir a oferta de moedas e definir as regras. Embora a especulação monetária e tramoias tenham sido um fator negativo ocorrido em muitas ICOs, aquelas lançadas com intento genuíno vêm com a expectativa de que os detentores de *tokens* terão acesso à plataforma ou à capacidade em desenvolvimento. Dessa maneira, o *token* desempenha um duplo papel para o emitente: ele representa valor, já que os compradores pagam por eles com moeda fiduciária e também cria valor no sentido que ele atrai usuários para uma solução blockchain. Veremos com mais detalhes as ICOs e a descentralização das finanças no Capítulo 6.

As moedas estáveis, ou criptomoedas estáveis, são outra fonte de confusão. Elas pretendem combinar os benefícios digitais de uma criptomoeda, mas sem a volatilidade que acossam as criptomoedas comercializadas no mercado como o bitcoin e que desencoraja usuários empresariais, receosos dos riscos a serem corridos. As moedas estáveis tentam mitigar a volatilidade atrelando seu valor a uma moeda fiduciária, como o dólar, e mantendo fora da cadeia certa reserva monetária. Os emitentes de moedas estáveis têm de ajustar o estoque de *tokens* para corresponder à reserva.

Moedas estáveis garantidas por moedas fiduciárias tendem a ser centralizadas, pois sua variável monetária-alvo é centralizada. E o seu uso acresce um agente central legado (o governo ou seu agente, um Banco Central) com outro – e um que possa ser menos estável ou de menor reputação e, consequentemente, menos crível que um banco central. Para evitar uma centralização inerente, uma moeda estável poderia atrelar o seu valor a uma carteira de criptomoedas através de contratos inteligentes. Outra opção seria replicar as ações de um Banco Central através de um algoritmo e contrato inteligente para gerir a comercialização de um modo a diminuir a volatilidade.

Embora possua seus defensores, as moedas estáveis até o momento ainda não conseguiram manter uma paridade de preços perfeita com suas moedas fiduciárias subjacentes. A última vítima é a moeda Tether, que perdeu paridade com o dólar devido à suspeição do mercado de que a rede carecia de reservas em dólares que ela dizia ter.[9] Entretanto, o mercado ainda não desistiu das moedas estáveis. Bolsas de valores de criptomoedas lançaram novas moedas estáveis no final de 2018, promovendo maneiras alternativas de se administrar a volatilidade.[10]

TOKENS: DE SOLUÇÕES INSPIRADAS EM BLOCKCHAIN A SOLUÇÕES BLOCKCHAIN COMPLETO

Agora que apresentamos os fundamentos em torno dos diferentes tipos e propósitos dos *tokens* em um blockchain, vamos dar uma olhada em como os *tokens* e a tokenização irão evoluir ao longo do espectro blockchain da Gartner.

As soluções inspiradas em blockchain existentes no mercado raramente incluem *tokens*. Entretanto, quando os *tokens* fazem parte do projeto inspirado em blockchain, eles normalmente atendem a um propósito limitado, além de consolidar poder para o emissor. Essa limitação diminui a eficácia dos *tokens* pois, idealmente, os *tokens* não devem ser estáticos; a promessa deles reside em sua adaptabilidade. Uma empresa poderia emitir *tokens* com um propósito em mente e expandir esse propósito ao longo do tempo à medida que os volumes de adoção e transações aumentassem. Iniciativas de clientes poderiam impulsionar a expansão, como demonstrado pelo exemplo anterior da Q coin. Ou então os emitentes poderiam elaborar *tokens* para serem usados sob diferentes condições desde o princípio.

No exemplo da viagem de férias mostrado na Figura 4-1, os *tokens*-bônus adquiridos no hotel em combinação com uma estadia tornam-se a moeda usada pelo turista para pagar por um produto ou serviço. Se esse hotel tiver parcerias com outros provedores na mesma cidade, os *tokens* também poderiam ser aceitos como moeda em outras localidades. Já é possível imaginarmos um cenário desses no contexto de ambientes de *tokens* mais simples: programas de milhagem de companhias aéreas, que poderiam ser trocadas hoje por serviços do emitente do bônus e dos parceiros do programa. Dentro de uma solução inspirada em blockchain um *token* desses poderia ser eficazmente rastreado e armazenado. O blockchain poderia até mesmo permitir que parceiros do programa participassem como nós da rede e possibilitasse que os possuidores de *tokens*-bônus trocassem seus *tokens* por qualquer um dos serviços constituintes, sujeitos às regras comerciais estabelecidas pela rede.

A Singapore Airlines está desenvolvendo um blockchain segundo essas linhas para tornar o seu programa de milhas KrisFlyer mais relevante para os turistas que os possuem e para envolver parceiros para resgate. O turista pode trocar suas milhas por *tokens* Krispay para fazer um aporte de recursos em uma carteira digital e depois usar a carteira para pagar por serviços de empresas-parceiras.[11]

O intento é fazer com que os *tokens* sirvam como moeda para acerto de bônus por categorias de produtos e fornecedores. Os clientes se beneficiam com regras de resgate mais flexíveis, inclusive a possibilidade de transferir bônus para familiares e amigos, implicando em maior fungibilidade do *token*. Os comerciantes, por sua vez, se beneficiam na forma de novos negócios e, com vistas numa maior demanda de clientes e potencial para desenvolvimento de novos produtos. Dessa forma, os *tokens* em um blockchain se tornam um meio de troca dinâmico e versátil.

Tais *tokens* poderiam ser usados em soluções inspiradas em blockchain evolucionárias para facilitar a transição para soluções blockchain completo. Além dos *tokens*-bônus, o setor de turismo demonstrou interesse significativo pela tecnologia blockchain. A IATA (*International Air Transport Association*, Associação Internacional dos Transportes Aéreos) está explorando como criar a plataforma blockchain Travel Grid na forma de um serviço em que uma grande variedade de aplicações relacionadas com a aviação poderiam operar. Entre alguns exemplos podemos citar aplicações de varejo em aeroportos, venda de bilhetes aéreos, gestão de cadeia de suprimento e outras funções. O intento é melhorar a experiência dos passageiros e favorecer a participação do ecossistema no setor da aviação que movimenta 2,7 trilhões de dólares.[12]

O setor de viagens não está sozinho nessa exploração de *tokens* para facilitar maior descentralização. Os esportes eletrônicos também estão adotando os *tokens* – bem, examinemos isso a seguir.

TOKENS PARA AUXILIAR NA DESCENTRALIZAÇÃO

O setor de *games* há muito tempo tem servido de banco de prova para experimentação digital. Muito antes do blockchain e *bitcoin* terem entrado em cena, já existiam mundos virtuais como o *Second Life* (lançado em 2003) e *games* para um número enorme de jogadores ao mesmo tempo como o *World of Warcraft* (lançado em 2004).[13] Ambos os jogos possuem moedas digitais próprias que os jogadores trocam por recursos digitais e do mundo real. E como no mundo real, a economia dos *games* apresenta problemas econômicos reais como acúmulo de recursos, desigualdade, desvalorização da moeda, *hackeamento* de moedas digitais, corrida aos bancos e fraudes.[14] Essa confluência de alta tecnologia, entretenimento, economia e experimentação social torna o setor de *games* uma usina para inovação nos *tokens* e um lugar para se espelhar, dado o conhecimento técnico dos *gamers* e sua propensão histórica para a inovação de moedas usadas nos *games* que vão além do propósito original das moedas. Nesse terreno fértil, os esportes eletrônicos – impulsionados por torneios de videogames – estão surgindo como um competidor de ponta na inovação do blockchain.

Os esportes eletrônicos têm uma audiência estimada de 380 milhões de pessoas ao redor do mundo.[15] O mercado se estrutura em torno de uma comunidade global de desenvolvedores de *games* (estúdios de criação e milhares de *game designers* independentes), editores (como a Actvision e a Electronic Arts), distribuidores (Google Play, Apple Store, Microsoft e sites dedicados a *games* como GameStop), *gamers* competindo em centenas de jogos (*Clash of Clans*, *Fortnite*, *Call of Duty*, etc.) e plataformas (consoles, PCs e celulares). Da mesma forma os esportes eletrônicos são vulneráveis e sujeitos aos mesmos problemas que assolam todos os ambientes com elevado número de transações. O setor se vê diante de fraudes, custos de troca* elevados, longos atrasos antes de os *game designers* ou *gamers* serem pagos e taxas altíssimas cobradas pelas plataformas digitais, entre outros problemas.

Vários participantes do setor estão estudando a possibilidade de implementação de *tokens* para solucionar os seus problemas. Um objetivo é ajudar os esportes eletrônicos a evoluírem para uma estrutura mais profissional, como aquela modelada pela FIFA (Federação Internacional de Futebol Associado) e outras organizações. Um dos caminhos para essa estrutura profissionalizada vê os esportes eletrônicos se consolidando sob o poder das principais empresas de *gaming*. Entre essas temos editores como a Actvision, dona do *Call of Duty* e a Electronic Arts, detentora das franquias de esportes eletrônicos de enorme sucesso *FIFA 19*, *Madden NFL 19* e *Battlefield*. Ambos os editores possuem sistemas de *tokens* para os seus direitos de propriedade. Outra força consolidadora é a Amazon, que possui uma plataforma de esportes eletrônicos chamada GameOn e que se baseia no Amazon Web Services, através da qual desenvolvedores de *games* interagem para promover torneios, formar ligas e pagar os jogadores.[16] A Amazon lançou a moeda virtual Amazon coin em 2013 como uma moeda para *gaming* e bônus para o seu ecossistema digital de produtos. Desde então tem havido forte especulação do mercado de que a Amazon planeja lançar uma criptomoeda Amazon, embora a empresa não tenha dado este passo até meados de 2019.[17] Em outras plataformas digitais, a Tencent, obviamente, tem sua Q coin, que os *gamers* podem utilizar em todos os jogos do ecossistema da empresa.

Essas plataformas têm sofrido a concorrência de startups de blockchain que estão ganhando espaço no setor de *games*. A empresa de *games* Dream-Team é um bom exemplo e que foi lançada em 2017. Ela é bem estabeleci-

---

* Custos de troca são os custos que um consumidor incorre ao trocar de marca, fornecedor ou produto. Embora a maioria dos custos de troca seja, por natureza, monetário, também há custos de natureza psicológica, de esforço e tempo consumidos. Fonte: www.investopedia.com. (N.T.)

da no mercado, com conselheiros de organizações promotoras de torneios, a Major League Gaming e a Electronic Sports League. Em seu primeiro ano a DreamTeam concentrou seus esforços no *League of Legends* (100 milhões de jogadores mensais) e Counter Strike: Global Offensive (12 milhões de jogadores mensais).[18] Em sua plataforma inspirada em blockchain, ela possibilita o pagamento, evitando inadimplência e fraude através do *token* DreamTeam. A DreamTeam informou, no final de 2018, ter mais de 1 milhão de jogadores.[19]

Outra solução tokenizada vem da GameCredits, lançada em 2015 para resolver problemas de fraude e atrasos de pagamento nos esportes eletrônicos. Um objetivo fundamental da GameCredits é aumentar a quantia e a velocidade nos pagamentos como incentivo para eles tornarem seus *games* disponíveis na loja da GamesCredit. A empresa diz que o pagamento pode aumentar até 70% do preço de venda do *game* (participação típica oferecida na Google Play e na Apple Store) em sua plataforma.

A DMarket se distancia bastante do modelo de plataforma centralizada com um token de *gaming* baseado em blockchain desenvolvido para ser usado em *games* e plataformas, de modo que os ativos associados a um jogo podem ser comprados ou trocados por ativos associados a um outro. Lançada através de uma conexão com a Steam, uma plataforma de distribuição de *games,* para uma centena deles, a DMarket faz para a economia dos *games* o que acreditamos possa acontecer, hipoteticamente, com os bônus de companhias aéreas citados anteriormente neste capítulo. Seu token pode ser usado através de propriedades e lojas vendedoras, resultando em maior flexibilidade, fidelidade e novas compras por parte do usuário.

E, finalmente, uma notável moeda na área de *games* vem da Enjin, uma plataforma que permite aos usuários criar seus próprios tokens para suportar os seus jogos. Para limitar fraudes e contagem em dobro, a moeda da Enjin usa um elemento de projeto para validar que os *gamers* estejam de posse apenas dos itens que adquiriram.

O aspecto social dos esportes eletrônicos destaca uma combinação entre mídias sociais e *gaming*. Tokens que permitem que os espectadores recompensem os *gamers* repercutem nos *créditos* das mídias sociais; tokens desenhados para uso em plataformas de mídias sociais permitem aos participantes monetizar os *likes*.[20] Há uma série de plataformas de mídias sociais baseadas em blockchain tentando quebrar a hegemonia do

Facebook, YouTube e outras do gênero, com modelos que recompensam os participantes pelos seus *posts* e *likes*. A ConnectSocial, por exemplo, dá bônus toda vez que os usuários fizerem *upload* de conteúdo; a visão da empresa é facilitar a participação ativa entre influenciadores e marcas que eles escolhem promover.[21] A Steemit, outro site de mídia social baseado em blockchain, também recompensa criadores de conteúdo com certo número de moedas quando esses fazem o *upload* de conteúdo e com um número maior ao longo do tempo à medida que os participantes veem e apreciam o material. Estenda esse conceito para os esportes eletrônicos e as plataformas poderiam recompensar *gamers* pelas suas vitórias, pela popularidade com a audiência ou seu espírito esportivo. Estenda-o mais uma vez, agora para o varejo ou experiências com marcas, e poderíamos ver maneiras de cultivar a fidelidade à marca recompensando clientes por postarem fotos deles mesmos usando um produto.

Volume elevado de usuários e a rápida inovação fazem do setor de *games* um banco de prova para desenvolvimento inovador de *tokens*, um local para ver como os usuários levam a adaptabilidade dos *tokens* ao seu limite e, consequentemente reforçam modelos menos centralizados. Do *token* da DMarket, utilizável em vários *games,* à abordagem da Enjin de desenvolvimento de *tokens* customizados, essas empresas e outras oferecem alternativas atraentes para abordagem de ecossistema da Amazon, Google ou Apple e modelam uma nova abordagem para empresas de outros setores.

MONETIZAÇÃO DOS DADOS

A tokenização também pode produzir recompensas através da monetização dos dados.[22] As revelações iniciais sobre os vastos tesouros ocultos de dados capturados por grandes companhias digitais e expostos para terceiros (pense na Cambridge Analytica) ou hackeados (pense na Equifax e no Marriot Hotels & Resorts) têm ajudado a motivar as empresas e os indivíduos a conseguirem o controle sobre seus dados.[23] Esse foco no controle de dados tem sido aguardado há muito tempo. Os usuários da Internet se tornaram cada vez mais cientes de que seu comportamento digital é capturado, armazenado, analisado e vendido para anunciantes e desenvolvedores de produtos. Esse tesouro de dados somente é maior agora através da coleta e digitalização da Internet das Coisas e da análise via IA de informações sobre os mundos físico e digital.

A tecnologia blockchain também permite aos usuários avaliar de forma pragmática, quando, se, onde, com quem e como trocar dados por algum valor. Novas soluções blockchain orientadas por dados já se encontram em desenvolvimento. Tais soluções utilizam *tokens* para avaliar e comercializar ativos de dados. Em um blockchain, os *tokens* também podem permitir o intercâmbio de dados via redes não hierarquizadas descentralizadas em uma escala global usando um mecanismo que mune os proprietários de dados da capacidade de manter privados os dados que lhes pertencem até seu expresso consentimento para um par poder vê-los ou usá-los.

Uma solução blockchain que fornece aos usuários maior controle e supervisão sobre seus dados é oferecida pela Datawallet, uma startup teuto-americana com uma solução inspirada em blockchain habilitada por *tokens* e aplicativo para celular que permite aos participantes concordar em compartilhar partes de suas informações pessoais com empresas comerciais em troca de um *token* de troca digital. O discurso da Datawallet apresentado para os participantes é que eles serão pagos; o discurso com os anunciantes é que as informações chegarão de forma mais oportuna e mais relevante do que aquelas que eles conseguem de alguns corretores de dados. (Os corretores extraem informações de um *mix* de recursos *on-line* e bancos de dados de censos governamentais como órgãos de registro e licenciamento de veículos e muitas dessas fontes são imprecisas e desatualizadas). A Datawallet torna os dados anônimos antes de vendê-los aos anunciantes.[24]

A solução da Datawallet usa contratos inteligentes que capturam e que impõem o intento e o consentimento do proprietário dos dados. Dessa maneira, os usuários estão conectados com seus dados, com a propriedade registrada no blockchain. Essas são exigências fundamentais para os mercados de dados. Sob a perspectiva do cumprimento da legislação, rastrear a propriedade de dados e o consentimento para o seu uso também fornece uma maneira para as empresas cumprirem as regulamentações sobre privacidade tais como a GDPR (*Global Data Protection Regulation*, regulamentação sobre a proteção de dados globais) da União Europeia. Por exemplo, em um blockchain, o *link* da raiz das informações (os dados pessoais) para o registro correspondente no razão pode ser quebrado. Pelo fato de a separação ser auditável, os participantes podem confirmar que o direito a ser desconsiderado tinha sido respeitado, conforme exigido pela GDPR.

Tais ferramentas ajudariam as empresas envolvidas com monetização de dados a evitar pesadas multas associadas com a quebra da privacidade.[25] Quanto maior for a quantidade de dados gerados pela Internet das Coisas, e tais dados são mais compreensíveis através do uso de inteligência artificial, será cada vez mais importante o papel dos *tokens* para a monetização de dados, gestão de consentimentos e habilitação de mercados de dados.

Além do enorme volume de dados e a variedade das fontes, haverá também uma gradual evolução das soluções tecnológicas que possibilitam a propriedade e o controle dos dados. Para demonstrar como isso funcionaria, retornaremos ao cenário da viagem de férias esboçado na Figura 4-1. Nosso cenário original envolvia uma plataforma digital para viagens atuando como o corretor de dados na troca, criando e controlando uma carteira digital através da qual os *tokens* monetários e de dados fluíam. O corretor tem acesso preferencial aos dados e preferências do viajante ficando, portanto, numa posição vantajosa no mercado. Se a solução usasse tokens, esses contribuiriam para uma maior descentralização e maior controle sobre o valor criado.

A Figura 4-2 revisita o exemplo mas, desta vez, no contexto de uma solução blockchain completo que descentraliza os dados do cliente e permite ao participante retê-los localmente e compartilhá-los de maneira seletiva. O viajante pode definir os parâmetros para como os *tokens* são usados e, com esses parâmetros, como eles são capturados usando um contrato inteligente.

Neste cenário, o viajante coordena o compartilhamento de dados relevantes com provedores de viagens (companhias aéreas, hotéis, etc.) em forma tokenizada e recebe ofertas de volta diretamente através de uma carteira digital ou alguma outra interface que apenas o viajante pode acessar. Coordenar essas interações em uma plataforma blockchain completo também pode criar oportunidades para o viajante compartilhar dados seletivamente em vários mercados e, como resultado, receber ofertas melhores ou mais diversas.

Ser o foco das atenções dá ao viajante soberania sobre os dados. A descentralização iria melhorar a habilidade de fornecedores com confiança dos consumidores a estipular seus próprios termos e condições. Essas companhias poderiam negociar e estabelecer seus próprios preços, em vez de ter seus preços orientados pelos termos da plataforma. Essa liberdade poderia impulsionar sua participação e inovação. A descentralização da monetização de dados favoreceria a concorrência de mercado.

Uma onda de startups de blockchain, como a Sovrin Network, Peer Mountain, Civic Technologies, SelfKey e Blockpass, está mostrando aos proprietários de dados – sejam eles pessoas ou organizações – como manter controle sobre seus dados. Essas companhias permitem aos participantes tokenizar informações pessoais ou corporativas, manter soberania pessoal sobre elas e, trocá-las abertamente. Com o tempo, a existência de dados soberanos irá facilitar a criação de novos mercados de dados construídos com base no consentimento e recompensas para os proprietários de dados, deixando o campo de disputa para uma gama de empresas que buscam concorrer nos mercados digitais.

CAMINHOS PARA A TOKENIZAÇÃO ESTRATÉGICA

Já que os *tokens* podem ser usados tanto em ambientes centralizados como descentralizados, eles podem seguir vários caminhos evolutivos nos próximos anos. As plataformas digitais, por exemplo, estão bem posicionadas e fazendo investimentos para explorar os *tokens* (com ou sem o blockchain) para monetizar dados, identidade e outros ativos não monetários de clientes e, através destes ativos, alargar a influência de seus ecossistemas digitais. Além dos experimentos com *tokens* mencionados acima por parte da Amazon e Tencent no contexto de *games*, o Facebook, o Google e o Alibaba, entre outros, têm sido ativos na tokenização.

O Facebook, por exemplo, está desenvolvendo sua própria moeda digital, alegadamente usando uma solução blockchain e emitindo a Libra como moeda estável.[26] Um possível intento da Libra do Facebook é criar uma moeda de pagamento que suporte pagamentos não hierarquizados no WhatsApp, Facebook Messenger e Instagram. A Libra do Facebook também poderia funcionar como uma recompensa para usuários que postam (isto é, que compartilham dados) e como um mecanismo de pagamento

FIGURA 4-2
Tokens em uma solução blockchain completo

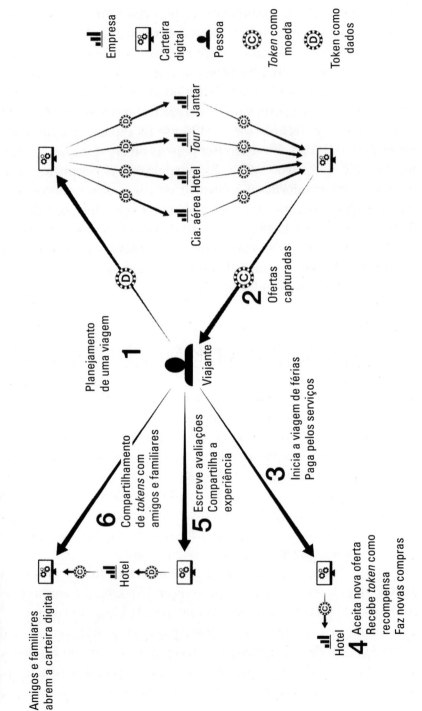

nos vários domínios do Facebook. Entretanto, nenhum desses cenários é compatível com um modelo blockchain completo, já que o Facebook iria controlar a moeda e o seu uso. Além disso, *tokens* nas mãos de quaisquer plataformas digitais poderiam ser usados para induzir os clientes no sentido dos produtos e serviços da plataforma de fornecedores terceiros. Os *tokens* proprietários poderiam ser usados de forma semelhante para pagar provedores de conteúdo, desenvolvedores de produto e empresas prestadoras de serviço que vendem através da plataforma deles. Num contexto centralizado os *tokens* reforçam o poder no mercado.

A Figura 4-3 representa uma seleção de *tokens* no modelo de quatro quadrantes de grau de centralização *versus* grau de digitalização/programabilidade introduzido no Capítulo 1. Para os *tokens*, "programável" – representado no extremo norte do contínuo de digitalização – inclui a adaptabilidade do *token*. Um *token* é adaptável se o seu propósito puder ser ajustado às mudanças no ambiente de negócios, ao ativo subjacente e à demanda, oferta, propriedade ou transferibilidade. (Note que a figura não está representando a qualidade dos programas com *tokens,* mas está simplesmente mostrando sua relação com a descentralização e a digitalização).

Uma grande parte dos *tokens* existente visa facilitar processos operacionais e modos de troca legados (o quadrante sudoeste). Estes *tokens* estão desempenhando um papel tático. O uso mais estratégico dos *tokens* está a caminho. Um *token* que é centralizado tanto no *design* quanto na programabilidade proporcionará ao usuário um elevado grau de controle. Para estabelecer adoção, um ecossistema poderia incluir alguns aspectos da descentralização na implementação inicial do *token*. Entretanto, os elementos de descentralização provavelmente seriam temporários, já que o objetivo é o *controle* (o quadrante noroeste da figura). Uma vez que a adoção de *tokens* tenha alcançado uma massa crítica – e "aprisionamento" – prevemos que o uso do *token* em um contexto centralizado irá evoluir para ter mais restrições e, consequentemente, se tornará mais centralizado. Por exemplo, o Uber Pro (o programa de bonificação para motoristas do Uber) possui alguma programabilidade em seus *tokens,* mas também um alto controle por parte do Uber, já que apenas motoristas com um índice de satisfação de pelo menos 4,85 e uma baixa taxa de cancelamento podem participar.[27] O *token* será ligeiramente descentralizado pois as regras de acesso visam influenciar o comportamento tanto de clientes quanto de parceiros comer-

FIGURA 4-3
Caminhos estratégicos para a tokenização

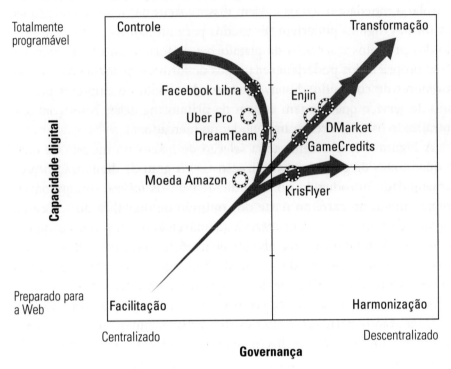

ciais dentro do ecossistema do Uber. Para este *token* o destino é o quadrante noroeste. Este quadrante também é uma direção lógica para os *tokens* de *games* da Amazon, Facebook e a expansão de plataforma centralizada em desenvolvimento da DreamTeam.

De sua parte, as soluções inspiradas em blockchain raramente incluem *tokens*, mas aquelas com *tokens* poderiam possibilitar um caminho ligeiramente mais para o leste no sentido de maior descentralização antes de inverter a rota. O *token* pode se tornar mais centralizado quando um consórcio ou provedor atingir seus objetivos operacionais ou como uma maneira de se ter maior controle sobre a velocidade e a fungibilidade de um *token*. Fatores jurisdicionais também poderiam influenciar as trocas, armazenamento, legalidade e outras características dos *tokens*.

A Singapore Airlines, com suas soluções de bônus experimentais inspiradas em blockchain, poderia seguir esse caminho. A solução atual limita o nível de descentralização para um pequeno número de parceiros. Nessa plataforma, o propósito principal dos *tokens* é *harmonizar* os processos entre os parceiros (o quadrante sudeste). Os *tokens* neste quadrante têm um limite natural em sua adaptabilidade. Para se tornar programável, a rede teria que acomodar as exigências comerciais de todos os parceiros; entretanto, este não é o objetivo da Singapore Airlines e seu programa KrisFlyer. Como resultado, o programa de *tokens* poderia algum dia se tornar menos descentralizado.

Para os esportes eletrônicos, está surgindo outro caminho. Os *tokens* da GameCredits, DMarket e Enjin são mais descentralizados e mais programáveis do que *tokens* para *games* do passado. O seu nível de descentralização é uma resposta às tentativas de gigantes digitais controlarem o setor e às diversas necessidades de jogadores, fãs e desenvolvedores. Esses *tokens* mais descentralizados permitem às redes para *games* criar valor durante a *transformação* de um setor emergente (o quadrante nordeste).

Atuando como agentes de disrupção, estes *tokens* irão, indubitavelmente, caminhar para o domínio do *streaming* de *games*. A Google anunciou seu serviço de *streaming* Stadia em março de 2019 e algumas alternativas habilitadas por blockchain já estão planejando desafiá-la.[28]

AMPLIANDO SUA VISÃO SOBRE O VERDADEIRO VALOR DO BLOCKCHAIN

O QUE VOCÊ APRENDEU NESTE CAPÍTULO?

A tokenização, ou seja, a criação e a representação de ativos com o emprego de *tokens*, não é algo novo. Os *tokens* fiduciários emitidos por bancos centrais e governos têm sido usados conjuntamente, há anos, com *tokens de processos* como, por exemplo, aqueles usados para suportar o Apple Pay e os *tokens* complementares como pontos de bonificação. O blockchain amplifica a empregabilidade e a adaptabilidade dos *tokens*, transformando-

-os em mecanismos flexíveis e dinâmicos para criar e trocar valor em redes não hierarquizadas. Em blockchains, diferentes tipos de *token* serão usados para diferentes propósitos. Criptomoedas projetadas para substituir as moedas fiduciárias, como o *bitcoin,* terão como objetivo enfrentar modelos de moedas centralizadas. Os *tokens* utilitários e de serviços facilitarão novos modelos de *crowdfunding,* financiamento e investimento.

Os *tokens* vão além das finanças, possibilitando a monetização de ativos ilíquidos como dados pessoais. Os *tokens* também oferecem novas maneiras de resolver problemas antigos. Por exemplo, eles ajudam as organizações a cumprirem regulamentações relativas à privacidade dos dados como o GDPR na Europa (importante para dados B2B e Internet das Coisas). Os *tokens* também podem evitar fraudes, acelerar os prazos para pagamento (por exemplo, os *gamers* em esportes eletrônicos) e reduzir as taxas de intermediação.

O QUE VOCÊ DEVE FAZER A ESTE RESPEITO?

A maturidade de sua organização e seu setor afetam o tipo de *tokens* necessários. Identifique seus concorrentes diretos ou companhias adjacentes que já tenham estratégias para o uso de *tokens.* Assim que conseguir entender onde está no momento, você deve começar a experimentar o uso de *tokens* como agentes de transformação digital. Por exemplo, você poderia desenvolver um mecanismo tokenizado que dê aos seus clientes soberania sobre os respectivos dados; essa autoridade irá encorajá-los a participar de mercados de dados, pois sabem que têm controle sobre suas informações. Ceder o controle de dados pessoais para o seu proprietário tem o benefício indireto de apoiar os seus esforços na observação das leis sobre privacidade de dados. Você também poderia explorar os *tokens* como recompensas e incentivos. As recompensas servem para induzir os participantes a compartilhar dados e a criar novos mercados. Esses exemplos mostram como os *tokens* em um ambiente descentralizado e blockchain completo poderiam se tornar agentes dinâmicos e versáteis que expandem o seu poder no mercado.

O QUE VEM A SEGUIR?

Os *tokens* dependem da descentralização para alcançar seu pleno potencial de encorajar a participação de mercado, o compartilhamento de dados, a criação de ativos e a diversidade e a adaptabilidade dos *tokens*. No próximo capítulo, damos mais um passo em nossa trilha do espectro do blockchain, explorando de forma mais completa a descentralização, o quinto elemento no projeto de blockchain.

CAPÍTULO 5

CHEGANDO A UM CONSENSO ATRAVÉS DA DESCENTRALIZAÇÃO

A descentralização é, sob muitos aspectos, o coração do blockchain. Quando combinado com *tokens*, o sangue metafórico correndo pelas veias do ecossistema comercial, a descentralização determina se você e outros participantes da rede operam como verdadeiros pares com igual habilidade de derivar valor ou se alguns atores colhem frutos desproporcionalmente às suas contribuições. Se você espera participar de mercados digitais impulsionados por blockchains e extrair o máximo de benefícios do blockchain, a descentralização não é opcional.

Embora a fase blockchain completo do espectro não se iniciará antes de chegarmos ao ano de 2023 aproximadamente, experimentos com descentralização já estão em andamento. Se seus clientes estão frustrados em relação a algo, nós garantimos que alguma startup de blockchain está trabalhando em uma solução descentralizada para minimizar a frustração dele.

Por exemplo, a Golem está desenvolvendo uma solução para usuários de computador que precisam de muito poder de processamento, mas cujas necessidades são inconstantes e, consequentemente, são mal atendidos por provedores de serviços na nuvem, como Amazon ou Google, que exigem contratos de longo prazo devido aos custos irrecuperáveis de se manter uma rede computacional centralizada distribuída. A solução da Golem possibilita aos participantes de uma rede não hierarquizada alugar o poder de processamento não utilizado de seus servidores e computadores para usuários que precisam de grande capacidade de processamento. Pense neste modelo como uma versão descentralizada do *Airbnb* para excesso de poder computacional. E como o *Airbnb*, a Golem está construindo uma plataforma com potencial para transacionar a oferta ilíquida atual. A oferta de poder computacional não utilizado é um mercado enorme: a utilização de servidores no mundo é de 70% de sua capacidade total, que se traduz em US$ 30 bilhões em servidores ociosos em *data centers*.[1] A metodologia da Golem também oferece novas possibilidades de relacionamento. Em vez de exigir contratos de longo prazo, a Golem pode acessar recursos na medida do necessário e pode recompensar os donos de ativos tokenizados.

A empresa está divulgando o seu primeiro caso de uso, Brass Golem, para *designers* de computação gráfica, que precisam de poder de processamento significativo no curto prazo para renderizar projetos bidimensionais de modo a aparecem tridimensionais na tela. A Golem levantou mais de US$ 17 milhões desde sua formação em 2016.[2] Ela reuniu os parceiros de blockchain Sonm, Ethernity Networks, Conduit e outros na oferta de poder computacional descentralizado, bem como a Filecoin e Storj – duas startups em blockchain focadas no armazenamento descentralizado – para reimaginar a computação na nuvem em um modelo descentralizado.

À medida que startups como a Golem forem ganhando impulso e as soluções inspiradas em blockchain de arquétipos evolucionários ou nativos forem expandido sua base de usuários, organizações do passado precisarão explorar soluções descentralizadas mais ativamente. Mesmo tendo em vista esse claro direcionamento competitivo, líderes empresariais com os quais temos conversado revelaram preocupação em relação à descentralização e tudo que ela envolve. Esses desafios ultrapassam os domínios de sistemas tecnológicos, econômicos e sociais bem como da governança comercial.

Neste capítulo, tratamos de uma ampla gama de tópicos relacionados com a descentralização. Definimos os componentes da descentralização no blockchain, damos uma ideia geral do valor comercial em um ambiente cada vez mais digital e mostramos como organizações com sistemas lega-

CHEGANDO A UM CONSENSO ATRAVÉS DA DESCENTRALIZAÇÃO

dos estão evoluindo e abraçando a ideia da descentralização ao longo do espectro. Também mostraremos como enfrentar os principais desafios que a descentralização coloca diante de nós.

OS OITO COMPONENTES DA DESCENTRALIZAÇÃO

À primeira vista, os aspectos tecnológicos da descentralização são simples. Em vez de uma autoridade central, o desenho do blockchain dá a cada um dos participantes da rede *um voto de igual peso* para saber se os demais participantes são autênticos e as transações são válidas, de acordo com as regras de negócios que ditam as interações no blockchain. Os participantes podem operar nós, que são máquinas próprias ou usadas por participantes para rodar um algoritmo de consenso do blockchain cada vez que um bloco de transações passar.[*] Se pelo menos 51% do total de nós concluir que uma transação é válida, ela recebe o sinal verde e então esta é agregada independentemente por cada um dos nós à sua cópia do razão.[3] Duplicações, o problema do gasto duplo e transações fraudulentas que um nó poderia perder ou intencionalmente deixar passar batido são improváveis de serem despercebidos pelo consenso. A política de um voto para cada nó é a maneira através da qual o blockchain contorna problemas de autenticação e validação na ausência de uma autoridade central.

Mas a descentralização não é apenas tecnologia. Trata-se também de como o blockchain define e executa as regras comerciais para uma solução. Trata-se de quem consegue participar como nó completo na rede. A descentralização também diz respeito à alocação de recompensas aos participantes de acordo com suas contribuições. No total, vemos oito maneiras

---

[*] Nem todas as pessoas ou entidades que transacionam em um blockchain administram um nó; uma pessoa pode, por exemplo, possuir *bitcoins* ou algum outro *token* sem operar um nó. Entretanto, apenas nós podem manter e atualizar cópias do razão. O blockchain usa muitos algoritmos de consenso. Alguns dos mais comuns são prova de trabalho, prova de participação, prova de peso e sistema de tolerância a falhas bizantino. Cada algoritmo opera de forma ligeiramente diversa, dependendo do propósito do blockchain constituinte.

básicas em que a descentralização opera no blockchain através das categorias de governança, economia e tecnologia.

GOVERNANÇA

Tomada de decisão. Os participantes permitem que as decisões sejam codificadas e executadas no blockchain sem uma autoridade central pesar a favor de um ou de outro.

Participação. Qualquer um pode atuar como nó completo, desde que o requisito infraestrutura e concordância cumpram os termos da operação.

Propriedade comercial e supervisão. Nenhuma entidade única ou consórcio tem uma participação majoritária no valor produzido no blockchain. Essa divisão equitativa se aplica ao valor monetário e às moedas de dados, acesso, contratos e tecnologia.

ECONOMIA

Financiamento: Nenhuma entidade única ou consórcio fornece ou é responsável pela liquidez do blockchain; um modelo econômico sólido sustenta a plataforma.

Alocação de recompensas. O blockchain distribui as recompensas de forma justa a todos os nós administrando o consenso de acordo com regras transparentes e acordadas.

TECNOLOGIA

Arquitetura da tecnologia. O blockchain depende de um algoritmo de consenso e de um nó, de uma política de votos para autenticar participantes e validar transações.

Desenvolvimento de protocolos. As entradas para a solução e o código-fonte provêm de várias fontes, normalmente através de desenvolvimento de código aberto.

Governança da rede. Nenhuma entidade única ou consórcio tem controle majoritário sobre os nós do blockchain. Os participantes podem ter papeis ativos ou passivos e a liberdade de aderirem ou abandonarem.

Embora cada um dos oito componentes possa ter como característica uma maior ou menor descentralização, existem claras dependências entre eles. Por exemplo, um blockchain com um único proprietário ou grupo de proprietários (por exemplo, governança comercial centralizada) provavelmente irá reforçar essa centralidade com uma arquitetura de tecnologia centralmente coordenada. Um desenho desses significa que o blockchain não depende de consenso descentralizado e é, portanto, um arquétipo inspirado em blockchain. A participação aberta, pelo contrário, provavelmente depende de uma arquitetura com tecnologia orientada pelo consenso para estabelecer confiança, já que os participantes não conhecem uns aos outros.

EXAMINANDO MAIS DE PERTO A GOVERNANÇA

Apesar das limitações tecnológicas atuais do blockchain, esses pontos fracos não são, segundo nossa experiência, a razão para as empresas hesitarem no sentido de se moverem para a descentralização. Já a resistência organizacional sim.

Líderes como você nos têm dito que estão tendo dificuldade em lidar com a forma como o blockchain solicita a eles para passar o controle da tomada de decisão para um algoritmo. Você e outros líderes, sem dúvida nenhuma, têm preocupação sobre participar de uma rede onde não se sabe e não se pode saber quem está do outro lado da transação. Você está explorando o que significa extrair valor de um recurso (o blockchain) que você não possui nem pode controlar. A complexidade dessas questões de governança merece maior atenção.

TOMADA DE DECISÃO DESCENTRALIZADA

Em um blockchain, os algoritmos executam as regras comerciais e tomam decisões contidas nos seus próprios códigos. Para se chegar a esse ponto, os líderes têm que concordar em repassar o controle relativo à respectiva decisão e definir a decisão com detalhe suficiente para poder ser convertida em código.

Essa renúncia de controle pode parecer como um grande salto no escuro. Entretanto, a jornada já começou para alguns líderes empresariais. A experiência adquirida através do uso de IA e a terceirização de sistemas e processos fundamentais são o trampolim para acesso aos ambientes descentralizados.[4]

Os contratos inteligentes armazenam o código necessário para executar decisões nos blockchains. Esses contratos variam em sua complexidade. Contratos inteligentes simples lidam com decisões ou processos individuais; contratos inteligentes complexos armazenam um conjunto completo de regras definindo as decisões de um departamento inteiro, digamos, todas as tarefas financeiras (desde a compra até a cobrança) envolvidas numa cadeia de suprimento. Esses contratos complexos são conhecidos no mundo do blockchain como DAOs, ou seja, organizações autônomas descentralizadas. Pense nelas como avatares para o ramo dos negócios. Em algumas situações, as DAOs conterão todas as regras de negócios necessárias para operar uma empresa e as interações, transações e valores criados pela DAO não terão um equivalente físico. Como empresas independentes, uma DAO tomará todas as decisões e executará todos os processos integrados em seus programas. A incorporação de agentes de IA avançados possibilitará que estas decisões sejam tomadas autonomamente pelos sistemas inteligentes que rodam acima do razão.

Se a ideia de passar o controle da tomada de decisão dessa maneira parece radical, lembre-se de que nada disso acontecerá como uma primeira etapa. Pelo contrário, começa-se a descentralizar decisões já bem conhecidas como revisões anuais ou contratação de *staff* repassando-as para uma solução de blockchain antes de evoluir para processos descentralizadores como gestão financeira ou de projetos para, depois, partir para departamentos inteiros da corporação. A transição para as DAOs provavelmente irá evoluir primeiro com um foco nos processos ou partes de um mercado que já são altamente padronizados, codificados ou automatizados e que podem se adequar a contextos existentes.

PARTICIPAÇÃO DESCENTRALIZADA

Como um dos elementos da governança do blockchain, a participação se refere a quem ou o quê está autorizado a atuar como um nó da rede, dada a infraestrutura necessária. Em um blockchain totalmente descentralizado, qualquer um ou qualquer coisa que queira pode ser um nó completo. Um sinônimo comum para participação descentralizada é rede *pública* ou *sem a necessidade de obter permissão*. Uma rede desse tipo se opõe a uma com participação centralizada, chamada de *privada* ou com permissão ou até mesmo blockchain de empresas.

A lógica por trás da participação centralizada é o fato de ela permitir que todos os participantes saibam com quem estão lidando e de se ajustar para o cumprimento de normas organizacionais e operacionais. Muitos dos líderes nos falaram francamente sobre o fato de não se sentirem à vontade com a ideia de transacionar ou interagir com alguém desconhecido. Todavia, manter um sistema centralizado mina o benefício fundamental do blockchain. Neste sentido, um blockchain com permissão é como um barco a motor com remos embutidos: supostamente você não precisará deles; portanto, para que ter remos?

GOVERNANÇA COMERCIAL DESCENTRALIZADA

Quem é o dono de um blockchain? Quem supervisiona sua governança? Quem assume a responsabilidade caso alguém seja atingido ou surjam outros problemas? Em um blockchain descentralizado, a resposta a esta pergunta de propriedade é tanto ninguém como todos: nenhum participante particular possui o todo e todos os participantes assumem a responsabilidade por sua manutenção e operações por meio da operação de um nó completo, administrando o consenso e, talvez, dando contribuições para o protocolo de código aberto e para o desenvolvimento da solução.

Aparentemente a propriedade coletiva possibilita a diluição dos custos da rede, embora a descentralização em si acarrete certos custos. Por exemplo, rodar um algoritmo de consenso custa aos nós que o operam certo poder computacional e energia (por exemplo, o processo de mineração de *bitcoins*).

Outra questão que afeta a governança é a unidade comunitária ou, como muitas vezes acontece, a falta de união. O consenso que possibilita a descentralização no nível técnico normalmente depende de uma regra majoritária. Se uma rede introduzir uma nova regra que represente uma mudança na sua visão e objetivos e alguns nós discordarem sobre a adoção da regra, então a regra pode se dividir, ou bifurcar. As bifurcações são criadas quando membros de uma rede discordam sobre objetivos e decidem se dividir em duas redes separadas (por exemplo, Bitcoin e Bitcoin Cash). Também podem ocorrer bifurcações como resposta a uma emergência, como aquela ocorrida quando a comunidade Ethereum optou por bifurcar devido ao fracasso do projeto DAO em 2016.[5] Em qualquer dos contextos, a bifurcação tem implicações técnicas, comerciais e legais que atrapalham os líderes empresariais que precisam de garantias em relação à sustentabilidade de sistemas cruciais.

O ESTADO EM CONSTANTE MUTAÇÃO DA DESCENTRALIZAÇÃO

Os oito elementos da descentralização operam tanto de forma independente quanto combinada para construir um ambiente impulsionado pelo consenso de modo a criar valor e distribuí-lo equitativamente. Importante destacar que estes oito elementos são dinâmicos; o seu grau de descentralização muda ao longo do tempo. Examinemos esse dinamismo mais de perto.

A descentralização no blockchain Bitcoin – o maior blockchain distribuído coordenado através de uma arquitetura descentralizada – nos dá uma ótima visão de como uma rede evolui sua arquitetura descentralizada ao longo do tempo. Devido à natureza aberta e não hierarquizada do blockchain, os nós entram e saem como querem e a arquitetura da tecnologia bem como a governança da rede mudam com essas entradas e saídas. O mecanismo de recompensa do Bitcoin, em que nós completos são recompensados com *bitcoins* pelo trabalho que fazem mantendo a rede e rodando o consenso, contribui para essa tendência. Diz-se que os nós *mineram bitcoins,* e as pessoas que administram os nós são chamadas de mineradores. À medida que o razão vai aumentando, os mineradores precisam de mais poder, executando a uma velocidade maior para rodar o algoritmo de consenso. Com o *bitcoin* aqueles mineradores com operações mais escalonáveis e eficientes em termos de custos conseguem minerar mais rapidamente que os outros. Essa diferença resulta em consolidação no mercado. O declínio no valor da *bitcoin* compõe a questão ao fazer com que as recompensas não valham mais a pena para os mineradores menos eficientes. Eles deixam a cooperativa de mineração. Tudo isso resulta na centralização da mineração; hoje em dia quatro cooperativas de mineração rodam mais de 50% da rede Bitcoin.[6]

O desenvolvimento de protocolos é outra dimensão da centralização no blockchain Bitcoin. A suposta promessa de soluções de código aberto pelo fato de nenhuma empresa em particular ter a sua propriedade; elas se beneficiam das diversas contribuições de inúmeros programadores independentes. Um número maior de pessoas consegue detectar mais *bugs* e fazer melhorias em menos tempo do que aconteceria caso uma organização central estivesse no comando. Na prática, as pessoas têm que comer. É mais provável que os desenvolvedores de *software* invistam na resolução de um problema tecnológico se forem recompensados por isso.

Os modelos de código aberto também enfrentam problemas de continuidade. Por exemplo, quando a GitHub foi adquirida pela Microsoft em junho de 2018, a aquisição levantou suspeitas sobre a sustentabilidade de soluções de código aberto existentes na biblioteca GitHub.[7] Alguns desenvolvedores resistirão em manter o código aberto como aconteceu com a bifurcação do MySQL em MariaDB e do OpenOffice em LibreOffice depois da aquisição da Sun Microsystems pela Oracle.

Pieter Franken, consultor-sênior para a companhia japonesa de serviços financeiros, Monex Group, destacou: "Grande parte das contribuições para a manutenção de um blockchain são feitas de forma voluntária. O quanto isso é sustentável? Quem irá manter o código-fonte? Quem é o responsável pelos *bugs* no código? O que acontece se os desenvolvedores tiverem uma visão de mundo diversa daquela da empresa usuária do blockchain em questão? Como isso impactaria a sua empresa? No Monex Group, acreditamos que alocar recursos para se manter conectado com a comunidade desenvolvedora é essencial".[8]

À medida que o blockchain for evoluindo e seus problemas de desenvolvimento forem crescendo, as habilidades necessárias para corrigi-los também se tornarão mais especializadas e, portanto, centralizadas para um número de desenvolvedores menor. A mesma tendência centralizadora se aplica à Bitcoin. O desenvolvimento contínuo da plataforma está sendo feito por menos pessoas, tornando mais provável a introdução de uma vulnerabilidade por algum desses desenvolvedores.[9]

Sendo mais claro, não há nenhuma evidência de que o blockchain Bitcoin tenha sido comprometido pelo aumento da centralização das cooperativas de mineração ou do desenvolvimento de protocolos. Destacamos o exemplo anterior mais por ele representar um experimento natural na evolução da tecnologia de blockchain descentralizada. As lições dão muito pano pra manga à medida que se tenta quantificar o relativo risco e recompensa das soluções blockchain construídas com base em consenso. Tenha em mente a escala comparativamente menor da Bitcoin ou de qualquer outra criptomoeda em relação aos volumes transacionados globalmente e de escopo empresarial. Todos reconhecem o campo inexplorado em que o blockchain começou, sem dados legados para serem transferidos, sem processos existentes para serem convertidos e nenhuma empresa bem estabelecida no mercado com interesses próprios para assumir a coordenação e a gestão.

Com esse entendimento do que é centralização no blockchain e as várias maneiras pelas quais ela funciona, passemos para as questões de controle e criação de valor, sob a ótica da questão mais premente que devemos enfrentar na posição de líderes: o que a descentralização possibilita à sua organização realizar com blockchain?

O VALOR DA DESCENTRALIZAÇÃO

Qualquer discussão sobre descentralização relativa ao blockchain deve encarar uma triste realidade: aqueles que trabalham em empresas com sistemas legados enfrentam enorme resistência à descentralização. É raro, hoje em dia, encontrar uma empresa com sistemas legados construindo uma solução blockchain que contemple todos os cinco elementos. Normalmen-

CHEGANDO A UM CONSENSO ATRAVÉS DA DESCENTRALIZAÇÃO 131

te você ouve elaboradas justificativas tentando demonstrar porque a descentralização não irá funcionar. Algumas das mais comuns que nos foram apresentadas são:

- Um sistema centralizado liquida transações de forma mais rápida do que poderia ser alcançada com um sistema descentralizado.

- Um agente conhecido tem que estar no comando por motivos de segurança ou de regulamentação.

- Seus parceiros não irão apoiá-la.

- Os sistemas centralizados dão menos trabalho.

- O volume de dados envolvidos em cada transação, ou então a complexidade do processo de negócio, descarta qualquer possibilidade de descentralização.

- É preciso estar centralizado (e no comando) porque os participantes do seu processo carecem da tecnologia para operar um nó.

- Os participantes de um blockchain não querem expor os dados de suas transações, ou então, sua identidade.

Nenhum desses argumentos deixa de ter seu fundo de verdade ou deixa de revelar informações corretas se aceitas sem discussão. Dadas as capacidades tecnológicas de hoje, os sistemas centralizados, em geral, *realmente* são mais rápidos. Eles também normalmente consomem menos energia (dependendo da arquitetura operacional) e mais capazes de tratar transações envolvendo enormes volumes de dados descritivos. A centralização é capaz de dar de bandeja "cabeças" específicas para serem degoladas pelos órgãos reguladores e ela realmente permite às empresas poderosas gerir e controlar processos e cadeias de valor padronizados. Finalmente, os sistemas centralizados podem ser mais fáceis para equipes de sistemas de informação medianas administrarem.

Entretanto, os pontos precedentes não são argumentos para justificar um desenho centralizado no blockchain. São simplesmente argumentos para emprego de gerenciamento de dados quando você precisa ou quer coordenação centralizada e supervisão de correlatos confiáveis. Sendo mais específico, esses argumentos são restrições autoimpostas. Em vez de imaginar o que poderia ser possível em um ambiente empresarial definido pela descentralização, você está tentando forçar a situação e fazer uso do blockchain na estrutura centralizada existente de sua organização, com sua hierarquia de cima para baixo. Essa forma de pensar fixa está criando uma espécie de tautologia estratégica, em que organizações com sistemas legados estão vendo no blockchain uma ferramenta para solucionar problemas de elevados custos internos ou do ecossistema para depois racionalizarem que a solução por eles projetada não precisa de descentralização, pois o problema que ela resolve se aplica a uma rede restrita de participantes conhecidos. Para quebrar esse círculo vicioso você pode mudar de perspectiva. Em vez de focar na razão para não precisar da descentralização, considere o que ela poderia fazer por você.

POR QUE DESCENTRALIZAR?

Conforme descrito anteriormente, sistemas descentralizados redefinem os termos do engajamento fugindo da economia "o ganhador leva tudo" e indo no sentido de um sistema mais equitativo em que as recompensas são distribuídas de acordo com a contribuição dos participantes e a responsabilidade pela prestação de contas é transparente. Considere com o que se pareceria essa distribuição equitativa para as moedas de negociação introduzidas no Capítulo 1: dados, acesso, contratos e tecnologia. Conforme destacamos, os dados são a principal moeda que impulsionam a economia digital, de modo que o acesso a e o controle de dados (habilitados por contratos) são os principais meios de habilitação para as capacidades digitais. Obviamente, acesso e controle não são a mesma coisa, porém, eles se fundem em ambientes transacionais centralizados. Em uma plataforma digital como a Amazon e a Alibaba, ou então um cavalo de Troia ou uma solução oportuna inspirada em blockchain como, por exemplo, participantes pagando implicitamente pelo acesso através da exposição de seus dados particulares que o dono da plataforma captura *além de* uma porcentagem sobre cada venda ou taxa por algum serviço. A receita obtida com taxas é uma entrada única para a plataforma, porém, o valor da repetição dos dados se desdobra e vai se multiplicando à medida que o dono da plataforma os explora em um mercado de massa, informando seus parceiros anunciantes sobre a colocação e *design* de produtos, de sua cadeia de suprimento, e assim por diante. Em suma, os ambientes centralizados operam de acordo com um contrato informal que exige que os participantes cedam o controle de seus dados em troca de acesso a clientes ou tecnologia, ou ambos.

Ambientes descentralizados, como o blockchain, oferecem uma alternativa que possibilita uma negociação separada de acesso e controle sobre dados em contextos digitais. Conforme demonstramos no Capítulo 4, a tokenização permite aos participantes – sejam eles pessoas ou organizações – capturarem dados de uma forma comercializável para então compartilhá-los integralmente ou em parte com correlatos para gerar novas fontes de renda. A combinação de tokenização e descentralização dá aos participantes controle sobre como eles compartilham essas informações e possibilita que o valor obtido com essa troca seja a seu favor. Não existe um terceiro para negociar a troca de dados sem o conhecimento do proprietário dos dados. Em um ambiente descentralizado, tecnologias complementares como ferramentas de gerenciamento de acesso e identidade bem como sistemas de confidencialidade como provas de conhecimento zero dão aos participantes rédeas mais curtas sobre as informações que eles compartilham, com quem compartilham e como compartilham.[*] Por exemplo, as empresas podem garantir que dados confidenciais tenham sido liberados para outra parte sem o compartilhamento de detalhes das informações subjacentes. Essa capacidade teria implicações de longo alcance em todos os setores de atividade.

No segmento bancário corporativo do setor financeiro, o financiamento de operações comerciais é um campo que está usando tais métodos para otimizar o processo de emissão de ordens de compra. Através do uso

---

[*] Provas de conhecimento zero são protocolos de envio de mensagens que permitem a indivíduos ou empresas confirmarem que dados referentes a eles são corretos, mas sem transmitir ou compartilhar as informações com a rede inteira. Essas provas oferecem uma forma alternativa para participantes de redes não hierarquizadas transacionarem e trocarem valor sem expor dados particulares que eles não querem que agentes desconhecidos vejam – mesmo que as informações sejam pseudônimas.

de plataformas, tais como o eTradeConnect, as instituições financeiras podem evitar financiamento em excesso através do cruzamento de informações financeiras entre bancos mas sem compartilhar dados de clientes.[10]

A Figura 5-1 reprisa a imagem introduzida no Capítulo 1 para modelar as possíveis combinações dependendo do grau de descentralização e do grau de programabilidade no ambiente de negócios de hoje. Empresas que atingiram um nível médio de digitalização em seu setor de atividade e operam com governança centralizada – tomada de decisão hierarquizada; pessoas, processos e recursos administrados de forma centralizada e um modelo de negócios centralizado – operam no quadrante sudoeste "estruturar". Para elas, tornar-se mais digital sem se tornar mais descentralizadas as remete para o norte no quadrante "maximizar", já que neste quadrante as organizações maximizam o seu controle e uso das moedas de negociação. Esse movimento no sentido norte é o que as soluções inspiradas em blockchain do arquétipo cavalo de Troia fazem para a empresa, conforme descrito no Capítulo 2.

Algumas empresas com sistemas legados lograram reivindicar território no quadrante noroeste, mas as duas últimas décadas deixaram muito claro o quão difícil é competir cabeça com cabeça com as plataformas digitais. Fazer isso requer acesso exclusivo a uma enorme variedade de dados, capacidade de análise e a habilidade de transformar o que se aprende em desenvolvimento de novos produtos e modelo de negócios. Aqueles que perseguem esse caminho tornar-se-ão *menos* descentralizados ao longo do tempo como uma forma de exercer maior controle sobre os dados que acumulam bem como sobre o que sua audiência vê e compra.

Soluções inspiradas em blockchain dos arquétipos evolutivo e nativo fazem um convite a certa descentralização das decisões das empresas executadas no blockchain, levando a uma parcial movimentação no ou logo acima do quadrante "negociar", assim chamado porque neste quadrante, os agentes têm maior controle sobre as moedas de negociação e criam um novo ambiente para negociação do acesso e uso desses recursos. A participação em um consórcio colaborativo poderia ajudar as organizações a irem mais adiante ao longo da descentralização contínua, porém sem a descentralização da arquitetura tecnológica, há limites. Organizações interessadas em novos métodos operacionais, novas oportunidades de negócios ou novas fontes de valor almejarão, consequentemente, mover-se no

FIGURA 5-1
Programabilidade *versus* descentralização

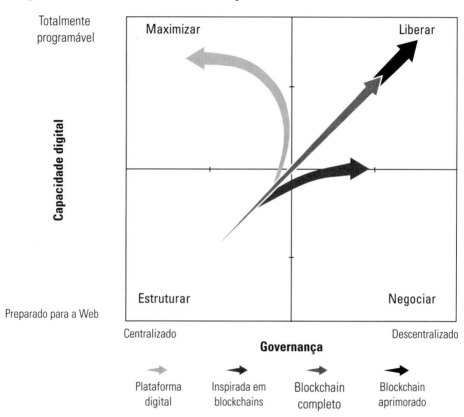

sentido nordeste, para o quadrante "liberar". Esses blockchains descentralizados com total programabilidade facilitam a criação de novas formas de valor e sua troca com qualquer um e em qualquer nível de volume e preço.

Conforme dissemos, pode parecer que as organizações podem escolher entre ir para o norte ou então para nordeste, porém, essas duas direções não são equivalentes em termos de oportunidade. A Internet das Coisas, combinada com IA e computação na borda, já está empurrando a atividade comercial em direções opostas ao longo do contínuo centralização-descentralização.[11] Por um lado, a expansão da Internet das Coisas e a computação na borda estão impelindo a descentralização colocando poder computacional e de decisão em coisas bastante distribuídas. De outro, os provedores de plataformas digitais estão reforçando a sua manutenção no poder através da melhoria de suas capacidades com algoritmos de IA que alavancam enormes volumes de dados que eles coletam de seus clientes, coisas, seus *data centers* e outras fontes.

O *gap* competitivo está se alargando cada vez mais. Para a maioria das empresas, a habilidade de competir de fato, dependerá da capacidade de elas tirarem proveito de seus processos e dados usando modelos de negócios descentralizados.

A IMPORTÂNCIA DE COMEÇAR O QUANTO ANTES

A descentralização oferecerá maiores oportunidades para competir para a maioria das empresas. Isso não significa, entretanto, que a adoção de governança, tecnologia e economia descentralizadas será fácil para todas as organizações.

Pelo contrário, organizações com sistemas legados trazem consigo uma carga metafórica significativa que as arrasta para baixo, tornando muito difícil mudar. Processos organizacionais rígidos, produtos e serviços desatualizados, tecnologia antiga, ideias fixas e estruturas culturais e hierárquicas inflexíveis, todas elas atuam como focos de resistência. Tais focos são a razão para John Childress, especialista em mudança organizacional, se concentrar na necessidade de esforço contínuo e dedicado para mudar as culturas organizacionais.[12]

Aplicando esse esforço à descentralização, a Figura 5-2 ilustra como uma empresa tem de usar a força para se mover contra esses diversos focos de resistência para poder alcançar benefícios para a empresa. A Empresa 1 tem mais fontes de atrito operacionais e técnicas do que a Empresa 2, arrastando a primeira para baixo. Por essas razões, a Empresa 1 leva mais tempo para começar a descentralizar sua tomada de decisão, seus outros processos e seus modelos de negócios. Além disso, o custo de aprendizagem está fortemente correlacionado com a cultura de uma empresa e não pode ser facilmente replicado por outra empresa.

FIGURA 5-2

O ponto de inflexão da descentralização

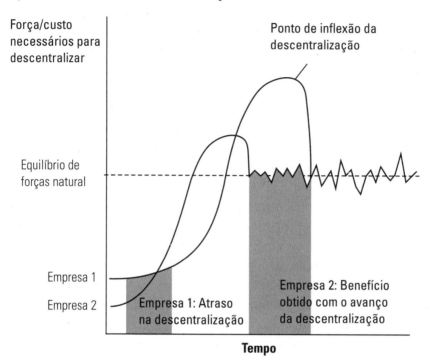

Essa diferença pode evitar que o retardatário tenha de tirar o atraso, graças à experimentação técnica da empresa líder em um dado setor de atividade. Da mesma forma, o tempo impõe despesas maiores, já que com o tempo os processos e as tecnologias se tornam mais velhas e o modo de pensar fossiliza. Como consequência, uma empresa deve impor uma força ainda maior ao longo do tempo para alcançar o progresso.

Esses fatores coletivamente impedem que a Empresa 1 atinja o seu ponto de inflexão de descentralização bem depois de a Empresa 2 já ter atingido o seu ponto respectivo. *Ponto de inflexão da descentralização* é o momento em que as forças de resistência enfraquecem uma organização e os frutos da descentralização começam a ser colhidos. No outro lado desse ponto de inflexão temos maior competitividade e eficiência, criação de valor e rentabilidade, que em conjunto recebe a denominação *benefício da descentralização*. Manter os benefícios da descentralização requer esforço dinâmico e contínuo, como acontece com qualquer conjunto de atividades competitivas. Em suma, a transição para a descentralização traz consigo desafios, mas os desafios apenas pioram com o passar do tempo, caso outras empresas e competidores iniciem suas jornadas de descentralização mais cedo.

É preciso mais experimentação para se determinar exatamente as melhores práticas para se atingir maior descentralização. Estruturas de incentivos e recompensas desempenharão um importante papel na descentralização. Podem ser usados *tokens* para a distribuição das recompensas às pessoas que atuarem de forma consistente com os objetivos da mudança.

A empresa de desenvolvimento de software colaborativo Loomio é um bom exemplo do emprego de *tokens* dentro de uma empresa para premiar comportamento voltado ao grupo. Para fins de contextualização, a Loomio nasceu de um movimento de ocupação na Nova Zelândia. Benjamin Knight, gerente de um campo de ocupação em Wellington, inspirou-se no processo de tomada de decisão colaborativo do movimento e tinha esperança de aplicá-lo em um ambiente distribuído.[13] A partir dessa semente, nasceu a Loomio. Mais para a frente, a empresa – que opera como uma cooperativa – criou pontos Loomio e os foi dando para recompensar os seus primeiros membros. Os fundadores da cooperativa descrevem estes pontos: "Temos um sistema separado para reconhecimento do trabalho que as pessoas fizeram de graça para o projeto começar a funcionar e a oportunidade do pessoal remunerado em aceitar valores menores que a média do mercado enquanto estávamos iniciando. Reconhecemos o risco que os trabalhadores correram, doando seu tempo para uma startup em estágio inicial sem nenhuma garantia, e por isso colocamos um fator multiplicador nos pontos ganhos durante a fase inicial".[14] Interessante notar que os pontos Loomio não tinham nenhum valor concreto. Apenas quando o conselho-diretor decidisse que a Loomio já se encontrava em uma posição financeira sólida que os pontos seriam trocados por bônus em dinheiro.

Em outras circunstâncias, os *tokens* poderiam ser usados para encorajar o compartilhamento de informações entre os departamentos da organização. Informações mantidas em redutos são uma das desvantagens conhecidas das hierarquias. A equiparação do conhecimento com poder, nas organizações, e a resultante detenção de informações para si, aumenta muito o atraso na descentralização. Mas se o compartilhamento de informações fosse incentivado e recompensado através da distribuição de *tokens*, essas informações retidas em redutos poderiam se tornar mais abertas? A resposta é desconhecida, mas nós o encorajamos a realizar experimentos para descobrir como o conhecimento pode ser precificado e compartilhado dentro de sua empresa. O blockchain possibilita esse tipo de medida de comportamento transparente em tempo real de modo que os líderes compreendam melhor os incentivos necessários para mover a empresa no sentido de uma nova forma de operar.

EMPRESAS CENTRALIZADAS ADOTANDO A DESCENTRALIZAÇÃO

Apesar das vantagens da descentralização, as soluções inspiradas em blockchain são o modelo dominante no desenvolvimento feito por empresas com sistemas legados. Da mesma forma, a comunidade de startups está lançando soluções que são mais evolutivas do que totalmente descentralizadas devido ao estado atual do mercado. Afora esta comum intransigência, algumas organizações altamente centralizadas estão experimentando agora certo grau de descentralização.

BANQUE DE FRANCE: EMISSÃO DESCENTRALIZADA DE CREDENCIAIS

Os pagamentos na União Europeia costumavam ser tratados de maneira própria por cada estado-membro, porém, em 2008, os processos de pagamento da UE foram consolidados segundo as regras da SEPA (*Single Euro Payment Area*), que exigem que os beneficiários dos pagamentos (isto é, os credores) tenham credenciais de identificação. O Banque de France está encarregado da emissão de IDs SEPA para credores na França. O processo manual é complicado e ineficiente além de estar sujeito a erros e exigir a transferência das informações contidas em documentos em papel para um banco de dados. O processo provoca atrasos e sobreposições com os processos KYC dos bancos.

Querendo modernizar o procedimento de emissão de IDs com o uso de blockchain, o Banque de France viu uma oportunidade de experimentar uma nova tecnologia, resolver um problema conhecido e de se envolver com os acionistas de seu banco comercial. O blockchain desenvolvido por eles foi inspirado em *design,* e a solução oferecida pela nova tecnologia era básica; um portal digital seguro poderia ter alcançado o mesmo objetivo. Mas o banco vê benefícios maiores para a colaboração e a eventual descentralização dos processos interbancários. Diretores com os quais conversamos no Banque de France disseram que o projeto criava um novo nível de envolvimento entre o Banque de France e a comunidade de bancos comerciais que ele atende. O projeto também possibilitou que todos entendessem como a descentralização afeta a tomada de decisão, a responsabilidade pela prestação de contas e a privacidade de dados e permissões.[15]

O Banque de France atualmente tem a propriedade do software, governa a infraestrutura de segurança e as chaves privadas e é coproprietário dos dados. Contudo, seus líderes gostariam de ver o modelo de governança mudar com o tempo. Um dos entrevistados do Banque de France disse a Christophe: "Nosso papel é de provedor de software e guardião. Isto não é um modelo sustentável de governança. Não é uma prioridade para bancos comerciais, mas precisamos de governança coletiva ou então o projeto não funcionará".

Trata-se de um comentário extraordinário para o diretor de um Banco Central. Conforme ele articulou, a visão é ter um modelo de comunidade aberta que possibilite desenvolvimento descentralizado, custos compartilhados e a capacidade de construir novas soluções complementares. Ele o comparou com projetos de código-fonte aberto como aqueles hospedados no GitHub; no caso do Banque de France e seus clientes, o código da aplicação poderia ser aberto e acessível aos bancos participantes. Embora o blockchain original tenha sido construído para a França, as IDs SEPA para credenciais se aplicam a credores da zona do euro. Da mesma forma, o credenciamento KYC usa algumas das mesmas informações, possibilitando casos de uso complementares que explorariam a mesma plataforma. Juntos, esses fatores apontam para oportunidades de os bancos centrais europeus colaborarem para um modelo de credenciamento blockchain progressivamente mais descentralizado.

UEFA: DESCENTRALIZAÇÃO SEGURA DA VENDA DE INGRESSOS

Outro exemplo de organização extremamente centralizada experimentando uma descentralização controlada através de blockchain é a UEFA (*Union of European Football Associations*, União das Associações de Futebol Europeias), o órgão regulador europeu da FIFA.[16] A UEFA organiza alguns dos mais prestigiosos torneios, entre os quais a Champions League. Os ingressos para eventos da UEFA têm grande procura e há um robusto mercado secundário descentralizado para revendê-los – cambistas, basicamente. A UEFA estima que apenas 37% dos ingressos vão para compradores diretos; o restante vai para revendedores e patrocinadores.

As vendas paralelas criam vários problemas para a UEFA. Um deles é a segurança. A entidade perde o registro de quem está entrando nos estádios quando a pessoa que usa o ingresso não é aquela que o comprou. O permanente problema de vândalos relacionados a eventos esportivos e preocupações crescentes com o terrorismo têm tornado a identificação de usuários de ingressos uma questão premente.[17] Preços abusivos são outra preocupação. Os ingressos são vendidos rapidamente para *robôs* (ou atravessadores) que inundam os canais oficiais. Esses ingressos aparecem então nos mercados secundários a preços muito mais altos. A UEFA leva a má fama por famílias menos abastadas não terem condições financeiras para ir assistir a uma partida de futebol, porém, nenhuma parte deste dinheiro vai para a UEFA ou para os times. Em vez disso, ele vai para os revendedores de ingressos, alguns dos quais associados ao crime organizado. Dois outros problemas são a falsificação, quando um cambista vende um ingresso falso e também o problema da duplicação, quando um atravessador vende o mesmo ingresso para várias pessoas.

Apesar desses problemas, a UEFA encara as vendas no mercado secundário como uma realidade do seu negócio e uma boa forma de possibilitar a visibilidade em redes sociais bem como a propaganda boca a boca. Canais alternativos têm a função de atingir partes do mercado que a UEFA não atinge; portanto, o objetivo não é o de impedir as vendas no mercado secundário em si mas sim limitar seus aspectos negativos através do uso de um mercado econômico descentralizado. Para esta finalidade a UEFA está se voltando para o blockchain.

A UEFA está trabalhando com a SecuTix e TIXnGO, empresas de tecnologia suíças que fazem parte da Swiss IT do grupo ELCA. A plataforma SecuTix e TIXnGO realizou o seu primeiro teste-piloto para a UEFA em maio de 2018 em Lyon, França. A plataforma foi usada nesta cidade para emitir e gerenciar 20.000 ingressos para a partida final da Europa League da UEFA. Um segundo teste-piloto foi conduzido com 10.000 ingressos para a partida final da Super Copa da UEFA em Tallinn, Estônia, em agosto do mesmo ano. Todas as atenções foram voltadas para o grande prêmio para a solução: a Euro 2020, o equivalente à Copa do Mundo na Europa.[18]

A plataforma funciona da seguinte forma: em primeiro lugar ela solicita ao comprador para baixar o app SecuTix e TIXnGO. O app está conectado a um blockchain e os ingressos são tokenizados para possibilitar que a plataforma registre a compra do ingresso e faça a lincagem dos detalhes de propriedade. Se o dono de um ingresso quiser dá-lo a um amigo ou familiar, ele pode fazê-lo através do aplicativo que, por sua vez, envia o registro da transferência ao blockchain. Quando o portador de um ingresso quiser colocá-lo no mercado livre, as coisas se tornam interessantes. SecuTix e TIXnGO desenvolveram um recurso para que mercados secundários operem dentro do *app* blockchain. A plataforma SecuTix define a margem que os revendedores estão autorizados a cobrar. Essa prática evita preços abusivos e limita os incentivos que os cambistas teriam para participar, mas mantendo o ambiente descentralizado que permite a possuidores de ingressos de todos os tipos – sejam eles indivíduos ou revendedores de ingressos – vendê-los a quem queira comprar.

Como cada transferência de ingresso é registrada no blockchain, a SecuTix e TIXnGO podem rastrear ingressos e descobrir a identidade da pessoa que está entrando no local do evento. Teoricamente, essas informações poderiam ser transferidas para a equipe de segurança e possibilitar que seus agentes impeçam a entrada caso achem que o portador do ingresso seja uma ameaça. Na prática, não está claro como a UEFA pode ou usaria esse recurso. Conforme explicou Frédéric Longate, CEO da SecuTix: "Temos um *workaround* na arquitetura para garantir a manutenção da privacidade do portador do ingresso, sem nenhum tipo de dados pessoais residentes no blockchain, um recurso que permite a nossos clientes cumprirem as normas da GDPR e, ao mesmo tempo, mantendo a capacidade de associar um ingresso a um comprador".[19]

O esforço da UEFA com o grupo ELCA demonstra como o blockchain possibilita a descentralização da tomada de decisão empresarial, especificamente quando relacionada com o modelo de vendas. A solução tecnológica é inspirada em blockchain, mas a combinação das capacidades econômicas e de governança envolvendo o uso de *tokens,* a inclusão de agentes do mercado secundário e a flexibilidade para os portadores de ingressos venderem ou trocá-los livremente (dentro de limites de preço preestabelecidos) empurra a solução no sentido leste ao longo do contínuo de descentralização (Figura 5-3). Ao longo do tempo, a direção poderia apontar ainda mais para leste, já que a solução almeja integrar os mercados secundários de vendas de ingressos e, consequentemente, um número maior de participantes e agentes de mercado com o objetivo de possibilitar uma descentralização mais segura do sistema econômico em torno da venda de ingressos.

Juntos, o Banque de France e a UEFA, mostram algumas maneiras que organizações centralizadas irão experimentar a descentralização para liberar o potencial de novas oportunidades. Embora tenhamos aberto o capítulo com a Golem – uma empresa blockchain nativa – queremos destacar uma realidade de mercado: as startups já estão desenvolvendo alternativas descentralizadas para modelos de negócios existentes.

Um exemplo é a rLoop, organização autônoma descentralizada cujo foco é conectar talentos descentralizados do mundo da engenharia e *design*

FIGURA 5-3

Sistema de venda de ingressos relativamente descentralizado desenvolvido pela UEFA

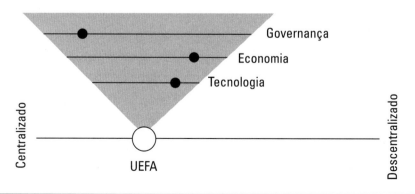

de todo o planeta para criar inovações de engenharia. Esse modelo já rendeu uma premiação à empresa (SpaceX Innovation Award) pelo seu protótipo do Hyperloop, um sistema de transporte de alta velocidade.[20] O concurso SpaceX poderia classificar a rLoop como entidade futurista, porém, o grupo está resolvendo um problema atual de acesso a talentos nos campos da ciência, tecnologia, engenharia e matemática *(STEM,* em inglês).[21]

A descentralização pode ocorrer de duas maneiras. Organizações centralizadas abraçando a ideia de que a necessidade de mudança institucional é capaz de operar mudanças incrementais. Ou então, novas empresas entrando no mercado e que oferecem maneiras alternativas de se gerar valor, impelindo de forma mais intensa no sentido da descentralização.

AMPLIANDO SUA VISÃO SOBRE O VERDADEIRO VALOR DO BLOCKCHAIN

O QUE VOCÊ APRENDEU NESTE CAPÍTULO?

A fase inspirada em blockchain se estenderá até por volta de 2025, quando a maturidade tecnológica e a experiência das empresas permitirão às organizações fazer a transição para soluções blockchain completo. Com que velocidade essa transição ocorrerá e em que nível você irá se beneficiar a partir dela dependerá do quão rápido você irá adotar certo grau de descentralização.

A descentralização não é apenas uma questão de tecnologia. Ela possui oito elementos que divididos em três categorias principais: governança (tomada de decisão, participação e propriedade comercial/supervisão); economia (financiamento e alocação de recompensas) e tecnologia (arquitetura da tecnologia, desenvolvimento de protocolos e governança da rede). Esses componentes determinam como o blockchain define e executa as regras comerciais de uma dada solução; quem pode participar e suas funções dentro da rede e como alocar recompensas aos participantes de acordo com as contribuições feitas.

O QUE VOCÊ DEVE FAZER A ESSE RESPEITO?

Para tirar proveito de soluções de blockchain você precisará fazer experimentos de descentralização. Comece com tomadas de decisão administrativas simples para então ir progredindo para decisões gerenciais e de liderança mais complexas. Vá para operações organizacionais e depois para modelos de negócios organizacionais. Pelo fato de a capacidade para a mudança e a cultura de uma organização serem os maiores focos de resistência, você deve considerar desde o princípio o papel das estruturas de incentivos e recompensas com o uso de *tokens*. Até mesmo organizações muito centralizadas podem adotar alguns princípios de descentralização e criar uma base para novos sistemas econômicos. Resista à tentação de esperar e ver o que acontece no ramo de atividade de sua empresa. Vinte anos de experiência com disrupção digital revelam um padrão na forma que ex-dirigentes colapsam. Eles fracassam não apenas pelo fato de um novo concorrente entrar no mercado, mas também por este concorrente tirar proveito de um filão de desilusão do cliente que o dirigente ignorou. A sobrevivência e o crescimento dependerão se você irá ou não participar de sua própria destruição criativa.

O QUE VEM A SEGUIR?

O debate sobre centralizar ou descentralizar não é bipolar. O espectro do blockchain mostra um caminho evolutivo. Alguns aspectos mercadológicos, setoriais, empresariais e operacionais talvez ainda tirem proveito de certos aspectos da centralização. Entretanto, à medida que as capacidades do blockchain forem amadurecendo, você encontrará mais oportunidades que irão encorajá-lo a atacar o ponto de inflexão da descentralização e avançar ao longo da descentralização contínua.

No próximo capítulo, avançaremos ainda mais no espectro, examinando soluções blockchain completo e seu papel na propulsão dessa evolução.

CAPÍTULO 6

ACESSO E PARTICIPAÇÃO NO MERCADO

As soluções blockchain completo empregando todos os cinco elementos – inclusive tokenização e descentralização – começarão a ter impacto no mercado em meados da década de 2020. O modelo descentralizado consensual reverte a lógica do "vencedor leva tudo", que vem orientando a economia empresarial há séculos. As consequências, apenas para os dados, poderiam ser enormes, em virtude de como as soluções blockchain completo permitirão aos usuários tokenizar seus dados (e outros ativos) e compartilhá-los seletivamente com consentimento ativo. Ao mesmo tempo, a criação e troca nativas de novas formas de valor possibilitam o surgimento de novos mercados e aumentam drasticamente a liquidez de ativos ilíquidos. Na posição de líder você deve se preparar já.

Alguns futurólogos de setores de ponta já estão se preparando. Por exemplo, muitas startups de blockchain surgiram com modelos comerciais descentralizados. Demos uma prévia de um modelo desses na forma de um blockchain para turistas (Capítulo 4). Entre os modelos similares em desenvolvimento no setor de varejo podemos citar a Bleexy, um mercado descentralizado em que indivíduos, varejistas, atacadistas e fabricantes podem se conectar e fazer negócios diretamente uns com os outros. Um ecossistema desses poderia facilitar negociações mais eficientes entre fabricantes e varejistas e poderia direcionar vendas para os consumidores no modo de micromarcas, como o Dollar Shave Club nos Estados Unidos.

Outra empresa de blockchain varejista é a Buying.com, que aspira conectar vendedores e compradores do mesmo mercado geográfico para compras sob demanda com prazos curtos entre o pedido e a entrega. A companhia está rodando projetos-piloto em quatro áreas do estado de New Jersey, nos EUA.

Se a Bleexy e Buying.com estão almejando se tornar uma resposta blockchain à Amazon ou ao Tmall, então o OpenBazaar é a resposta para o eBay ou TaoBao. O OpenBazaar começou como um experimento *hackathon* para criar uma alternativa descentralizada ao centralizado e agora defunto mercado na *dark Web* chamado SilkRoad.[1] Hoje em dia o Open-Bazaar se apresenta como uma alternativa gratuita, segura e anônima às plataformas digitais. Desde seu lançamento em 2016, ele tem atraído, segundo se informa, mais de 75% dos vendedores.[2]

Essas soluções emergentes e outras dependem das mesmas moedas que impulsionam as plataformas digitais, mas elas fazem isso com transparência. A inclusão da tokenização combinada com a descentralização em seu desenho, permite a elas proporcionar os mesmos benefícios que atraem consumidores e vendedores para as plataformas *on-line* mas sem forçar os participantes a pagarem o dobro para usá-las – outrora na forma de dinheiro real gasto na compra de um artigo ou então em taxas de transação e, mais uma vez, na forma de dados pessoais ou organizacionais.

Neste capítulo, exploramos com o que as soluções blockchain completo emergentes poderiam se parecer e como elas poderiam desafiar modelos existentes. Destacamos setores em que os modelos blockchain completo já estão tendo um impacto e demonstramos como o acesso que eles possibilitam poderia ser explorado em termos de vantagem competitiva.

OS BENEFÍCIOS DAS SOLUÇÕES BLOCKCHAIN COMPLETO

O varejo é apenas um setor de grande atividade para startups buscando soluções blockchain completo. Outros setores com forte movimentação de startups de blockchain completo são os de intermediação de anúncios, armazenamento de dados, agenciamento de viagens e *fintechs*. Esses setores têm em comum um elevado grau de digitalização e um subsegmento de clientes preocupados com a exploração de seus dados pessoais. As startups de blockchain estão oferecendo alternativas descentralizadas e consensuais para os modelos centralizados baseados em plataformas existentes.

Um exemplo é o provedor de internet com bloqueio de anúncios baseado em blockchain chamado Brave e que está realizando testes-piloto de uma plataforma de anúncios digital que recompensa os clientes por darem atenção aos BATs (*Basic Attention Tokens*, literalmente, *"tokens* de atenção básica")) quando estes dão seu consentimento para assistir um a anúncio.[3] A BitClave está explorando um modelo similar usando um *token* de atividade do consumidor que recompensa usuários que concordam em compartilhar dados pessoais ou ver um anúncio. A navegação do consumidor e seu perfil de compras não são afetados no sentido de que as pessoas ainda podem se ocupar com seus interesses de navegação na Web de forma desimpedida, mas com recompensas e mais transparência e escolha associada a como eles revelam suas identidades e preferências.

Um ambiente descentralizado poderia produzir algumas melhorias inesperadas na qualidade dos dados. O blockchain é popularmente conhecido como a *máquina da verdade*, uma expressão problemática já que os dados podem ser incompletos, imprecisos, tendenciosos, específicos a um contexto ou que podem induzir a erros. Em uma plataforma digital, a "verdade" é estabelecida pelo acúmulo de dados ao longo do tempo sobre o que os clientes procuram ou compram para então executar segundo essa visão. Reconhecidamente, esses dados incluem um bom número de produtos e esse número é cada vez maior, mas ele ainda é apenas uma parte da totalidade das necessidades e preferências dos clientes. Qual de nós não teve a experiência de dar uma olhada em algum produto interessante que aparece nas laterais de uma plataforma Web, apenas para ter anúncios deste produto te perseguindo por semanas quando você navega na Internet? As plataformas usam essa versão manipulada da verdade para induzir os clientes no sentido de agir de certo modo, levando-o a fazer compras.

Uma verdade precisa, transparente e privada tornada factível pelo uso de soluções blockchain completo poderia causar a disrupção do poder de mercado das plataformas digitais e, ao mesmo tempo, aumentando a confiança e possibilitando oportunidades e participação disseminada. O algoritmo de consenso habilita a "verdade" em soluções blockchain completo.

O algoritmo rejeitará transações baseadas naquilo que ele percebe como dado impreciso ou não verificável permitindo aos participantes transacionar, mesmo não conhecendo implicitamente ou confiando em seus correlatos. Os participantes que não seguirem as regras do blockchain não serão autorizados a transacionar. Transações que vão contra essas regras não serão validadas. Além disso, a imutabilidade dos registros permite a um participante acessar o registro da transação para resolver qualquer controvérsia após a liquidação. As soluções inspiradas em blockchain não têm, necessariamente, esses mecanismos de segurança ou, caso os tenham, são mais onerosos e complicados.

Uma melhor precisão e validação consensual poderiam gerar amplos benefícios na forma de equidade, em particular quando esta se aplica a acesso e participação justos. Qualquer um ou qualquer coisa pode interagir ou transacionar em uma rede blockchain completo desde que a parte adira às regras compartilhadas da rede. Desta maneira, as soluções blockchain completo concretizam a promessa de acesso equânime, conceito que fazia parte da World Wide Web em seu início. Estamos longe desta promessa atualmente dado o poder de plataformas digitais que atuam como guardiões.[4] Para aumentarem suas receitas, as plataformas captam a maior quantidade possível de dados e limitam o acesso a concorrentes que possam ter os mesmos recursos. Essa captação e controle dão motivação à descentralização reversa (Figura 6-1). As soluções blockchain, pelo contrário, expandem a gama de participantes a qualquer um que veja valor nelas. Embora o blockchain não produza um campo inexplorado com participação bem aberta, ele aumenta a participação e encoraja a distribuição justa dos benefícios.

Acesso justo refere-se não apenas ao direito de participar, mas também à habilidade prática de poder fazê-lo. O compartilhamento eficiente, seguro e privado de informações de identificação encoraja muito a participação. Credenciais de identidade portáteis e descentralizadas servirão como a maneira padrão de as soluções blockchain completo captarem e compartilharem informações dos participantes. Em um ambiente blockchain completo, tais credenciais muitas vezes são *tokens* que captam informações relevantes de um usuário. (O método técnico para captar credenciais vai mudando ao longo do espectro.) Os *tokens* podem ser armazenados em uma carteira digital. Os proprietários de dados podem então compartilhar

FIGURA 6-1

Programabilidade *versus* descentralização com blockchain completo

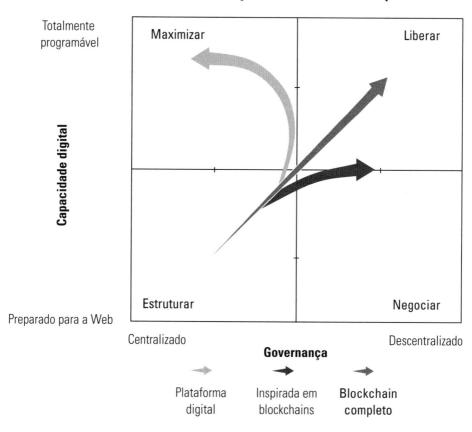

seus *tokens* para serem usados uma única vez por parceiros comerciais designados. Autorização para acesso seria uma das aplicações para *tokens* de dados pessoais. As credenciais de uma pessoa podem identificá-la como proprietária válida de uma conta financeira, por exemplo.[5]

Esse método poderia ter larga aplicação em vários setores. Conversamos recentemente com representantes do TMUH (Taipei Medical University Hospital) e que está inserindo dados de pacientes em um blockchain para permitir uma gestão e compartilhamento mais holístico dos prontuários médicos.[6] O TMUH vê potencial em dar controle aos pacientes sobre seus "passaportes de saúde" para aumentar a proteção de documentos e possibilitar o compartilhamento mais eficiente de informações. Após o consentimento do paciente ser captado por um contrato inteligente, os provedores poderão ter acesso a relatórios de exames solicitados por outro médico no hospital e, consequentemente, evitar a duplicação desnecessária de exames. Os pacientes também poderão compartilhar seus passaportes com planos de saúde que trabalham fora do sistema hospitalar. De acordo com o superintendente do TMUH, Dr. Ray-Jade Chen, "os benefícios têm sido impressionantes, mesmo para o pequeno número de pacientes-piloto no sistema. Costumava levar três semanas para uma troca de registros médicos; agora essa mesma troca pode ocorrer num prazo de três horas. Da mesma forma, despesas médicas desembolsadas pelo paciente são reembolsadas mais rapidamente pelos planos, pois a necessária troca de dados é mais completa e eficiente".[7]

Portabilidade é outra característica importante. No exemplo do TMUH, os pacientes se beneficiam por terem um prontuário médico portátil e que pode ser usado em planos de saúde e com pagadores. Para as empresas, uma licença ou credencial portátil poderia diminuir violentamente o custo de se fazer negócio. Em vez de passar por processos de credenciamento distintos para cada parceiro de canal, uma empresa poderia documentar os detalhes relevantes apenas uma vez, armazená-los em um *token* de identidade e compartilhá-los através de redes. Empresas locais, de pequeno porte ou especializadas poderiam, consequentemente, expandir seu acesso a mercados. Em vez de concentrar sua atividade digital em uma única plataforma, empresas e indivíduos poderiam participar de várias plataformas e disseminar seus dados nelas.

Outro elemento de equidade nas redes blockchain completo é a avaliação justa de valor, que se baseia no consenso de toda uma rede e, portanto, resultando em preços justos. Avaliação e preço justos serão resultantes do acesso mais justo aos mercados. Uma participação mais ampla e uma distribuição de poder e benefícios mais equilibrada entre plataformas, desenvolvedores de produtos e clientes. Conforme descrito no Capítulo 4, sinais precoces dessa dinâmica estão surgindo no setor de *games,* impulsionados por alternativas blockchain para varejistas de *games,* como a EB Games, Sony, Nintendo, Apple, Google e Microsoft. Empresas de blockchain prometem aos desenvolvedores pagamentos maiores e mais rápidos pelas vendas de *games.*

Os contratos inteligentes permitiriam avaliação e troca de valor justas através da captação de regras sobre propostas aceitáveis e perguntariam quais seriam os preços e condições para a troca de certos valores. Soluções de mercado de predição como Gnosis, Delphy.org, Stox, Hivemind e Augur poderiam ter um papel importante ao permitir que participantes votem sobre as atividades de mercado e obtenham acesso a informações mercadológicas relacionadas a preço e valor.

Longe de serem apenas teóricos, esses elementos de equidade estão surgindo em alguns setores que estão adotando abordagens descentralizadas em geral e, mais especificamente, blockchain. O setor financeiro, uma área de ativa experimentação, merece ser olhado mais de perto.

INOVAÇÃO FINANCEIRA ATRAVÉS DE SOLUÇÕES BLOCKCHAIN COMPLETO

Os bancos centrais exercem total controle sobre a oferta monetária, taxas de juros e o contrato social e a regulamentação dos bancos comerciais. A centralização vai descendo até chegar ao nível dos clientes, resultando em opções limitadas para as empresas (e clientes varejistas) que precisam de financiamento para lançamento ou crescimento. Um empreendedor poderia seguir o conselho do bilionário e estrela do *Shark Tank*, Mark Cuban, cuja opinião ficou famosa ao dizer que "a melhor ação para se investir não são aquelas da Bolsa de Valores, mas sim aquelas provenientes do seu trabalho. Quanto mais você conseguir fazer sem levantar fundos, mais longe você irá e mais de uma companhia você terá".[8] Ótimo conselho, mas não factível para toda empresa, especialmente aquelas em setores que exigem investimentos iniciais em estoque de materiais ou em desenvolvimento de produto. Esses setores precisam de capital.

Acredita-se que a falta de acesso a capital seja uma das principais restrições para o crescimento das empresas ao redor do mundo.[9] Os empreendedores podem financiar seus empreendimentos com economias pessoais ou empréstimos e investimento de amigos ou parentes, ou então, podem procurar financiamento na forma de endividamento ou participação societária do setor financeiro. Sempre existiram, e ainda existem, fontes de financiamento informais como emprestadores (alguns funcionando de forma legal, outros como agiotas) e grupos de poupança. Em algumas comunidades, essas fontes informais são mais comuns do que em outras. Mas para grandes quantias, empreendedores incipientes com aspirações de rápido crescimento e com necessidade de grandes capitais, normalmente recorrem a bancos comerciais e, desde os anos 1970, a fundos de capital de risco ou investidores anjos.

As fontes formais apresentam suas limitações. Primeiramente, elas são centralizadas e, portanto, escassas. Dependendo do ambiente, um empreendedor poderia ter uma dezena de provedores para os quais recorrer em busca de recursos. Em segundo lugar, as fontes de financiamento formais são caras. Cada entidade creditícia ou investidor tem suas próprias demandas em termos de taxa de juros, cota ou cronograma para pagamento. Devido aos grandes volumes e repetidas operações para levantar capital, os fundadores têm de ceder uma participação cada vez maior da empresa que criaram.

Certamente não somos o primeiro a apontar que as finanças são o terreno fértil para a descentralização. No final dos anos 1990, o banco de investimentos com sede em São Francisco, WR Hambrecht + Co introduziu um modelo holandês para realização de leilões para IPOs (oferta pública inicial) como uma forma de dar acesso a novas ações a investidores individuais a fim de quebrar o monopólio que as instituições desfrutam desde os anos 1980.[10] A Spring Street Brewing foi uma das primeiras companhias a abrir o capital com esse modelo.[11] A diferença entre antes e agora é que a tecnologia hoje em dia é mais barata, com capacidade muito maior e mais amplamente distribuída e acessível.

A tecnologia digital já foi usada para facilitar a descentralização do sistema financeiro. Plataformas de financiamento coletivo (*crowdfunding*) oferecem um modelo com adesão significativa. Como exemplos dessas plataformas temos 51Give, Ketto, Indiegogo e Kickstarter ou até mesmo a Kiva para microcrédito. Em 2017, as plataformas para *crowdfunding* levantaram cerca de US$ 33 bilhões em todo o mundo.[12] Considerando-se os US$ 84 bilhões em capital de risco levantado apenas pelas empresas americanas, o *crowdfunding* claramente jamais pretendeu substituir fontes tradicionais, mas sim, preencher as lacunas que os financiamentos tradicionais não atendem.[13]

Em 2013, o modelo de *crowdfunding* estabelece uma nova aplicação na forma de ICOs (*Initial Coin Offerings*, oferta inicial de moedas) executada em um blockchain. Conforme discutido no Capítulo 4, as ICOs foram uma das primeiras aplicações largamente difundidas de *tokens* em soluções blockchain. Acredita-se que a Mastercoin – uma criptomoeda construída no blockchain Bitcoin – tenha lançado sua primeira ICO em 2013.[14] Em seguida veio a ICO da Ethereum, em 2014, que levantou mais de US$ 2 milhões nas primeiras doze horas. Em 2017, o mercado de ICOs se expandiu tremendamente com cerca de noventas ofertas ocorridas no ano-calendário, num total de mais de US$ 6 bilhões. Em 2018, houve mais de mil e duzentas ICOs, levantando mais de US$ 7,5 bilhões.[15]

Teoricamente, as ICOs sintetizam a promessa das soluções blockchain completo como habilitadoras do acesso e troca de valores justos. Elas fazem isso ao expandirem o acesso a financiamentos a uma variedade maior de empreendedores-aspirantes do que poderiam ou seriam atendidos por bancos comerciais, anjos ou fundos de capital de risco. Um maior acesso também amplia o aspecto da oferta. As ICOs possibilitam a qualquer investidor apoiar um empreendedor em praticamente qualquer nível, até mesmo em incrementos inferiores a US$ 0,01. Ambas as partes se beneficiam de uma troca de valor mais justa a um preço mais justo dentro de um sistema que pega um pouco de dinheiro de um grande número de participantes. O uso de contratos inteligentes como parte do processo também facilita um fluxo de transações mais preciso e com possibilidade de ser auditado. Todos esses elementos quebram o monopólio que o setor financeiro formal tem sobre o capital. Consequentemente, os financiamentos descentralizados levam a uma redução do custo de capital, permitindo uma troca mais equitativa (pelo menos, teoricamente).

CONTRATOS INTELIGENTES COMO INSTRUMENTOS REGULADORES

Antes de explorarmos como estas dinâmicas estão se dando na prática, gostaríamos de tocar brevemente na questão dos mecanismos que dão apoio às soluções blockchain completo e que garantem equidade e segurança para os seus participantes. Conforme explicado em nossa discussão sobre criptomoedas, a ausência de um contrato explícito entre usuários e plataformas digitais possibilitou a estas últimas a captação e o armazenamento de volumes ilimitados de dados. A presença de um contrato serviria para esclarecer e especificar o que os participantes ganham em troca. A ideia de contratos inteligentes surge em 1994 com Nick Szabo, cientista da computação e criptógrafo ao qual se credita a criação de um precursor do *bitcoin*.[16] O Ethereum foi um dos primeiros blockchains a empregar contratos inteligentes; hoje em dia eles são o padrão através dos quais muitos blockchains executam regras.

Um contrato inteligente simples capta regras e padrões básicos para possibilitar uma transação autônoma não hierarquizada. Trocas mais complexas envolvendo várias partes ou fluxos de informação complicados usariam, em seu lugar, uma tecnologia mais sofisticada denominada *dapp* (*decentralized application*, aplicação descentralizada). As *dapps* são aplicações que usam contratos inteligentes acrescidos de código para permitir a troca de ativos digitais (*tokens*) envolvendo computação *back-end* e acesso *front--end*. Correndo o risco de simplificarmos demais a questão, um contrato inteligente seria usado se uma transação fosse algo simples como duas partes trocando *tokens* de dados. Uma *dapp* seria usada para possibilitar que, digamos, um pedido de indenização de seguro que faz uma seguradora desembolsar dinheiro para um segurado, envolvendo a troca e o processamento de informações de pedidos de indenização.

Os contratos inteligentes e as *dapps* captam e executam as regras de um blockchain. Tais regras têm a salvaguarda adicional de um blockchain público do mecanismo de consenso para garantir que elas sejam cumpridas equitativamente. Embora a tecnologia para captar essas regras ainda esteja em um estado imaturo, algum dia ela cumprirá a mesma função que a supervisão centralizada realiza hoje – a de salvaguarda. Na realidade, contratos inteligentes, *dapps* e consenso podem ser mais eficazes, baratos e rápidos do que o sistema financeiro mediado e centralizado existente hoje em dia. Mas há uma curva de aprendizagem significativa antes de esta promessa poder ser realizada, conforme demonstra o projeto DAO.

O projeto DAO era uma organização de blockchain descentralizada formada com o objetivo de financiar projetos para criar operações descentralizadas em que cada projeto era votado pelos detentores de *tokens*

DAO.[17] O projeto praticamente não tinha organização alguma e foi concebido para funcionar inteiramente na base do consenso. Em maio de 2016, ele levantou a impressionante quantia de US$ 150 milhões. Porém, no mês seguinte, um dos detentores de *tokens* explorou uma vulnerabilidade no contrato inteligente e no código de rede e desviou o equivalente a US$ 50 milhões. Graças a uma sutileza nas regras da rede, a comunidade foi capaz de bifurcar o blockchain do projeto, congelar a cotação da moeda e liquidar os recursos remanescentes da DAO, em favor dos investidores originais.

O projeto DAO deu provas de que uma ideia particularmente importante para as pessoas é capaz de levantar fundos de um grande número delas sem ter de recorrer ao mercado de capitais tradicional. Mas ele também fica sujeito à imaturidade dos mecanismos subjacentes ao financiamento descentralizado, não apenas à falta de um recurso regulatório. O culpado no incidente com o projeto DAO foi o contrato inteligente operante no seu blockchain. As ICOs foram vítimas de problemas mais simples que iam de manipulação de moedas antigas a outros meios ilegais.

OS RISCOS E OS BENEFÍCIOS DAS ICOs

O impacto das ICOs na descentralização financeira se reflete no grande volume de empresas que adquiriram capital através de *crowdfunding* impulsionado por blockchain. O problema também é revelado pelo alto índice de quebra de empreendimentos lastreados por ICOs. Sondagem realizada por pesquisadores do Boston College revela que 56% das startups que emitem ICOs saem do mercado em um prazo de quatro meses após finalizarem as vendas de *tokens*.[18] Esse índice de quebra não é surpreendente dado que a grande maioria das startups com recursos provenientes da injeção de capital de risco ou capital-semente não consegue garantir mais financiamento e acaba fechando. Entretanto, o ritmo acelerado do cronograma levanta questões sobre se estas companhias tinham ou não uma ideia suficientemente sólida para serem apoiadas por financiamento.[19]

As ICOs têm chamado muito a atenção de empreendedores e investidores legítimos, mas também de fraudadores e especuladores. Algumas fraudes foram praticadas por pessoas que se declaravam empreendedores.

Uma ideia apelativa associada a *marketing* competente pode atrair investidores a participar de uma ICO, resultando em milhões de dólares para a organização emissora, mesmo quando esta organização é vaga em relação ao que se destinam esses milhões de dólares. Uma legislação limitada tem permitido que tal ambiguidade persista.

Conforme observado no Capítulo 4, os *tokens* caem em diversas categorias. Os *tokens* para valores mobiliários representam um investimento em ações de uma empresa, análogo às ações em uma IPO. Ao contrário, os *tokens* utilitários supostamente seriam uma garantia para o portador acessar uma solução de tecnologia. Mas poucas das primeiras ICOs tinham um contrato associado exigindo que a companhia emissora gerasse um produto. Consequentemente, muitas ICOs não produziram nada. Até mesmo ideias legítimas promovidas por empreendedores honestos podem ser vítimas de manipulação de ICOs, particularmente campanhas de "bombeamento e descarga" promovidas por investidores que inflam o preço de suas moedas através de falsas insinuações para depois vendê-las a um preço maior do que o adquirido e inundar o mercado com elas, o que provoca uma queda brusca em sua cotação. No meio deste assunto de ICOs e manipulação também se misturam os "lançamentos aéreos" de criptomoedas, uma distribuição gratuita única de *tokens* para as carteiras de determinados beneficiários; essa distribuição tenta criar liquidez e despertar o interesse por um *token* e seu blockchain correspondente. Eles são o equivalente em blockchain de uma campanha promocional para o varejo.[20]

Muitos empreendedores operando dentro desse mercado cheio de alvoroço e ambiguidade são empresários honestos em busca de opções alternativas para financiar a criação da empresa de seus sonhos. A elevação no preço da *bitcoin* e Ethereum ajudou muitos deles a enxergarem a promessa de acesso descentralizado a financiamentos. Mesmo assim elas têm sido, e continuarão a ser, motivo de preocupações crescentes. A queda brusca no valor das criptomoedas reduziu a febre pelas ICOs, resultando em um número bem menor de ICOs na segunda metade do ano do que aquele da primeira metade. Empresas que já completaram suas ICOs mas ainda não transferiram recursos para moedas fiduciárias viram o valor da ICO inicial cair significativamente.[21] Algumas dessas empresas hoje estão sem capital de giro suficiente para prosseguirem em suas atividades. Outras estão redesenhando seus planos estratégicos em uma conjuntura de recursos mais restritos.

Nenhum desses problemas reduz o potencial das ICOs. Pelo contrário, o período de 2017 a 2018 foi uma prova de conceito útil para financiamentos descentralizados. Acrescentar programabilidade na propriedade de uma companhia muda radicalmente os modelos para criação de ativos, investimentos e trocas. Os casos bem ou malsucedidos de ICOs mostram que a desintermediação financeira alargada pode expandir o acesso a financiamentos e sua concretização. As ICOs até parecem ser lucrativas para investidores. O relatório do Boston College citado anteriormente descobriu que investidores auferiram, em média, um retorno de 86%; os pesquisadores também sugeriram que as ICOs fraudulentas, embora concretas, tiveram um impacto mínimo pois os investidores as detectaram e não dotaram essas ICOs de recursos suficientes às suas necessidades.

Aquele *frisson* das ICOs no período de 2017 a 2018 também enfatiza que as empresas precisam de um plano de negócios sólido e liderança efetiva. Ter acesso a financiamentos não é o último dos desafios enfrentados por uma empresa. O fracasso de um número tão grande de organizações após uma ICO sugere que alguns de seus fundadores não estavam bem preparados para administrar uma empresa. Para se tornar sustentável, uma plataforma ou solução blockchain precisa atrair clientes e atendê-los em escala.

As ICOs também não se destinam exclusivamente às startups. Organizações já bem estabelecidas estão tirando proveito delas também, normalmente para financiar iniciativas de descentralização. Para essas empresas, as ICOs representam uma oportunidade de engajar clientes existentes e potenciais em novas iniciativas (sujeitas à regulamentação). Quando as empresas obtêm recursos do mercado de usuários, elas podem solidificar a fidelidade e fazer com que os clientes se sintam mais empoderados no sucesso de um produto ou serviço. Emissões de *tokens* executadas por organizações já estabelecidas normalmente são conhecidas por *ICOs "invertidas"*.*

---

* As ICOs 'invertidas', como elas passaram a ser chamadas, usam o processo de uma oferta inicial de moedas para tokenizar ou descentralizar uma empresa, obter investimento adicional ou lançar um braço baseado em blockchain de uma empresa tradicional. Em termos simples, enquanto uma ICO 'tradicional' busca obter rapidamente recursos para iniciar ou lançar uma empresa ou projeto blockchain, uma ICO 'invertida' vê uma firma já estabelecida no mercado levantar fundos para descentralizar ou abrir o leque de sua carteira de investidores. Fonte: www.coininsider.com/what-is-a--reverse-ico/ (N.T.)

O *app* canadense para envio de mensagens, Kik, criado em 2009, realizou uma ICO "invertida" em 2017.[22] Com aproximadamente trezentos milhões de usuários registrados, o Kik compete com o WhatsApp, Facebook Messenger e WeChat, usando o mesmo modelo impulsionado por anúncios. A companhia canadense levantou recursos significativos por meio de fontes tradicionais porém, em 2017, decidiu evoluir sua solução para um modelo blockchain completo que é tokenizado e descentralizado. Para tal finalidade, a Kik realizou uma ICO "invertida" e vendeu cerca de US$ 100 milhões em Kin *tokens*, que também são usados na plataforma para incentivar e recompensar usuários quando estes interagem entre si. Ted Livingston, CEO da Kik, disse: "Nossa visão fundamental para a Kik é ela ser um das centenas ou milhares de serviços digitais disponíveis para Kin. E se conseguirmos que todos estes desenvolvedores integrem o Kin, para depois, na posição de consumidor, poder ganhar e gastar Kin em todos esses lugares?"[23]

A Kik não é a única companhia que está tentando essa abordagem. A Kodak fez experimentos com a ICO KodakCoin em 2018 como parte da plataforma de gestão de direitos KodakOne, desenvolvida para fotógrafos monetizarem e monitorarem direitos autorais de seus trabalhos digitais.[24]

REGULAMENTAÇÃO DE FINANCIAMENTOS DESCENTRALIZADOS

As criptomoedas e o consequente advento das ICOs operaram em grande parte fora do domínio da regulamentação governamental. Estes dias parecem ter acabado.[25] As mal definidas regras em torno das ICOs estão rapidamente sendo organizadas sob a mira atenta de órgãos reguladores. Alguns países, como China e Coreia do Sul, baniram categoricamente as ICOs e estão atuando com mão de ferro em atividades com criptomoedas. Outros países estão adotando uma abordagem mais inclusiva.[26] Sem nenhuma política padrão que se aplique internacionalmente, a ideia de um mercado de capitais globalmente descentralizado e que opere totalmente em um blockchain é puramente teórica.

Para as ICOs, os Estados Unidos estão começando a regulamentar valores mobiliários tokenizados segundo as diretrizes da SEC (*Securities and*

Exchange Commision, Comissão de Valores Mobiliários).[27] Outros países, como Canadá, França e Alemanha, estão examinando as funções dos *tokens* para determinar se um dado *token* é um *token* de valores mobiliários, utilitário ou de outro tipo e o estão regulamentando de acordo. Por exemplo, órgãos regulamentadores franceses aprovaram o projeto de lei PACTE, que inclui uma cláusula que encorajaria os emitentes de *tokens* a obterem um visto para operarem no país.[28]

Tokens que claramente são valores mobiliários tokenizados serão cada vez mais emitidos no modelo híbrido IPO/ICO chamado STO (*Security Token Offering*, oferta de valores mobiliários tokenizados).[29]

Os contratos envolvendo STOs são mais estruturados do que aqueles para ICOs, com exigências definidas que dão certo amparo legal a emitentes e investidores. As STOs também serão mais regulamentadas e (dependendo da jurisdição) estarão limitados a investidores acreditados. Uma regulamentação maior poderia atingir duramente a participação descentralizada.[30] Contudo a regulamentação também poderia possibilitar a criação de títulos mais variados facilitando a comercialização tanto de ativos do mundo físico quanto digitais, como os dispositivos de Internet da Coisas e os dados que eles produzem.

As STOs se aplicariam apenas à emissão de valores mobiliários tokenizados. As ICOs continuariam a ir em frente com os *tokens* utilitários, porém, os contratos inteligentes operando a ICO incluiriam, em um futuro mais regulamentado, exigências tanto para o emissor quanto para o detentor do *token* que definam quem recebe o quê na troca.

O caminho no sentido da descentralização das finanças também deve considerar as moedas estáveis. Pelo fato de elas visarem estabilizar a volatilidade das criptomoedas, as moedas estáveis participam indiretamente da descentralização das finanças criando, ao mesmo tempo, ainda mais um problema regulatório relacionado às criptomoedas. Os órgãos reguladores precisam adotar uma visão holística da regulamentação do mercado. Há sinais indicando que alguns órgãos reguladores pretendem fazer exatamente isto. Nos Estados Unidos, por exemplo, o Departamento de Justiça e a Comissão Reguladora do Mercado de Mercadorias e Futuros estão explorando o papel da moeda estável Tether como uma ferramenta para intervir nos mercados de criptomoedas, notadamente a negociação de *bitcoins*.[31]

A MOVIECOIN E FINANÇAS
DESCENTRALIZADAS ALÉM DAS ICOs

A propaganda, a atividade e o dinheiro girando em torno das criptomoedas e das ICOs dão um estudo de caso sobre como o modelo blockchain completo pode reverter velhas regras. A startup MovieCoin está procurando aplicar essa abordagem para o financiamento de filmes de orçamento altíssimo do tipo Hollywood.

A produção daqueles filmes que exigem elevados investimentos se parece bastante com o financiamento de pequenas empresas bancadas por capital de risco já que ambos dependem de enormes volumes de capital financiados por um pequeno grupo de grandes investidores. Na indústria cinematográfica, cada participante envolve o seu próprio departamento jurídico para criar e revisar toneladas de contratos cobrindo vários aspectos do projeto criando, consequentemente, custos adicionais. O capital fica então amarrado por anos antes de alguém obter algum retorno. Há outra camada de contratos e licenciamento a fazer com a distribuição nos cinemas e através de DVDs ou *streaming*.

A MovieCoin está trabalhando em alternativas financeiras descentralizadas para tornar mais líquidos tanto o aspecto da produção quanto o da distribuição da cadeia de valor. A companhia foi lançada em 2017 e vem desenvolvendo uma plataforma blockchain e um *token* MOV para automatizar a coleta de pagamentos e a distribuição de filmes em produção. MOV é um *token* utilitário desenvolvido para facilitar a gestão de fluxo de caixa e de desembolso financeiro. Combinados com os contratos inteligentes rodando na plataforma MovieCoin, os *tokens* irão, teoricamente, facilitar os pagamentos e eliminar prestadores de serviços terceirizados de modo que os contribuidores envolvidos (incluindo atores e outros profissionais da área de criação que muitas vezes esperam anos para ver a cor do seu dinheiro) poderão ser pagos mais rapidamente. Os consumidores poderiam até adquirir *tokens* MOV e usá-los para comprar ingressos de cinema. Uma pré-venda de MOVs em 2018 teve uma resposta bastante positiva, descartando a venda pública dos *tokens*.[32]

Em 2019, a MovieCoin planeja lançar outro *token*, o MSF (Movie-Coin Smart Fund), um *token* para valores mobiliários desenvolvido para permitir que investidores acreditados invistam na compra e produção de

ACESSO E PARTICIPAÇÃO NO MERCADO

conteúdo de filmes originais estilo Hollywood. Seu fundador, Christopher Woodrow, ex-banqueiro de investimentos e financiador de filmes, nos disse que a MovieCoin planeja financiar sessenta filmes em seis anos.[33] O MSF possibilita efetivamente a digitalização e descentralização da propriedade do filme. Através dele, uma nova classe de investidores acreditados pode ter a propriedade sobre parte do filme. Em uma entrevista à revista *Forbes*, Woodrow disse: ""Uma das coisas fundamentais a serem consideradas é o acesso. Anteriormente, para se investir em filmes hollywoodianos, alguém tinha que aparecer com um cheque de US$ 50 milhões para ser levado a sério. O emprego da tecnologia blockchain pode abrir uma categoria inteiramente nova de investidores acreditados que, anteriormente, não podiam fazer isto".[34]

Um investidor também pode negociar suas ações em um mercado de criptomoedas antes de o filme sair da produção. Em vez de limitar o acesso e reter investimentos, os *tokens* MSF na plataforma MovieCoin poderiam expandir a participação de investidores e aumentar a liquidez no mercado. Embora a companhia tenha apenas planos de ICOs para o *token* utilitário MOV e, em 2019, para o *token* MSF, Woodrow imagina que, no futuro, sua plataforma poderia possibilitar *tokens* específicos a um dado projeto.

SWARM FUND

A Swarm Fund é outro exemplo de uma empresa buscando utilizar a tokenização juntamente com a descentralização para oferecer a investidores novas possibilidades de acessar e negociar valores. Esta startup de blockchain sem fins lucrativos criou o que ela denomina *blockchain para participação privada*. O objetivo é democratizar os investimentos, permitindo a investidores individuais comprarem ativos que normalmente estão disponíveis apenas para instituições. Participação acionária, bens imóveis, desenvolvimento de infraestrutura e recursos naturais são todas áreas de investimento que a Swarm espera abrir para um público muito mais amplo. Estes setores normalmente exigem um investimento mínimo que está fora do alcance de todos, exceto os mais ricos. O Swarm Fund acessa os setores possibilitando que usuários adquiram *tokens* SWM, que a organização combina em um "enxame" de investidores capaz de adquirir um bloco de tamanho institucional. Se bem-sucedido, o modelo da Swarm poderia não apenas desafiar o domínio de grandes companhias de fundos mútuos e fundos hedge para um público consumidor maior de investidores, mas também desintermediar parte do setor de gestão de investimentos. Por exemplo, ao tornar transparentes as taxas e a estrutura de formação de preços dos fundos e oferecer uma visão mais detalhada sobre as carteiras de investimentos, a startup poderia criar um modelo operacional mais descentralizado para a gestão de fundos bem como rearranjar o cenário competitivo.

O DESTINO DAS SOLUÇÕES DESCENTRALIZADAS

À medida que a tecnologia for amadurecendo de modo a possibilitar soluções blockchain completo bem como as organizações forem experienciando tomadas de decisão, processos e modelos de negócios descentralizados, a proposição de valor de soluções inspiradas em blockchain e outras abordagens centralizadas mudarão. Há uma série de cenários que poderiam surgir no mercado.

Algumas das soluções inspiradas em blockchain que irão ao ar em meados de 2020 ganharão aceitação e sobreviverão para se tornarem padrões, mesmo que as organizações adotem modelos mais descentralizados. Por exemplo, um consórcio de banqueiros na área de investimentos poderia desenvolver um blockchain para IPOs mesmo que o ambiente ICO descentralizado evolua, com cada modelo atendendo diferentes níveis, setores ou sensibilidade do mercado de financiamento.

Soluções blockchain completo afetarão diferentemente soluções inspiradas em blockchain existentes, dependendo do arquétipo das soluções inspiradas. Pelo fato de pouquíssimas soluções MDPO virem a se transformar em operacionais ou sobreviverem, no momento em que soluções blockchain completo forem possíveis, apenas alguns para não dizer nenhum desses arquétipos existirão. De forma contrastante, soluções oportunas desenhadas para automatizar um processo interno ou setorial ainda serão relevantes desde que o processo o seja. Por exemplo, soluções como a nova plataforma de negociação que a bolsa de valores australiana está desenvolvendo para substituir o CHESS provavelmente serão provenientes do arquétipo oportuno (veja o Capítulo 2). Entretanto, tais soluções não permanecerão estáticas. Soluções oportunas construídas por consórcios ou desenvolvidas para utilização entre os diversos departamentos de uma empresa poderiam dar uma guinada no sentido da centralização caso sejam bem-sucedidas, atraiam usuários e comecem a consolidar dados relevantes para os processos de negócios. Elas poderiam, alternativamente, tornar-se descentralizadas desde que as decisões geridas pela solução sejam captadas e executadas por um contrato inteligente. As soluções inspiradas em blockchain construídas para serem evolutivas ou nativas terão maiores chances de continuar a ser relevantes e coexistentes com soluções blockchain descentralizadas, desde que os modelos de negócios ou ativos digitais que elas promovem continuem a despertar interesse no longo prazo.

O que dizer de outros ambientes digitais descentralizados? A Amazon, o Facebook, Google, Tencent, Airbnb e Uber continuarão a manter tanto poder quando existem alternativas blockchain completo? À medida que a digitalização acelera, as plataformas digitais continuarão, sem dúvida nenhuma, a captar grandes volumes de dados para alimentar seus algoritmos e desenvolver novos produtos. A tokenização de dados pessoais em muitas soluções blockchain completo permitirá aos clientes manter a privacidade de seus dados em ambientes digitais, mas independentemente de os clientes desistirem da conveniência e velocidade que conseguem usando plataformas digitais em troca de um incômodo de curta duração, é uma pergunta que fica em aberto. Uma proposição de valor consistente associada a incentivos na forma de *tokens* serão necessários para fazer com que a atividade de clientes passe das plataformas digitais para alternativas com uso de blockchain.

Há uma reação para contrabalançar ao longo do contínuo da descentralização. Toda vez que uma empresa tiver um controle significativo sobre as moedas de negociação (dados, acesso, contratos e tecnologia) de um dado setor – notadamente através da mobilização de plataformas digitais, IA e Internet da Coisas – a descentralização providencia um mecanismo de defesa. A descentralização impede que uma empresa detenha para si uma quantidade suficiente de dados para ela fazer correlações, identificar padrões e controlar resultados de negócios. Um grande número de empresas com ambição a alcançar soluções blockchain está desenvolvendo soluções que permitem a indivíduos interessados em manter controle sobre suas informações e suas participações na proposição de valor.

Um setor engajado em rápida experimentação é o de viagens. Plataformas digitais como Airbnb demonstraram claramente o potencial de se fazer dinheiro através da economia de compartilhamento para acomodações para viajantes. Uma série de novos empreendimentos está explorando alternativas blockchain para ver se a economia de compartilhamento consegue operar dentro de um modelo que distribua valor de forma mais equitativa. Startups como Cool Cousin, Beenest e LockTrip são algumas das primeiras tentativas de provocar disrupção nas plataformas digitais com opções descentralizadas no setor de alojamento e alimentação.

O modelo da Cool Cousin recompensa pessoas do local por fornecerem dicas de seus locais, atividades e restaurantes favoritos; a companhia consegue se integrar a *apps* ou sites Web sobre hotéis e pode funcionar como um recepcionista para visitantes. A Beenest está buscando superar a Airbnb se apresentando como uma opção descentralizada para compartilhamento de casas/apartamentos. A solução da Beenest usa o Bee Token para liquidar todas as transações dentro do seu sistema evitando, portanto, taxas de câmbio. O sistema também usa *tokens* para recompensar locatários e visitantes por bom comportamento (criando assim reputação) e como uma ferramenta para solucionar litígios.[35] De forma similar a LockTrip oferece uma solução descentralizada para fazer reservas em hotéis ou imóveis privados, sem pagamento de taxas de comissão.[36]

AMPLIANDO SUA VISÃO SOBRE O VERDADEIRO VALOR DO BLOCKCHAIN

O QUE VOCÊ APRENDEU NESTE CAPÍTULO?

A fase blockchain completo do espectro de blockchain começa em meados de 2020, embora tais soluções tenham existido desde o lançamento da *bitcoin* em 2009. De fato, as ICOs que nutriram startups de blockchain em todas as regiões geográficas, mercados e setores de atividade demonstram grande interesse por modelos descentralizados executados uma rede blockchain completo. Entre os primeiros setores a adotar esse modelo temos, obviamente, o financeiro, mas também o varejo, turismo e mídias sociais. As soluções blockchain completo visam empoderar os clientes, dando a eles acesso a uma gama muito maior de oportunidades, mas em um ambiente em que têm controle sobre seus dados e identidades.

O QUE VOCÊ DEVE FAZER A ESTE RESPEITO?

Estar sincronizado com as tendências de mercado permitirá que você regule o ritmo da atividade blockchain completo de sua empresa. Monitore continuamente o mercado de startups de blockchain. Novas empresas de blockchain completo já estão surgindo para provocar disrupção para os líderes de mercado em diversos setores de atividade. Os filões de oportunidade que essas startups esperam explorar indicam algumas das oportunidades disponíveis em que os modelos tokenizados e descentralizados poderiam se radicar e permitir a você ganhar escala.

Além disso, acompanhe a atividade no mercado de ICOs. Embora ele tenha sido ameaçado por dificuldades jurídicas, problemas de liquidez e volatilidade, a maturidade do mercado e uma maior regulamentação poderiam ajudar o setor de finanças descentralizado a se transformar em oportunidade para aumentar o acesso a capital, se aproximar mais dos clientes e, potencialmente, reestruturar custos financeiros.

O QUE VEM A SEGUIR?

A maturação de soluções blockchain completo ocorrerá concorrentemente com outras tendências tecnológicas, inclusive a aplicação cada vez maior da IA e da Internet das Coisas. Quando os blockchains incorporam coisas e algoritmos de autoaprendizagem em seus protocolos, veremos uma maior variedade de ativos que podem ser trocados, transações mais rápidas e maior desembolso dos participantes da rede. As redes até poderiam ser controladas por coisas como agentes algorítmicos que começam a interagir e a transacionar autonomamente em nome de indivíduos e organizações. Vamos explorar esse mundo de soluções blockchain aprimorado no próximo capítulo.

PARTE TRÊS

SOLUÇÕES BLOCKCHAIN APRIMORADO

CAPÍTULO 7

LIBERANDO TODO O PODER DAS COISAS INTELIGENTES

Na atual empolgação em torno do blockchain, é fácil perder de vista as tendências tecnológicas que correm em paralelo, prontas para explodir na próxima década. Entre elas as mais importantes, para o blockchain, a Internet das Coisas (IoT, sigla em inglês) e a IA. Hoje em dia pensamos nas organizações como sendo formadas, basicamente, por pessoas. Contudo, em poucos anos o número de ativos inteligentes em uma organização pode fazer parecer pequeno o número de pessoas, à medida que as organizações incorporam milhões de dispositivos e sensores em seus produtos e infraestrutura. Hoje em dia pensamos em pessoas tomando decisões. Em breve, muitas das decisões serão traduzidas em algoritmos e executadas autonomamente.

A IoT e a IA vão acrescentar novo valor e impulsionar outras inovações. Quando integradas ao blockchain, elas criam um *blockchain aprimorado*, um blockchain em que coisas inteligentes e autônomas se juntam a pessoas como participantes capazes de identificar, criar e negociar ativos digitais. Os inovadores já estão dando passos experimentais no sentido dessas sinergias.

A escassez de moradias criou um mercado de aluguéis ilegais em grandes cidades chinesas. Guardas de segurança podem vir a "alugar" uma

172   O VERDADEIRO VALOR DO BLOCKCHAIN

unidade quando os donos do imóvel estiverem fora da cidade ou os próprios inquilinos têm chances de permitir sublocações ilegais. O problema de fraudes para moradia está forçando a China a tentar uma metodologia diferente. Na cidade de Xioang'an, no norte do país, urbanistas pretendem combater essa fraude e aumentar o acesso à casa própria para inquilinos com o apoio de blockchain. Um representante do Ant Financial explicou a metodologia: "O blockchain será usado para validar que a propriedade é real. Locador e locatário darão o seu consentimento no blockchain sobre os termos e condições da locação. Outro benefício do blockchain é que, quando os inquilinos se candidatam a um empréstimo para a casa própria, eles não precisam envolver várias agências para provar a veracidade de sua locação. Como consequência, essa solução blockchain para locação possibilita aos locatários passarem por uma experiência de locação de imóvel mais conveniente".[1] Xiong'an não é uma cidade qualquer; é uma pequena cidade em fase de desenvolvimento.* Além do emprego de blockchain, ela usa IA e IoT, com potencial para combinar todos os três.[2] Kai-Fu Lee, autor de *AI Superpowers: China, Silicon Valley and the New World Order*, falou dos esforços da empresa de tecnologia chinesa Baidu: "A Baidu já está trabalhando com as autoridades locais de Xiong'an na construção desta Cidade IA com foco ambiental. Entre as possibilidades temos cimento com previsão para embutimento de sensores, semáforos habilitados por visão computadorizada, cruzamentos com reconhecimento facial e estacionamentos que viram parques".[3]

Obviamente, IoT e IA não precisam necessariamente de blockchain. Essas tecnologias já estão começando a influenciar a forma como vivemos, trabalhamos e interagimos. Entretanto, sem o blockchain as soluções IoT e IA mais poderosas e ubíquas irão operar invisivelmente e nos bastidores sob o controle de agentes centrais – plataformas digitais, entidades governamen-

---

* A Gartner define cidade inteligente como uma abordagem de ciclo de vida à governança urbanística para melhorar a qualidade de vida de seus cidadãos, estimulando sua economia e protegendo o meio ambiente. O desenvolvimento estratégico e sua execução são dirigidos por um grupo do setor púbico e por cidadãos interessados. Eles definem e medem o impacto da tecnologia por meio de dados e analítica para criar uma experiência contextualizada e centrada no usuário. Veja Bettina Tratz-Ryan e Bill Finnerty, "Hype Cycle for Smart City Technologies and Solutions", Gartner Research Note G00340460 (Gartner, 1/ago/2018).

tais, concessionárias de serviços públicos e bancos, apenas para citar alguns. Com o uso de blockchain, pelo contrário, a IoT e a AI se tornam mais transparentes e passíveis de serem auditadas e suas operações poderiam se tornar monetizáveis, possibilitando maneiras inteiramente novas de se criar valor.

No presente capítulo, examinamos como as soluções blockchain aprimorado – definidas como blockchain aplicado em um ambiente composto de pessoas e coisas e operados com inteligência algorítmica autônoma – poderiam liberar todo o potencial da IoT e IA garantindo, ao mesmo tempo, privacidade, equidade e acesso. O capítulo contém algumas especulações e aspirações, dado que a fase blockchain aprimorado irá começar não antes que daqui a dez anos. Não obstante, observando-se como a IoT e a IA estão avançando em dezenas de setores, iremos projetar, baseados nos experimentos de hoje, alguns cenários para aplicação do blockchain aprimorado. Examinamos, particularmente, como IoT, IA e blockchain podem se complementar e impulsionar uma ampla gama de organizações para a obtenção de vantagem competitiva.

UM MANUAL ELEMENTAR SOBRE IoT E IA

A Gartner define IoT como "a rede de objetos físicos que contém tecnologia incorporada para comunicar e detectar ou interagir com seus estados internos ou ambiente externo".[4] Tais objetos incorporados possibilitam inúmeras aplicações práticas. Na indústria farmacêutica, por exemplo, sensores contidos na embalagem de medicamentos sensíveis à temperatura podem ativar uma função de resfriamento integrada se condições ultrapassassem um determinado nível, poupando milhões de dólares em estoque e, possivelmente, salvando vidas.[5] Em cidades inteligentes, a IoT poderia ser usada no transporte público para observar a demanda em tempo real e, dinamicamente, mudar a frequência de trens ou então poderiam ser colocados sensores nas tubulações subterrâneas de propriedade de concessionárias de serviços públicos para detectar pontos de falha e impedir rupturas importantes.

Essas ideias não são teóricas. Kansas City, Missouri, implantou um projeto-piloto em 2018 que usava câmeras de rua para captar dados sobre o fluxo de veículos. Um algoritmo analisava os dados e identificava vias em

174   O VERDADEIRO VALOR DO BLOCKCHAIN

que havia grande chance de se formarem buracos de grandes proporções. Equipes de rua eram então enviadas para repavimentar estas vias *antes* que se formassem buracos maiores. O CIO de Kansas City, Bob Bennett, acredita que essa metodologia de manutenção preventiva poupe dinheiro aos cofres públicos ao interromper problemas antes que estes se agravem.[6]

Um exemplo análogo de blockchain é o da PotholeCoin, uma solução que visa descentralizar o financiamento de reparos na infraestrutura pública. O *app* PotholeCoin permite a um motorista registrar um reparo necessário numa dada via e prover uma "recompensa" financiada por *tokens* para pagar pelo reparo. Quando houver um número suficiente de *tokens* poupados, o blockchain envia uma mensagem para uma dada organização de manutenção (um departamento municipal da área de infraestrutura ou uma empresa empreiteira privada). A empresa recebe através de um contrato inteligente quando o reparo for realizado. Essa abordagem permite que membros da comunidade se associem e financiem coletivamente reparos que talvez não sejam uma prioridade para a secretaria de obras da cidade.[7]

A IA diz respeito ao uso de análise avançada e outras técnicas baseadas em lógica visando interpretar eventos, dar suporte e automatizar decisões e tomar as medidas necessárias. Embora as metodologias e técnicas de IA variem, usaremos o termo de forma abrangente dentro do contexto de blockchain para fazer referência a algoritmos inteligentes que operam *e fazem ajustes* autonomamente (isto é, sem intervenção humana) para possibilitar um gerenciamento de dados mais eficiente e, consequentemente, acelerar interações e fluxos de transações. Quando combinada com a IoT, a IA é capaz de examinar os dados coletados por uma rede de coisas diversas e distribuídas, tirar conclusões a partir deles e agir em tempo real em cima das informações. Em uma cidade, exemplos simples dessas ações poderiam incluir controle semafórico para diminuir congestionamentos, ajuste na alocação de energia através de uma matriz inteligente, enviar policiais para atendimento de ocorrências ou, como em Kansas City (que utilizou um algoritmo de IA em seu projeto-piloto de manutenção de buracos para analisar imagens gravadas), priorizando a manutenção de vias públicas.

Onde o blockchain entra em tudo isso? IoT, IA e blockchain estão começando a interagir e a evoluir de forma mutuamente benéfica. Aplicando-se blockchain às capacidades advindas da IoT e IA, torna-se possível criar uma nova forma de infraestrutura de confiança. Em tempo real os dados captados através de sensores e analisados usando-se IA são tratados de forma transparente e potencialmente mais segura e sem a ameaça de sofrer manipulação. As soluções blockchain aprimorado resultantes irão se tornar mais consistentes e irão ampliar a aplicação efetiva da IoT e IA. Ambos os lados da relação entre blockchain, IA e IoT garantem mais detalhes.

COMO A IoT E A IA APRIMORAM O USO DE BLOCKCHAIN

Os benefícios do blockchain aumentam claramente quando seu projeto é mais descentralizado e seu código consegue lidar com volumes maiores de transações mais sofisticadas. IoT e IA, individualmente e juntas, podem atuar como agentes inteligentes de descentralização no blockchain. Vejamos como essas duas tecnologias podem desempenhar esta função.

OS CONTRATOS INTELIGENTES SE TORNAM REALMENTE INTELIGENTES

Conforme descrito anteriormente, contratos inteligentes são as linhas de código que captam e executam as regras de negócio de um blockchain. A visão original de um contrato inteligente não levava em consideração que os contratos iriam operar com algoritmos inteligentes e de autoaprendizagem capazes de se adaptar ao ambiente. Em outras palavras, os algoritmos poderiam atuar além das regras de mercado definidas originalmente, com a possibilidade de infringir estruturas regulatórias.

Os contratos inteligentes da forma como são usados hoje em dia no blockchain não parecem ter esta característica (inteligência). Os contratos inteligentes desenvolvidos para soluções inspiradas em blockchain e as nascentes soluções blockchain completo são simples mecanismos de regras do tipo *se-então*, capazes de tomar medidas especificadas e limitadas. Por exemplo, o contrato inteligente usado em uma ICO define que tipo de *token* é oferecido e o que os compradores ganham com sua aquisição, porém, ele não é capaz de mudar resultados dinamicamente tomando como base a atividade de participantes ou do mercado.

176   O VERDADEIRO VALOR DO BLOCKCHAIN

Os contratos inteligentes atuais têm aplicações assim limitadas porque a tecnologia ainda não está suficientemente madura para realizar mais em escala suficiente de forma confiável e segura. Outra razão é que os líderes empresariais se sentem desconfortáveis em passar o controle para uma linha de código (programa de computador). Em dez anos, tanto a IA quanto o blockchain terão evoluído para a fase aprimorada do espectro e algoritmos e protocolos mais avançados estarão disponíveis. Aí então, os contratos inteligentes serão, de forma concebível, suficientemente inteligentes, confiáveis e seguros para orientar e instigar atividades autonomamente. Os seres humanos provavelmente terão mais experiência no emprego de algoritmos em uma grande gama de atividades comerciais.

A startup de blockchain Fetch está tentando ocupar esse espaço tão almejado com uma solução que possibilita àqueles que as adotam criar código e empregar agentes de software autônomos para cumprir determinadas tarefas. Os agentes Fetch poderiam passar dados de um participante para outro ou executar um serviço específico. Os agentes são recompensados neste sistema com *tokens* Fetch. Interessante notar que a plataforma Fetch permite que os *designers* definam o ambiente de trabalho em que os agentes Fetch operam. Enquanto seres humanos pensam no ambiente de trabalho predominantemente em termos geográficos, um agente Fetch poderia ser desenhado para orientar seu espaço de trabalho em termos de garantia e segurança, por exemplo.[8]

COISAS SE TRANSFORMAM EM NÓS

Da mesma forma que a IA torna o blockchain inteligente, a IoT pode estender ainda mais a descentralização para um dado blockchain, especialmente com a introdução do 5G.[9] Expandir o número de coisas distribuídas em ambientes físicos cria um número maior de participantes em uma rede blockchain. Obviamente, nem todas as coisas serão capazes de captar dados e rodar código inteligente ou tomar decisões de forma autônoma. Para fazer isso exige-se segurança suficiente, memória local, capacidade de rede, poder de processamento e armazenamento local de energia, que somente algumas coisas possuirão. Contudo, coisas "sofisticadas" suficientemente grandes e poderosas para ter inteligência local e agir autonomamente poderiam funcionar como participantes – até mesmo como nós completos com privilégios econômicos e de negócios – em um blockchain e, desta forma, expandir o potencial de valor e tamanho da rede.

Além disso, a IoT poderia aumentar a imediatez, qualidade e precisão dos dados através, por exemplo, da diversificação e potencial descentralização da fonte de dados usada em algumas aplicações de modo que nenhum dado isoladamente poderia ditar uma ação. Consideremos, por exemplo, as condições de temperatura em um ambiente residencial. Se alguém mora em um prédio mais antigo, muito provavelmente, terá um termostato que mede a temperatura do ar no cômodo em que ele está instalado para depois informar o sistema de aquecimento e refrigeração para ajustar todos os cômodos de acordo com aquela leitura. Se o termostato estiver dentro ou próximo da cozinha, o relato informado por ele sobre a temperatura da casa é mais quente do que a realidade. Se, em vez disso, tivéssemos um conjunto de sensores de temperatura móveis distribuídos ao longo da casa e tivéssemos instalado um termostato ligado em rede através do qual os sensores poderiam se comunicar, os dados observáveis dariam uma visão mais clara da situação.

Ao fazer uma referência cruzada entre múltiplas fontes, a IoT pode melhorar a qualidade dos dados *uploaded* ou lincados a um blockchain. O fato de se ter várias fontes isentas poderia, teoricamente, dar uma visão mais confiável do mundo que aquela dada por seres humanos. Por exemplo, um blockchain coletando dados diretamente de coisas conectadas dentro e fora de um carro pode fornecer uma versão mais acurada da verdade do que o dono do carro poderia dar, especialmente se este proprietário estivesse propenso a induzir em erro um potencial comprador em relação ao estado do veículo. A IoT, dessa maneira, poderia facilitar a busca da verdade.

A IDENTIDADE SE TORNA DESCENTRALIZADA E SOBERANA

No Capítulo 6, descrevemos um cenário em que uma pessoa fazendo compras na Internet poderia monetizar seus dados pessoais e compartilhar parte deles com empresas distribuidoras ou varejistas conforme desejasse. A partir de agora e até chegarmos ao início da fase de blockchain completo (por volta de 2023), a tecnologia que possibilitará a monetização de dados pessoais ainda estará imatura, em parte devido ao uso de IDs estáticos.

Pelo contrário, a identidade auto-soberana descentralizada, ou SSI, é uma identidade digital em evolução que as pessoas serão capazes de utilizar com flexibilidade.[10] A SSI de um indivíduo irá identificar uma pessoa para sistemas digitais e fornecer acesso seguro sem a perda de privacidade. Combinada com IA, uma SSI poderia suportar um agente autônomo empregado por um proprietário para buscar oportunidades (por exemplo, encontre para mim uma nova casa em uma cidade para a qual estou me mudando para trabalhar) e tomar medidas em relação a elas (obter um financiamento da casa própria pré-aprovado).

A necessidade de se estabelecer uma identidade digital para uso em uma série de contextos é uma ideia antiga, mas que tem ganhado força. O W3C (World Wide Web Consortia) vem trabalhando para definir padrões para aquilo que ele chama "identificador descentralizado" para usuários na Web.[11] Paralelamente, a organização sem fins lucrativos Sovrin Network formada em 2017 como um projeto de código-fonte aberto visa atuar como uma concessionária de serviços públicos para criar e administrar SSI na Internet. A Sovrin espera criar um equivalente digital da carteira de motorista ou passaporte, uma prova de identidade portátil e aceita em qualquer lugar. Entretanto, a diferença entre um passaporte e uma SSI é que a SSI não será emitida ou mantida por uma entidade central.

Em vez disso, usuários da Internet deverão ser capazes de fornecer informações para confirmar suas identidades e obter uma SSI através de um sistema descentralizado.

A Sovrin está desempenhando várias funções de supervisão nesse espaço. Primeiramente, trata-se de um projeto de código aberto sem fins lucrativos que visa coordenar o desenvolvimento de um blockchain focado em identidade e os *apps* de usuários correspondentes. Em segundo lugar, ela administra a estrutura de governança descentralizada para SSI – uma estrutura desenhada para estar de acordo com os sistemas legais existentes. A Sovrin Network inclui cinquenta organizações conhecidas como "comissário de bordo", muitos dos quais administram um nó. Entre os comissários de bordo temos empresas de tecnologia como a Evernym (provedora

LIBERANDO TODO O PODER DAS COISAS INTELIGENTES

de soluções SSI), fornecedores de plataformas como a IBM, de rede como a T-Mobile e partes interessadas na *compliance* de identidade como, por exemplo, as prefeituras municipais.[12]

Em movimento paralelo, o governo da província de British Columbia (Canadá) está buscando aplicar o conceito de tecnologia SSI para resolver um problema real. Em recente conversação conosco, John Jordan, diretor-executivo de iniciativas digitais emergentes para British Columbia, descreveu uma solução de identidade que sua equipe está desenvolvendo para empresas da província. Como Jordan explicou, as empresas precisam passar por vários obstáculos para manterem suas licenças atualizadas. O processo é oneroso e consome muito tempo, já que as empresas podem precisar de vários alvarás, estatuto social e outros documentos de validação, todos emitidos por diferentes órgãos do governo. Embora possa parecer uma boa ideia consolidar e centralizar essas informações, Jordan acredita que a consolidação é a abordagem incorreta.

"Queremos nos distanciar de ter uma autoridade de dados central", diz ele. "Não queremos agregar dados de uma maneira que poderia permitir que dados sejam perdidos. Queremos que fique difícil correlacionar dados como *e-mail* e telefone"". Ele continua: "A Internet está dividida. Quando transações precisam ser garantidas pela Visa ou sistemas para armazenamento de dados gigantescos que comprometem a privacidade, não há nenhuma maneira de o governo injetar confiança na economia".[13]

A solução que a província está desenvolvendo – em cooperação com seus pares em Ontário e o governo federal do Canadá – permite que organizações, como juntas comerciais, órgãos para liberação de alvarás e órgãos de licitação, emitam dados usando credenciais verificáveis, um padrão W3C emergente. Essas credenciais verificáveis serão postadas para um registro público de credenciais (OrgBook BC) que usa o software livre Hyperledger Indy. Essa metodologia inicial faz parte de uma estratégia de partida para estar preparado para quando o mercado tiver software que permitirá aos donos de empresa deter suas próprias credenciais verificáveis. Os governos das províncias de British Columbia e Ontário imaginam que as empresas usarão esses dados autenticados para estabelecer relações não hierarquizadas como aquelas necessárias com parceiros da cadeia de suprimento. Juntos esses novos serviços de software interoperam para estabelecer um novo sistema global, a Verifiable Organization Network. Essa rede irá facilitar a formação de novas relações digitais que são sustentáveis e confiáveis sem a necessidade de serviços centralizados ou intermediários.

Os governos regionais no Canadá não são os únicos a verem valor administrativo na criação de uma solução de ID adaptável para empresas. No sul da China, como parte da Greater Bay Area (nome da iniciativa chinesa de combinar várias cidades, entre as quais Hong Kong, Macau e Shenzhen em um único *hub* econômico integrado), o ASTRI (*Applied Science and Technology Research Institute Company*) de Hong Kong está explorando como usar tecnologia blockchain para facilitar o registro de empresas por toda Hong Kong, Macau e China Continental, cada um dos quais com seus próprios arcabouços legais distintos. Hoje em dia o registro é complexo e as empresas têm que confiar a intermediários desconhecidos a abertura de uma subsidiária em outro mercado. Nesse caso, como explica o Dr. MeiKei Ieong, diretor de tecnologia da ASTRI: "O papel do blockchain é restrito. Ele apenas checa se os dados são reais e certificados comparando chaves digitais para ver se há coincidência. Ele resolve um problema particular, mas com implicações significativas para o desenvolvimento econômico".[14]

O CORPO HUMANO SE TRANSFORMA EM NÓ

À medida que a tecnologia SSI for amadurecendo, veremos uma fusão entre SSI e IoT na forma de bioimplantes que residem dentro do corpo humano e cumprem certas tarefas. Os bioimplantes são uma área em rápido crescimento da pesquisa médica. Algumas aplicações incluem implantes que injetam medicamento para diabetes diretamente sob a pele sem a necessidade de injeções diárias ou semanais; implantes cerebrais para provocar estimulação cerebral profunda para tratamento de patologias específicas como Alzheimer e Parkinson; e "memória protética", um implante capaz de copiar padrões cerebrais à medida que se pratica certas habilidades, para os reproduzirem mais tarde para a própria pessoa, dando a ela um incremento de memória.[15] Em um grande avanço para pessoas com paralisia ou membros extirpados, os pesquisadores também estão desenvolvendo implantes que permitem aos indivíduos controlarem dispositivos protéticos pensando no movimento que eles querem executar.[16]

Espera-se que algum dia esses avanços levem a implantes que possam ser colocados no cérebro com sensores para captar dados de ondas cerebrais para então realizar atividades. Um implante cerebral SSI poderia agir de forma autônoma – imagine o cérebro se tornando um nó.

Algumas empresas privadas não estão esperando o campo da medicina apresentar soluções. Certa empresa desenvolveu um implante para as mãos ou ponta dos dedos visando armazenar criptomoedas ou dados pessoais.[17] Esses esforços experimentais são de valor duvidoso hoje em dia, mesmo que indiquem na direção de um possível futuro de coisas voltadas e centradas no corpo.

COMO O BLOCKCHAIN BENEFICIA A IoT E A IA

Da mesma forma que a IoT e a IA podem beneficiar o blockchain, assim acontece com o blockchain podendo beneficiar a IoT e a IA. Redes blockchain possibilitam uma variedade muito mais ampla de transações, aumentam o nível de confiabilidade, e encorajam mais confiança. Examinemos mais de perto cada um desses aspectos.

COM O BLOCKCHAIN AS COISAS INTELIGENTES PODEM IDENTIFICAR E TRANSACIONAR

A maioria das aplicações IoT de hoje envolvem empresas que embutem sensores em seus produtos manufaturados e oferecem software para extração e análise de dados. Neste contexto, as coisas não interagem entre si, mas sim com uma plataforma central. Contudo, à medida que a IoT for amadurecendo, a diversidade e o volume de interações aumentarão significativamente. A introdução da tecnologia 5G irá contribuir para esses aumentos. Um resultado será a capacidade das coisas se comunicarem diretamente entre si sem a necessidade de uma plataforma central mediar essa troca. Coisas em um edifício de escritórios, por exemplo, serão capazes de falar com coisas nas tubulações de concessionárias de serviços de água e esgoto a cinco quilômetros de distância. Essas coisas distribuídas – cuja propriedade está ligada a entidades diversas e rodando com tecnologias diferentes – precisarão de uma maneira para se identificarem, comunicarem, negociarem e transacionarem entre si.

Uma proposição de valor fundamental do blockchain é disponibilizar uma arquitetura para identificação e realizar microtransações em ambientes computacionais autônomos distribuídos. Para possibilitar a identificação, as coisas terão o objeto equivalente de uma SSI descentralizada.[18] Para microtransações, o blockchain irá habilitar formas mais diversas de valor. Conforme dissemos no Capítulo 1, moedas fiduciárias e seus intermediários (contas bancárias, cartões de crédito, câmaras de compensação automatizadas, SWIFT, etc.) não foram planejados para o volume, a variedade de ativos ou o tipo de microtransações máquina-máquina que são possíveis entre coisas. Quando milhões dessas coisas puderem trocar unidades de energia ou dados individuais, o tamanho de uma transação individual cai bem abaixo do 1 centavo, ao passo que o número de transações se multiplica a uma escala imensurável. Operar neste ambiente de volumes altíssimos e valor unitário baixo requer novas formas de valor e moedas nativas.

As capacidades microtransacionais se estendem à troca de ativos que são originalmente digitais. Damos exemplos de como os dados poderiam ser trocados e monetizados como unidades individuais ou em lotes em um ambiente tokenizado ou como a atenção dispensada por uma pessoa poderia ser vendida para um criador de conteúdo. O valor de mercado de um dado individual ou cinco minutos da atenção humana irão variar conforme o mercado e o contexto mas, em geral, o valor de transações individuais será muito pequeno – de alguns centavos a poucos dólares cada. Trocar esse valor de forma segura e a velocidades extremas entre milhões, ou até mesmo bilhões, de participantes requer mecanismos descentralizados, autônomos e tokenizados. Consequentemente, os líderes empresariais precisam reconhecer o papel da tokenização além da substituição e dos pagamentos em moeda fiduciária. O que mais importa é a capacidade de usar *tokens* para *criar e representar* novas formas de valor e possibilitar novas microtransações deste valor.

Um terceiro efeito transacional do blockchain aprimorado é a capacidade de negociar frações de ativos, não apenas como um todo. Um exemplo dessa ideia na área de seguros é a fixação dos prêmios. Uma discussão recente com um cliente demonstrou a possibilidade de preços diferenciados a serem cobrados no setor de transportes marítimos. Por exemplo, um contrato inteligente poderia negociar preços diferenciados para cargas colocadas em áreas de menor ou maior risco da embarcação (sendo a parte central a mais segura) ou expedidas via rotas internacionais que são mais ou então menos seguras.

O BLOCKCHAIN COLOCA OS DADOS DENTRO DE UM CONTEXTO

A IoT e a IA dependem muito da qualidade, precisão e segurança dos dados que as alimentam. Contudo, líderes empresariais já sabem, de longa data, que parte de seus dados não são confiáveis. Diferenças na fonte e tipo de dados, como eles são captados e organizados, quem tem acesso a eles, onde estão armazenados e uma infinidade de outras questões fazem da confiabilidade dos dados um problema maçante.

As capacidades combinadas entre IoT e IA de captar e analisar dados de várias fontes e dar uma visão digital acurada das diversas fontes gera um benefício para a precisão dos dados. Quando combinadas com o mecanismo de consentimento que valida os dados e seu registro passíveis de serem auditados, esses benefícios se tornam mais confiáveis e úteis. O consenso pode recusar dados que são inconsistentes com os padrões normais e regras sistêmicas. Essa capacidade de encontrar inconsistências em fontes com um volume enorme de dados é útil na detecção de sinais precoces de falhas de equipamento como também na detecção de violação de dados. Com essa capacidade de validar através do consenso, qualquer adulteração de dados é mais facilmente auditada.

A IA também se beneficia de dados confiáveis. Os especialistas usam conjuntos de dados enormes para ensinar algoritmos. Quanto mais precisos forem os dados, mais confiável será o desempenho do algoritmo; quanto mais falhos forem os dados, mais influenciado se tornará o algoritmo. Embora a influência humana nos ciclos de programação também seja uma questão, precisamos evitar alimentar conjuntos de dados falhos nesses algoritmos. Se os algoritmos forem para superar a evidência de influência em aplicações usadas como ferramentas de abertura de crédito hipotecá-

184   O VERDADEIRO VALOR DO BLOCKCHAIN

rio ou algoritmos para sentenciar criminosos, precisamos desenvolvê-los usando os dados mais precisos que conseguirmos coletar.[19]

Um exemplo da promessa da combinação IA/IoT com blockchain são os *gêmeos digitais*, representações digitais de objetos do mundo real ou sistemas criados a partir de dados coletados por sensores.* Os gêmeos digitais permitem às organizações representarem ativos físicos em forma digital para uma melhor administração e comercialização dos mesmos. Por exemplo, a Airport Authority Hong Kong construiu um gêmeo digital do aeroporto internacional de Hong Kong para auxiliar na gestão e no planejamento de suas instalações enquanto a autoridade aeroportuária executa a expansão do aeroporto. O gêmeo digital permite aos funcionários do aeroporto visualizarem áreas do aeroporto e modelarem diversas mudanças para ver o impacto das opções de projeto. Essa característica de modelagem é particularmente relevante para os engenheiros trabalhando na expansão do aeroporto bem como os proprietários de lojas de varejo, que poderão visualizar como as mudanças irão afetar o fluxo de passageiros.

Para sermos mais claros, a autoridade aeroportuária é uma organização centralizada e seu gêmeo não reside em um blockchain. Traduza o conceito para um ambiente envolvendo vários proprietários e partes envolvidas e podemos ver como um gêmeo digital em um blockchain aprimorado poderia tirar proveito dos vários processos. Os proprietários de instalações poderiam validar dados e proteger-se de dados incorretos, interações errôneas e usuários não autorizados. Os participantes também desfrutariam da distribuição de acesso de modo que aqueles em localidades diferentes poderiam interagir com os dados e tomar decisões baseadas neles. Finalmente, os participantes do blockchain teriam acesso ao ambiente e se envolveriam com ele.

---

*   Gêmeo digital é uma representação de uma entidade ou sistema do mundo real. Embora construídos através de software, os gêmeos digitais espelham as características do objeto ou espaço que representam de modo que os gêmeos mudam à medida que as coisas mudam. Um gêmeo digital pode armazenar dados sobre eventos (por exemplo, uma leitura de um sensor ou uma mudança de localização), o estado atual da coisa e dados históricos de referência. Ele também pode conter a lógica de programação associadas à criação, leitura, atualização, eliminação ou realização de cálculos (inclusive, analítica) nos dados que ele armazena.

ZONAS DE PERIGO NO IoT E IA

Apesar dos benefícios, também existem armadilhas potenciais ao combinar-se IoT e IA com dados e blockchain. Um dos problemas advém do excesso de dados. A presença de vários sensores coletando os mesmos dados ou dados complementares e a comunicação de informações duplicadas para vários sistemas pode adicionar complexidade e redundância que resultem em custos elevados e pouco esclarecimento. Note que os desenvolvedores de IoT usam uma variação do conceito de gêmeo digital para filtrar dados redundantes na periferia da rede antes de os trazerem para uma análise centralizada.

Outro risco é o fato de as plataformas digitais disporem e depois usarem coisas para promover a centralização ao ponto de alternativas blockchain não serem capazes de competir. Consideremos um modelo em que, por exemplo, a Amazon empregue milhares de drones para entrega e depois alugue sua capacidade excedente a terceiros como, por exemplo, seguradoras. Quando um perito de seguros precisa de fotos de uma casa estas podem ser solicitadas e a Amazon poderia enviar seus drones para tirar fotos no trajeto de uma entrega. A conveniência e a eficácia de um serviço desses tornaria difícil para a seguradora mudar para outra alternativa mais tarde e a Amazon consegue mais uma fonte de receitas – e uma nova fonte de dados – a um custo bem baixo. Da mesma forma, soluções inspiradas em blockchain do tipo cavalo de Troia atraem participantes ao gerarem valor no curto prazo e um serviço IoT centralizado como este do exemplo poderia transformar as coisas em uma horda de cavalos de Troia, direcionando tráfego e valor para os proprietários.

Contudo, soluções blockchain poderiam mitigar essa questão ao habilitar modelos de engajamento novos e seguros, sem contato face a face e longas negociações de contratos. Por exemplo, os drones poderiam se tornar um recurso compartilhado entre empresas operando em vários setores como os varejista, de logística e seguros, gerando economias no escopo. Graças à imutabilidade dos registros blockchain, esse arranjo melhoraria o cumprimento de regulamentação de tráfego aéreo e facilitaria o seguro para drones ao criar "caixas-pretas" virtuais de dados de voo para eles. Sob uma perspectiva de modelo de negócios, as trocas de valor entre setores diferentes poderiam ser temporárias e as transações em valores minúsculos. Essas trocas gerariam receitas de taxações governadas por um contrato inteligente, possibilitando o compartilhamento de um *token* de dados em troca de uma outra forma de *token* de valor, ambos os *tokens* emitidos através do blockchain. Por exemplo, um investidor buscando o cultivo de dados para estabelecer o preço de uma *commodity* poderia solicitar acesso a dados gerados por outra empresa usando o drone. Dessa maneira, um blockchain multiplica as interações comerciais e possibilita a descoberta de novas oportunidades entre diversos segmentos, vindo até mesmo a remodelar as fronteiras de cada setor.

Consumidores também estão demonstrando preocupação cada vez maior em relação ao desenvolvimento de veículos autônomos depois que um veículo da Uber atropelou um pedestre em 2018.[20] O Waymo da Google da mesma forma tem sido alvo de ira por parte dos cidadãos em Chandler, Arizona, onde o pessoal da cidade está questionando o que os carros autônomos dessa empresa poderiam significar em termos de empregos e privacidade em sua cidade.[21]

Pequenas empresas, especialmente micromarcas dirigidas diretamente para o consumidor, poderiam, consequentemente, obter o maior benefício ao tornarem suas ações transparentes. E a imutabilidade, a rastreabilidade e a possibilidade de ser auditado do blockchain oferecem uma forma para empresas de todos os tipos manterem transparência e provarem que suas ações se adéquam às suas intenções – uma ferramenta útil no ambiente atual, dado os baixos níveis de confiança que as pessoas têm em instituições públicas e privadas.[22]

CIDADES INTELIGENTES: UM LABORATÓRIO PARA BLOCKCHAIN APRIMORADO

As cidades vivem diante de um estranho dilema entre empresa e governo. Como empresas, as cidades precisam de receita e competem para atrair pessoas e organizações que pagarão uma série de tributos que reverterão a seus cofres. Porém, as cidades também são responsáveis por uma ampla gama de serviços públicos fundamentais, entre os quais garantia da lei, escolas, água potável e vias em condições de se trafegar. Surgem tensões quando as necessidades daqueles que geram receitas são diferentes daquelas dos que usam os serviços.

Problemas urbanísticos assumiram um novo patamar em nossa era *high-tech* já que as cidades competem em busca de atenção por parte das empresas de tecnologia. Essa disputa surge de várias formas, inclusive batalhas bastante divulgadas pela mídia para atrair ou manter grandes empregadores (por exemplo, HQ2 da Amazon); a atividade de fundações de empresas de tecnologia para a concessão de recursos destinados a cidades (Bloomberg e Gates, entre elas) e o cortejamento das cidades por empresas de tecnologia buscando conquistar um mercado e realizar experimentos naturais com órgãos reguladores cooperativos.[23] As cidades são a frente mais nova na batalha por dados. O tempo, como dizem elas, é curto, dado que mais da metade da população mundial vive em cidades, proporção esta que deve subir para 65% em 2050.[24]

A ideia de uma cidade inteligente tem sido vendida como uma solução para vários problemas relacionados ao crescimento urbano. Embora existam diversas definições do mínimo necessário para uma cidade ser considerada inteligente, a Gartner a define como uma abordagem de ciclo de vida à governança urbana focada em melhorar a vida de seus cidadãos, estimular sua economia e proteger o seu meio ambiente através do uso de dados e analítica, criando para seus habitantes uma experiência contextualizada e voltada para o usuário.[25] A aspiração é louvável, porém os esforços mal começaram, especialmente por exigirem inteligência contínua.[26] Mesmo assim, algumas delas já estão adotando uma abordagem de cidade inteligente para vários problemas.

IDEIAS INTELIGENTES EM AMBIENTES EXISTENTES

Kansas City começou a implantar uma visão de cidade inteligente em 2016. Além da solução para manutenção preventiva de buracos em vias públicas descrita anteriormente neste capítulo, a iniciativa de Kansas City inclui esforços para atualização de seu sistema de trânsito para que este se torne mais eficiente e inclusivo e utilize tecnologias para controlar a criminalidade. Entre as mudanças propostas temos melhorias para um corredor para grande volume de tráfego em um bairro com população de baixa renda; a

188 O VERDADEIRO VALOR DO BLOCKCHAIN

integração de veículos autônomos (particularmente, dentro e nas cercanias do aeroporto) e conexões digitais nos veículos e entre eles. Pretende-se que sensores instalados nos ônibus e nos seus respectivos pontos de parada forneçam informações precisas sobre a lotação dos ônibus, tempos de viagem e demanda de transporte de modo que a cidade possa se adaptar melhor ao volume e necessidades.[27]

Os dados são um importante recurso para os esforços para uma cidade inteligente. Em Nova York, o *Office of Recovery and Resilience* está usando dados para informar suas prioridades para reduzir, até 2050, em 80% a emissão de gases do efeito estufa, tomando-se como base o ano de 2005. Tal redução é uma das principais metas do prefeito.[28] Uma iniciativa de analítica de dados feita pelo Departamento de Infraestrutura constatou que 68% da emissão de gases do efeito estufa na cidade eram produzidas por sistemas de calefação e refrigeração.[29] O conhecimento desse fato orientou o *lobby* e investimentos da cidade. Uma iniciativa em andamento dá apoio à geração de energia descentralizada, em particular, painéis solares e turbinas eólicas instaladas em edifícios para uso local.[30] A cidade também está promovendo uma tecnologia moderna de aquecimento e refrigeração munida de sensores para monitorar melhor o uso de energia; o governo já está colocando essas recomendações em prática nos prédios municipais.

Consideremos os benefícios do uso de sensores em um prédio de escritórios para captar dados sobre uso de energia e usando a IA para analisar os dados e encontrar maneiras de se otimizar a eficiência. A DeepMind, braço de IA da Alphabet, fez exatamente isso em 2016 num conjunto de servidores na nuvem da Google e atingiu uma redução de 40% no uso de energia.[31] Aplicar esse tipo de inovação em uma cidade poderia gerar enormes benefícios para o meio ambiente através de uma melhor produção e distribuição bem como para o custo de vida. Mas, seria a mesma escala de impacto alcançada pela DeepMind em um ambiente privado e fechado factível em um contexto complexo de uma cidade?

PRÉDIOS ANTIGOS, NOVA TECNOLOGIA E REGRAS OBSCURAS

Ambientes como Kansas City e Nova York forçam os profissionais de TI a enfrentarem desafios reais do emprego de soluções inteligentes em ambientes complexos. A DeepMind tinha o benefício de trabalhar com equi-

LIBERANDO TODO O PODER DAS COISAS INTELIGENTES

pamento moderno e com o qual já estava familiarizada. Ao mesmo tempo, ela estava tentando resolver um problema de posse de um número limitado de variáveis. Cidades são muito mais complexas, com sistemas que variam muito de acordo com a idade e a infraestrutura.

O ideal em prédios inteligentes são sensores associados a diferentes sistemas – por exemplo, aquecimento *versus* iluminação – capazes de se comunicarem entre si. Se um prédio está gerando sua própria energia ou acessando a energia produzida por um prédio vizinho, ele também precisa se comunicar com os sensores do prédio vizinho. Os dois proprietários dos edifícios não precisam adquirir o mesmo hardware e software para possibilitar essa comunicação. Pelo fato dessa troca ser difícil com a tecnologia de hoje, os dirigentes de cidades e as empresas de tecnologia estão interessadas em projetos inteligentes que possam construir desde a estaca zero – como Xiong'an fez na China. Eles querem ganhar experiência e demonstrar avanços sem os efeitos duradouros da complexidade.

Um exemplo deste tipo de urbanização em áreas inexploradas está em andamento em Toronto, no Canadá, em que as autoridades públicas do município assinaram um acordo de parceria com o Sidewalk Labs, subsidiária da Alphabet, para urbanizar uma área subdesenvolvida às bordas do lago. Denominada Quayside e administrada por uma parceria público-privada chamada Waterfront Toronto, o planejamento prevê uma zona mista (comercial/residencial), veículos autônomos e áreas ao ar livre, todos interligados por sensores e câmeras para coletar dados e gerenciar o tráfego de pessoas e veículos, o uso de energia e outros aspectos da vida urbana cotidiana.[32]

O Quayside de Toronto é uma espécie de oposto inteligente da iniciativa SSI descentralizada de John Jordan em British Columbia. Enquanto Jordan está tentando deixar o governo fora do negócio de administrar dados dos cidadãos, o Quayside – através do Sidewalk Labs – parece pretender captar o máximo de informações possível. Embora as autoridades tenham feito todo o barulho para falar sobre a privacidade dos dados, a política de dados atual ainda tem indefinidas muitas regras relativas aos dados. Em uma reunião de conselho consultivo, em outubro de 2018, diz-se que o Sidewalk Labs reiterou sua intenção de eliminar dos dados coletados, detalhes de identidade, mas, ao mesmo tempo, disse não poder garantir que outros grupos participantes do projeto fariam o mesmo. Essas implicações de privacidade alarmaram de tal maneira Ann Cavoukian

190 O VERDADEIRO VALOR DO BLOCKCHAIN

– ex-comissária de privacidade de Ontário e consultora para a Sidewalk Labs – a ponto de ela pedir demissão. O governo de Ontário excluiu, posteriormente, três representantes municipais do conselho de administração do Waterfront Toronto, dizendo que eles apressaram o projeto, não dando tempo suficiente para haver uma supervisão por parte dos órgãos municipais, estaduais e federais envolvidos, bem como de se ouvir a população.[33]

Um Quayside que é construído com uma única plataforma e tecnologia homogênea poderia, provavelmente, produzir melhores resultados no curto prazo em termos de eficiência energética, gestão do descarte de resíduos e tráfego de pessoas e veículos. Esses benefícios, entretanto, têm o seu preço; o controle sobre os dados dos cidadãos (e a subsequente monetização deles) seria cedido a uma empresa privada. A consolidação de tamanho poder é problemática em uma sociedade democrática. Uma coisa é uma pessoa optar por usar o Gmail ou Google quando esta tem também outras opções concorrentes à disposição. Outra coisa é uma pessoa dirigindo em uma rua ter suas ações captadas por uma câmera ou armazenadas por um terceiro com o qual o indivíduo não tem nenhum tipo de acordo.

Defensores da privacidade estão temerosos em relação ao precedente em termos de privacidade que um modelo centralizado como este pode abrir. Assim estão também os cidadãos de Kansas City ao considerarem as iniciativas de implementar inteligência à sua cidade. O plano de melhorar o sistema de trânsito em um dos bairros de menor renda inclui a instalação de cabos de fibra ótica para habilitar o uso de Wi-Fi. Mas o mesmo projeto traz consigo câmeras, bem como um sistema de detecção de armas de fogo, o que tem deixado os membros da comunidade preocupados sobre o que mais os novos sistemas inteligentes estão registrando a respeito deles.[34]

O BLOCKCHAIN NA CIDADE INTELIGENTE

A tensão entre privacidade e tecnologia não é privilégio das cidades. Ela se aplica a todos os casos em que mais dados são agregados a algoritmos mais inteligentes capazes de tirar conclusões. Os exemplos das cidades inteligentes que destacamos dão uma pista sobre as diferentes abordagens que dirigentes municipais estão adotando em ambientes urbanos. Algumas iniciativas são desenvolvidas tendo em vista digitalização aperfeiçoada em um ambiente cada vez mais descentralizado facilitado por IoT, IA, blockchain e todos eles juntos. Outras estão mirando a digitalização como um meio de aumentar a centralização. A Figura 7-1 ilustra esses cenários.

O quadrante noroeste representa um ambiente altamente digitalizado sob controle descentralizado. Vamos chamá-lo de *caixa-preta digital* urbana. Os algoritmos são propriedade de uma dada organização ou instituição e não são visíveis aos cidadãos cujo comportamento e ações o algoritmo exerce influência. Exemplos de iniciativas de cidade inteligente neste quadrante incluem o de Xiong'an, com o controle de dados nas mãos do governo chinês e o modelo proposto por Toronto do Quayside a partir de janeiro

FIGURA 7-1

Programabilidade *versus* descentralização com blockchain aprimorado

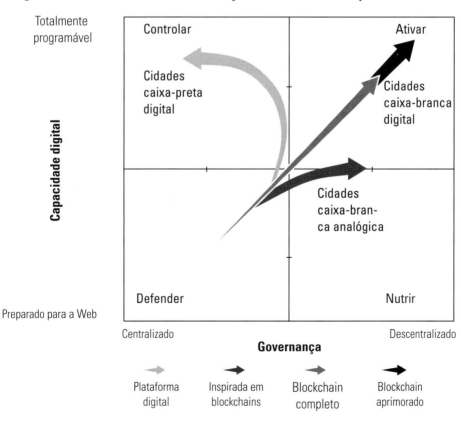

de 2019, com os dados sendo controlados pelo Sidewalk Labs da Alphabet e seus parceiros. Nas cidades o controle pode estar nas mãos, obviamente, dos governos, mas também dos fornecedores de tecnologia ou até mesmo dos donos de grandes propriedades.

Reiterando, a abordagem centralizada traz benefícios em termos de interatividade e eficiência tecnológica, porém, ela acarreta ônus em termos da privacidade do cidadão e, possivelmente, de sua independência bem como na distribuição justa dos benefícios a seus habitantes. Em uma caixa-preta urbana, tecnologias inevitavelmente se tornam agentes de vigilância.[35]

Elas fornecem meios de controlar os membros de uma comunidade, incitando-os a se comportarem de certas maneiras.[36] A IA acelera a ação sobre os dados e pode sugerir novas ideias em relação a que dados coletar para monitorar e influenciar o comportamento dos cidadãos.

Pontuação social gera reações ambíguas. Por um lado, há comportamentos que prejudicam comunidades e que cidades ao redor de todo o mundo querem limitar. Lixo, uso excessivo de água ou energia, descarte de artigos nocivos, violência, crime, fraude, exploração – estes não são poucos. Os principais agentes no setor de controle poderiam argumentar com certa razão que suas abordagens possibilitam uma supervisão mais rápida e precisa sobre tais comportamentos e, consequentemente, mais políticas e métodos para administrá-los. Mas o custo para as sociedades democráticas, com expectativa de manterem suas privacidades, é muito alto.

Uma alternativa seria tornar opcional o uso de ferramentas digitais em ambientes urbanos – chamaremos esta abordagem de *caixa-branca analógica*. As recomendações de Nova York para reformas de edificações caem nessa categoria. O governo publicou orientações para proprietários de edificações que queiram sistemas de calefação e refrigeração mais eficientes; muitas dessas diretrizes incluem a tecnologia de sensores. Da mesma forma, a cidade defende a geração descentralizada de energia para aliviar a pressão sobre a Con Edison, concessionária local, e tornar os sistemas de energia mais resilientes a tempestades e inundações costeiras. O efeito da digitalização dessas recomendações é mínimo e, ao mesmo tempo, promovem uma descentralização continuada da propriedade e da tomada de decisão. Este quadrante representa um passo provisório. Proprietários, empresas, cidadãos e outras partes interessadas se sentirão pressionados a se tornarem mais digitais, mais centralizados ou ambos se as políticas de uso de energia se tornarem mais rígidas ou a cidade sentir-se mais pressionada com a concorrência de outras cidades com ambientes mais atrativos, inclusive aqueles proporcionados por caixas-pretas digitais.

Alternativamente, as cidades poderiam se deslocar no sentido de Jordan, de British Columbia, ou seja, passar o controle dos dados dos cidadãos para o proprietário – um modelo *caixa-branca digital*. Os parâmetros e as intenções dos algoritmos são de propriedade dos cidadãos que decidem como modelá-los para influenciar comportamentos e ações desejados. Embora o blockchain combinado com IoT e IA não sejam capazes de resolver todos os desafios de privacidade de dados e seu uso, ele desempenha uma importante função. Dados coletados por coisas em um ambiente digital habilitado por blockchain com SSI descentralizada podem informar às comunidades sobre a disponibilidade de recursos e as necessidades de desenvolvimento de uma forma que preserve a segurança, a imputação de responsabilidade e a privacidade dos dados. A cidade digital descentralizada pode se tornar um ambiente mais transacional e socialmente responsivo, em que cidadãos conseguem um preço justo pelo compartilhamento de dados, podendo ver como eles são usados. Tais transações não dizem respeito apenas a lucros, mas também benefícios sociais como acesso a moradia, transporte público, ar puro e áreas verdes. A digitalização descentralizada também aumenta a transparência em governos locais, ao tornar os processos licitatórios da cidade abertos e passíveis de auditagem. Tais sistemas ainda podem induzir comportamentos, porém, eles o fazem de uma maneira transparente que usa *tokens* para motivar e recompensar.

Por quais abordagens as cidades e seus habitantes optarão? Como o blockchain evoca novas oportunidades sociais, provavelmente veremos situações que se encaixam tanto na caixa-branca digital quanto na caixa--preta digital ao redor do mundo. Medo de perder o controle sobre os próprios dados para uma plataforma digital como o Google é um poderoso elemento motivador para enfrentar a centralização. Como consequência disso, partes cidadãs interessadas – inclusive empresas e seus executivos – precisam manter-se informados sobre como algoritmos de IoT e IA são usados em ambientes das partes interessadas caso queiram influenciar e defender o uso razoável e transparente dessas ferramentas. Para tanto, os cidadãos precisam estar motivados e engajados. Felizmente, o blockchain aprimorado fornece aos líderes empresariais as ferramentas para se alcançar um engajamento sustentável na forma de incitações, via *tokens*, dando recompensas e incentivos a clientes, cidadãos e demais partes interessadas. Por fim, o blockchain aprimorado ajuda as pessoas a tomarem providências visando colher os frutos de benefícios sociais ou comunitários.

AMPLIANDO SUA VISÃO SOBRE O VERDADEIRO VALOR DO BLOCKCHAIN

O QUE VOCÊ APRENDEU NESTE CAPÍTULO?

O desenvolvimento em paralelo do blockchain, IoT, IA e SSI convergiram para a categoria de soluções blockchain aprimorado em meados ou no final dos anos 2020. A IoT e a IA, individualmente ou em conjunto, podem facilitar a descentralização e aperfeiçoar o blockchain. A IoT pode aumentar o número de nós em uma rede blockchain e melhorar a qualidade dos dados. A IA pode tornar contratos inteligentes mais inteligentes com o emprego de algoritmos de autoaprendizagem. O acréscimo de soluções SSI eleva a funcionalidade do blockchain dando a todos os participantes – inclusive coisas – um ID portátil; coisas inteligentes têm que ser capazes de se identificar para seus pares e transacionar com eles.

Soluções que tiram proveito dessa simbiose já estão surgindo em projetos de cidades inteligentes e por toda a parte. As tensões que surgem como nos casos da Quayside de Toronto e de Kansas City, acentuam a importância de contrabalançar a necessidade de modernização urbana com a privacidade e a segurança dos dados. Soluções blockchain aprimorado desenhadas com governança descentralizada poderiam equilibrar tais tensões.

O QUE VOCÊ DEVE FAZER A ESTE RESPEITO?

A IA está se tornando cada vez mais incorporada na tecnologia e em poucos anos permitirá que máquinas de todos os tipos tomem decisões econômicas autonomamente. Isso irá acontecer com ou sem o blockchain, porém, os líderes empresariais devem explorar como soluções blockchain aprimorado que podem revelar novas oportunidades de negócios eticamente apropriadas.

Há uma contínua reação contrária às IA e IoT por parte de pessoas preocupadas tanto com a violação da privacidade quanto com as implicações econômicas de máquinas substituindo seres humanos em *call-centers* ou no assento de motorista de um carro. Na posição de líder, você não pode subestimar o nível de transparência e responsabilidade social que serão necessárias tanto dentro quanto fora de sua organização para ajudar as partes interessadas a entenderem os prós e os contras da IA e da IoT. O blockchain pode ajudar a mostrar às partes interessadas que suas ações são apropriadas e cumpridoras da legislação e seu respeito pelos dados pessoais é grande através do emprego de registros imutáveis.

Esteja também atento ao fato de que gigantes digitais podem transformar a IoT e a IA em hordas de cavalos de Troia ao usarem coisas inteligentes próprias para consolidar suas posições no mercado. Caso invista cedo em soluções blockchain aprimorado, talvez consiga estabelecer uma posição alternativa no mercado.

O QUE VEM A SEGUIR?

Um ambiente blockchain aprimorado governado por consenso tem profundas implicações sobre como as organizações que os constroem e os utilizam alinham seus diversos departamentos. Quando atividades operacionais e decisões forem colocadas sob a forma de códigos de programa dentro de contratos inteligentes ou, em casos mais avançados, em uma DAO, com o que se parecerá uma organização e o que ela irá fazer? Como a cultura empresarial e os seus líderes irão se adaptar? Sua organização está preparada para um mundo em que seus produtos, clientes e funcionários são representados por coisas ou linhas de código de programa? Como você irá liderar quando seus funcionários forem representados por seres humanos e algoritmos? Iremos explorar essas questões no próximo capítulo.

CAPÍTULO 8

A ORGANIZAÇÃO BLOCKCHAIN

Superdimensionar o poderio de máquinas e outras coisas durante e após a fase blockchain aprimorado do espectro é algo difícil de acontecer. Sistemas preparados para IA serão capazes de acumular vários milhares de ciclos de vida de regras de negócio e outras informações e processá-las em uma fração de segundo. Num blockchain, *dapps* autoexecutáveis processarão informações, chegarão a conclusões e efetuarão transações autonomamente. Num mundo desses, o que significará para os seres humanos liderar e como os líderes desempenharão seus papéis? Com o que irá se parecer uma organização quando esta não será mais dirigida por um centro identificável?

Para um número cada vez maior de empresas e seus líderes, essas questões vão ao cerne daquilo que eles querem alcançar. Joseph Lubin, CEO da ConsenSys e um dos fundadores da Ethereum, nos disse: "Se envolvermos o mundo em camadas de comunicação instantânea e tivermos tecnologias consensuais, como o Ethereum e o Bitcoin, é exatamente essa noção de formação de consenso que tem implicações para a maneira como estabelecemos e organizamos as empresas. A tecnologia que estamos criando nos inspira a tentar uma nova abordagem".[1]

Ao considerarmos que o consenso poderia funcionar não apenas em um blockchain, mas também no próprio tecido de uma empresa, nos inspiramos em recentes pesquisas sobre "enxames" computadorizados. A formação em "enxames" se refere ao comportamento coletivo de animais como abelhas ou pássaros (revoada) quando se engajam em uma atividade coletiva como a migração. Durante um voo há um revezamento na liderança de uma revoada entre diversos membros do grupo.[2] O pássaro à frente está dividindo a liderança do grupo usando o equivalente da natureza de um algoritmo de consenso para determinar quem participa e que papel devem assumir.

Os "enxames" computadorizados são objeto de estudo de cientistas da computação. "Enxames" de drones estiveram presentes na cerimônia de abertura das Olimpíadas de Inverno de 2018, em Pyeongchang, Coreia do Sul e na apresentação de Lady Gaga durante o intervalo da partida final do Super Bowl de 2017.[3] Em ambos os exemplos, drones foram programados para se movimentarem de forma coreográfica, emitindo luz em momentos programados. Mas, desde então, a ciência foi além da pré-programação, indo em direção à colaboração autônoma. Em junho de 2018, a *Science Robotics* publicou resultados de um estudo em que cientistas desenvolveram o primeiro "enxame" de drones capaz de operar com inteligência coletiva. Em outras palavras, o "enxame" era descentralizado, com cada drone decidindo, de forma autônoma, para onde e como se deslocar.[4]

Há uma distância muito pequena entre drones operando em "enxames" e a situação em que organizações autônomas descentralizadas (DAOs, em inglês) atuando como "enxames" dentro de um blockchain poderão se juntar para negociarem coletivamente e realizar uma transação comercial. As DAOs ou os agrupamentos dessas organizações poderiam cumprir inúmeras funções (por exemplo, financeira, jurídica, *compliance*, comunicação) da mesma maneira que faz um enxame de abelhas, que tem uma rainha e as operárias, cada qual realizando um trabalho distinto. Ou um "enxame" de DAOs poderia consolidar recursos e executar uma transação que membros individuais não conseguiriam realizar independentemente, similarmente ao que faz o Swarm Fund, consolidando recursos de pequenos investidores para adquirir ativos de uma instituição (*vide* Capítulo 6).

Os "enxames" nos dão uma útil metáfora sobre a evolução da liderança, que sairá dos modelos hierárquicos e passará à colaboração autônoma, automatizada e radical entre seres humanos e máquinas em busca de valor. Embora o impacto exato do blockchain nas organizações ainda seja uma grande incógnita, daqui algumas décadas, muitas das tarefas que tomam tempo e recursos de uma organização hoje em dia não existirão mais ou serão tratadas por uma máquina. Nessas circunstâncias, as organizações precisarão liderar, motivar e recompensar pessoas de forma diferente da que é feita hoje em dia. Dadas as prováveis mudanças e a incerteza sobre a natureza exata dessa mudança, este capítulo é um experimento idealizado para a organização blockchain. Tentamos responder perguntas como: Que tipos de estrutura empresarial irão dominar em um ambiente blockchain? Que abordagens de liderança serão bem-sucedidas? Que tipos de talento serão capazes de atuar em um ambiente povoado por IA e IoT? Como motivar e recompensar as partes envolvidas em um mundo de empresas e participantes descentralizados e autônomos?

A ORGANIZAÇÃO NO BLOCKCHAIN

Será difícil para um grande número de pessoas que passou uma vida profissional inteira em ambientes corporativos tradicionais compreender o conceito de organização blockchain descentralizada operando um ou vários blockchains aprimorados construídos segundo uma perspectiva voltada para o consenso. A maneira através da qual as pessoas se conectam e participam de uma organização descentralizada parece radicalmente diferente daquele que é comumente vista hoje em dia. Há diferenças enormes na forma como as pessoas são organizadas; na orientação que elas recebem sobre o que fazer, quando fazer e por que fazê-lo bem como nos incentivos e remuneração provenientes de seu trabalho. Tanto a estrutura das organizações como os estilos de liderança que irão prosperar provavelmente serão afetados em uma organização blockchain descentralizada.

Em uma interessante "metareviravolta" sobre as possíveis mudanças que o blockchain trará para as empresas, também existirão soluções desenhadas *para* a organização realizar novas formas de estruturação, atribuir funções a líderes e possibilitar que talentos sejam adequados a projetos ou funções. Por exemplo, a startup Colony, com sede em Londres, posiciona sua solução como "a camada de capital humano" da pilha de tecnologias. A Colony possibilita que as empresas definam o que elas precisam fazer e a decompor as necessidades estruturais e de talentos em porções factíveis.

Num primeiro nível, os usuários criam uma colônia (isto é, uma empresa) para depois definirem campos de trabalho (por exemplo, financeiro, jurídico, *marketing*) que são associados a uma gama de tarefas, a menor unidade dentro de uma colônia. A Colony usa palavras-padrão em um contexto diferente para descrever as várias funções que os participantes desempenham na colônia. Os gerentes definem as tarefas que precisam ser feitas, os trabalhadores as completam e os avaliadores decidem se a tarefa foi terminada com o nível de qualidade exigido.

Os participantes sobem de cargo (gerente, trabalhador ou avaliador) através da reputação acumulada, reputação esta conseguida através da concretização de suas tarefas. Quanto maior o número de tarefas realizadas objetivamente com alta qualidade, melhor será sua reputação. Quanto melhor sua reputação, maior a função de liderança que um participante poderá exercer na colônia e maior a fatia que o participante receberá sobre o valor gerado pela colônia. Crucial para o *ethos* meritocrático da Colony é o fato de a reputação degradar caso um participante pare de contribuir. Um investimento anterior não dá aos participantes qualquer parcela sobre o valor ao longo da vida de um empreendimento. Nem o carisma, preferências, ser atraente, a instituição em que estudou ou quem são os seus amigos, têm influência em um ambiente organizado em torno de quem realiza algo com o nível de qualidade exigido. Ninguém pode bancar sua influência. Os incentivos e as recompensas se baseiam em contribuição contínua e permanente.

Em 2019, a Colony ainda não estava funcionando com a sua solução. Destacamos a startup não pela empresa em si mas sim pelas ideias que ela representa: ambiente de trabalho meritocrático e que liderança e benefícios são fluidos. Quando intelectualmente casamos a ideia de DAOs atuando como "enxames" com ferramentas organizacionais habilitadas por blockchain do tipo Colony, observamos grandes modificações na forma como as organizações se estruturam e como os líderes galgam posições de autoridade. Examinemos as duas mais de perto.

DA HIERARQUIA À HOLOCRACIA

Hierarquia tem sido o padrão dominante em termos de liderança empresarial há séculos bem como o método organizacional mais comum.[5] Ela

A ORGANIZAÇÃO BLOCKCHAIN 201

vem funcionando há muito tempo para mantermos todos os participantes de um sistema trabalhando no sentido de se alcançar um objetivo comum. Podemos creditar sua longevidade em parte à aplicação da disciplina de gestão corporativa e a influência de vários pensadores do século XX. Por exemplo, Frederick Taylor, Herbert R. Townes e Henry L. Grant foram grandes contribuidores para a administração científica; Frank e Lillian Gilbreth aplicaram os objetivos de eficiência individual às equipes e Peter Drucker ajudou a estabelecer as bases da teoria da administração moderna. Através de suas contribuições e de outros, empresas centralizadas e hierárquicas desfrutaram de grande produtividade, mais do que organizações mais horizontais ou com poucos níveis hierárquicos. Acadêmicos atribuíram essa produtividade à clara rede de relações e aos sistemas de recompensa resultantes dentro da empresa. Esses elementos possibilitam aos participantes interagir mais efetivamente entre si e colher os benefícios.[6]

Contudo, as hierarquias apresentam suas desvantagens.[7] Entre os problemas temos a falta de agilidade em face de mudanças, tomada de decisão burocrática que é, ao mesmo tempo, lenta e ignora os fatos de como o trabalho é feito, distância excessiva entre aqueles que tomam as decisões e aqueles que interagem mais com os clientes, além de influência do líder. As hierarquias com muitos níveis também tendem a ter fraco desempenho quando as atividades em que estão envolvidas requerem uma gama de conhecimentos e pontos de vista. A necessidade de tal gama não era usual quando a economia mundial foi dominada por empresas que faziam produtos físicos e quando a conectividade dependia de telefonia fixa e das estradas de ferro. Mas a necessidade é a norma nos ambientes digitais, em particular aquelas influenciadas por soluções digitais, envolvendo telefonia celular, redes sociais e, mais recentemente, as soluções blockchain. Em todas essas situações, métodos de gestão tradicionais são mal providos para fornecer as diversas capacidades necessárias.

Algumas empresas viram logo os limites das hierarquias. Muito antes do surgimento da era digital, alguns radicais enxergavam os benefícios de agilidade de estruturas mais horizontais e descentralizadas. No livro *The Misfit Economy*, Alexa Clay e Kyra Maya Phillips descrevem a estrutura organizacional igualitária adotada por piratas britânicos no século XIX. Já que os riscos da pirataria eram absorvidos por todo mundo, os piratas operavam como grupos coletivos em que todo mundo tinha direito a voto e todos recebiam a mesma parcela dos saques. O "capitão" tinha autoridade diferencial apenas durante batalhas.[8]

Alguns exemplos mais modernos de empresas não-hierárquicas são: ITW (Illinois Tool Works), tão decantada por operar como uma organização federada com um núcleo central que estabelece padrões e estratégias, mas deixa que indivíduos operando unidades mantenham liderança e tomada de decisão locais. Se uma unidade deste tradicional fabricante de máquinas se tornasse muito grande, os líderes a subdividiam em várias unidades menores de modo que cada uma delas pudesse manter uma abordagem empreendedora ao seu mercado. A ITW operou usando esse modelo por décadas e hoje é uma empresa avaliada em US$ 14,3 bilhões.[9]

A Johnson & Johnson é igualmente conhecida pelo seu modelo federativo. Seu ex-CEO, William Weldon, explicou em 2003 que a estrutura descentralizada da J&J é produto de suas diversas linhas de produto nos setores farmacêutico, de bens de consumo e dispositivos médicos. As diferenças no foco, cliente-alvo e complexidade regulamentária requerem que cada produto opere como uma empresa própria e com liderança independente.[10] Weldon disse que o desafio de manter tantas unidades independentes alinhadas vale a pena, dada a resiliência aumentada que a estrutura descentralizada dá à J&J. Se surgir um problema em um dos departamentos, ele não consegue repercutir nos demais.[11]

Ainda mais afastada do modelo hierárquico é a Zappos, varejista *on-line* de roupas e calçados engajado em um experimento radical com holocracia, uma abordagem organizacional que descentraliza a autoridade sobre a tomada de decisão passando-a para equipes auto-organizadas e autogovernadas. Embora observadores notem que a Zappos tem tido uma rotatividade de mão de obra sem precedentes desde que adotou essa estrutura organizacional holocrática, seus líderes veem essa rotatividade como um produto derivado natural dessa mudança. Nem todo funcionário quer fazer parte desse experimento.[12]

Conforme nos mostra a Zappos, pessoas acostumadas a ter limites claros podem se sentir desconfortáveis em relação às demandas colaborativas de uma organização descentralizada. Os dirigentes da Zappos são otimistas em relação aos desafios gerados pela adoção de um modelo descentralizado de organização, mas as dificuldades de se mudar uma cultura são reais para qualquer organização tentando uma reorganização radical.

Enquanto realizávamos pesquisas para este livro, conversamos com vários líderes com experiência em organizações descentralizadas. Um dos entrevistados havia sido executivo de um conglomerado manufatureiro internacional que adotou a descentralização. Esse executivo, que concordou em dividir sua experiência de forma anônima, relatou que o modelo descentralizado funcionava bem no nível de unidades de negócios individuais, que desenvolviam produtos e modelos de negócios específicos e que operavam como agentes colaborativos e que se auto-organizavam em seus mercados. Porém, a transformação completa foi dificultada por uma continuidade no comportamento hierárquico e centralizado dos departamentos operacionais como financeiro, *marketing* e RH. Os líderes desses departamentos ainda precisavam de uma unidade de negócios para obter aprovação antes que pudessem liberar recursos orçamentários, fizessem uma nova contratação ou terceirização, elaborassem uma campanha de *marketing* ou fornecessem outros serviços centralizados.

Lubin, CEO da ConsenSys, compartilhou suas perspectivas sobre a liderança de uma organização jovem engajada em um experimento radical. "A ConsenSys está tentando evitar o controle e comando de cima para baixo. Entretanto, isso poderá resultar em uma perda de clareza e responsabilidade pela prestação de contas que se tem de graça em uma organização centralizada".[13] A empresa precisará de novos processos para garantir essa clareza e responsabilização. Lubin também disse que operar como uma organização descentralizada não significa que ela rejeite completamente abordagens hierárquicas. Por exemplo, poder-se-ia criar uma estrutura hierárquica de curto prazo em um dado projeto através de um acordo explícito, de modo que a Pessoa A pudesse ser responsabilizada perante a Pessoa B em dada situação desde que B pudesse ser responsabilizada diante A em outra situação.

As experiências desses dois executivos sugerem que operar segundo o *ethos* colaborativo do blockchain requer vigilância por parte dos líderes. Caso contrário, poderia ser fácil cair em práticas que trazem clareza e responsabilidade pela prestação de contas "de graça", conforme colocado por Lubin. A cultura organizacional atrai certos tipos de pessoas. Mudar a estrutura de uma organização e, ao mesmo tempo, manter todas as pessoas a postos, independentemente de suas inclinações, cria conflitos. Para nos aprofundarmos mais nessa observação, vamos dar uma olhada nos estilos de liderança e como eles poderiam evoluir dentro do ambiente sem liderança do blockchain.

DA AUTORIDADE PARA A PARTICIPAÇÃO

Em ambientes com controle e comando hierárquico, em geral os líderes chegam a esta posição por demonstrarem habilidade em tomar decisões difíceis e independentes sem ouvir seus subordinados. Em outras palavras, eles podem vir a se tornar autoritários. Alternativamente, eles poderiam chegar a essa posição pela sua capacidade de serem burocráticos e seguirem uma cartilha de regras formais e informais. Finalmente, eles podem ser carismáticos e conquistar seus funcionários e influenciá-los em suas ações devido à afabilidade pessoal.[14]

Entretanto, estilos autoritários, burocráticos ou carismáticos muito provavelmente não serão bem-sucedidos em um ambiente blockchain, dado o *ethos* de participação igualitária, livre acesso e contribuição espontânea. Adicione a isso artefatos tecnológicos que estarão tomando decisões autonomamente com o auxílio de IA e você terá outra camada de objetos que se dirigem e fazem buscas por conta própria e que terão uma influência considerável. O blockchain empodera essas partes móveis independentes através da descentralização, do consenso e incentivos/recompensas individuais na forma de *tokens*. Num ambiente desses é difícil imaginarmos o poder fluindo para um líder dando instruções em frente de sua sala.

É mais provável que a vantagem esteja com pessoas hábeis em formas colaborativas de liderança, incluindo as assim chamadas liderança participativa e liderança a serviço de seus subordinados, abordagens que existiam bem antes do surgimento do blockchain e que ganharam impulso fora da esfera digital.[15] Por exemplo, o gigante da indústria automotiva, Toyota, é considerado modelo da liderança a serviço de seus subordinados devido à sua ênfase em *coaching* e no desenvolvimento dos outros. Não se trata de blá-blá-blá. A Toyota organiza sua estrutura de subordinação (hierárquica, por sinal) de modo que nenhum líder tenha mais do que oito subordinados diretos.[16] O propósito é dar aos líderes o tempo necessário para treinarem seus subordinados diretos e, ao mesmo tempo, receber orientação de seus líderes diretos em relação às suas responsabilidades pelas linhas de produto (desenvolvimento próprio é outro princípio fundamental da liderança estilo Toyota).

Esses movimentos de liderança colaborativa não dependem necessariamente de blockchain, mas esse tipo de liderança e o blockchain são mutuamente complementares. Mais ainda, líderes naturalmente propensos a colaborar e a encorajar o consenso de grupo terão vantagem em ambientes descentralizados em relação àqueles que dependem da autoridade de um cargo.

LIDERANDO QUANDO NÃO HÁ SEGUIDORES

Para considerarmos a estrutura organizacional e o comportamento de liderança em relação ao blockchain, vamos voltar aos "enxames". Essas estruturas demonstram diversas qualidades relevantes para a liderança blockchain.

Primeiramente, um "enxame" tem coordenação descentralizada. Um "enxame" tecnológico não é um grupo no sentido tradicional. Não existe um líder e os participantes não são escolhidos. Os "enxames" são holocráticos: os participantes se autoelegem para o "enxame" e se autogerenciam enquanto dentro dele. Essa qualidade sugere que líderes blockchain bem-sucedidos têm habilidade para formular objetivos ou problemas e encorajar participantes qualificados a optarem por um dado projeto. Uma formulação clara dos objetivos, definições transparentes dos resultados a serem atingidos bem como dos incentivos permitem aos participantes se associarem e tomar medidas que os beneficie como indivíduos e a rede como um todo. Soluções blockchain como Colony ou Bounty0x, uma solução de postagem de tarefas, é capaz de fornecer os mecanismos técnicos através dos quais as empresas e os participantes executam a visão.[17]

Em segundo lugar, os "enxames" são dinâmicos tanto em tamanho quanto em escala de atividade. Líderes que formaram ou participaram de equipes ágeis ou cujas organizações adotaram uma abordagem bimodal para a transformação digital estarão familiarizados com esse tipo de desenvolvimento em equipe.* Líderes blockchain precisarão de habilidades similares

---

* *Bimodal* é a prática de gerir dois estilos de trabalho distintos mas coerentes: um focado na previsibilidade e o outro na exploração. O modo de previsibilidade é otimizado

àquelas dos líderes ágeis. Eles precisam ter uma visão geral ampla, enxergando conexões entre as partes díspares e identificando quaisquer necessidades. Em vez de se comunicar de cima para baixo, um líder blockchain conectará pessoas, coisas ou recursos que talvez possam não estar cientes uns dos outros.[18] Os líderes continuarão a agir assim até as coisas se tornarem suficientemente inteligentes para descobrirem e se envolverem entre si.

Em terceiro lugar, os "enxames" respondem e se adaptam a seus ambientes. Se seus membros recebem novas informações, eles podem mudar autonomamente para uma linha de ação alternativa. Líderes neste ambiente provavelmente precisarão se adaptar rapidamente a novas informações. Eles não podem ficar muito atrelados a um plano estratégico quinquenal ou a qualquer outro resultado predeterminado se evidências sugerirem que o contexto mudou. A Figura 8-1 sintetiza os estilos e comportamentos de liderança que serão necessários em um ambiente descentralizado e não hierárquico impulsionado por blockchain, e os compara com uma hierarquia tradicional.

COMUNICANDO A RAZÃO PARA ESTAR LÁ E COMO FAZER AS COISAS

Como os líderes atraem e motivam as pessoas em ambientes progressivamente mais descentralizados? Como todas as organizações, as descentralizadas precisam desenvolver métodos para atrair participantes capazes de prosperar em culturas descentralizadas e desencorajar aquelas que não são. Para tanto, você deve "começar tendo em mente a finalidade", conforme Stephen Covey alertou há três décadas.[19] Colocado em termos mais sim-

---

para áreas que são mais previsíveis e fáceis de serem entendidas. Seu foco é na exploração daquilo que é conhecido e, ao mesmo tempo, reorganizando o ambiente legado para um mundo digital. Já o outro modo é exploratório, fazendo experimentos para resolver novos problemas e otimizado para áreas de incerteza. Ambos os modos são essenciais para criar valor substancial e impulsionar mudança organizacional, sendo que nenhum dos métodos é estático. A combinação de uma evolução de produtos e tecnologia mais previsível (o primeiro modo) com o novo e inovador (o segundo modo) é a essência da capacidade bimodal e transformação digital.

FIGURA 8-1

Estilos de liderança, da hierarquia para a holocracia

Hierarquia		Holocracia
	Estilo de liderança	
Físico	Localização	Virtual
Obrigação	Ênfase	Iniciativa
Função	Avaliação	Capacidades
Linear	Modo de pensar	Único da coletividade (semelhante àquele adotado em colmeias)
Em redutos	Engajamento	Fluido
Contínuo	Feedback	Descontínuo
◄───►		
	Comportamento da liderança	
Instruir	Como *influenciar*	Incitar
Autorizar	Como *habilitar*	Empoderar
Estabelecer metas	Como *orientar*	Buscar objetivos
Direcionar recursos	Como *gerenciar*	Interligar recursos
Supervisionar	Como se *engajar*	Atuar como mentor
Descontínuo	Como *recompensar*	Continuamente

ples, liderar em um ambiente descentralizado blockchain aprimorado requer uma visão.

Quando uma organização é capaz de buscar valor de forma autônoma, se auto-organizar, estabelecer parceiros e interagir com outras empresas autônomas, deve-se definir categoricamente qual o motivo para a sua existência e como ela faz aquilo que lhe foi designado. Organizações tradicionais, que possuem os seus mecanismos de controle e equilíbrio naturais inerentes à lenta cadência do processamento mental humano e reuniões trimestrais do conselho, podem se tornar mais flexíveis usando estas regras.

Consideremos apenas o volume de negócios que uma DAO consegue realizar em um dia de trabalho de um ser humano. Teoricamente, a organização irá acessar volumes enormes de dados, tirará conclusões a partir deles e executará milhares, se não milhões, de transações antes mesmo de você ter conseguido levantar de sua cama para ir tomar o café da manhã. Não haverá limite no número ou intervalo de interações que uma organização poderia realizar em apenas alguns minutos. Os termos de concorrência entre duas empresas com essas capacidades poderiam depender das menores diferenças de oportunismo – ou ética. A pressão competitiva será feroz, criando uma possível concorrência predatória na tentativa de ganhar o negócio. Nós realmente queremos que DAOs operando neste mundo ajam assim, sem limites? Queremos que estas empresas sejam capazes de atuar de forma conivente? A experiência no curto prazo com algoritmos desenvolvidos para substituir o julgamento humano em certas áreas – cumprimento de legislação e aprovação de crédito imobiliário, apenas para citar algumas – mostra que os algoritmos são capazes de trazer consigo os mesmos comportamentos parciais dos seres humanos. Na qualidade de líder, você precisará ter maneiras de colocar limites nas decisões algorítmicas, avaliar como elas mudam e determinar se tais mudanças são razoáveis.

Além da imparcialidade e da ética, existirão mecanismos de controle em empresas descentralizadas com blockchain pela mesma razão que existem tais mecanismos hoje: trata-se de uma exigência legal. Embora elas normalmente retardem a adoção da tecnologia, a legislação acaba encorajando certos comportamentos comerciais e restringindo outros. O blockchain poderia acelerar a reação regulatória, pois o registro imutável permite aos reguladores auditarem suas ações de forma mais fácil e ágil, e qualquer ressarcimento judicial poderia ser igualmente dinâmico, já que os órgãos reguladores têm acesso às mesmas ferramentas.

Além da legislação, há também os valores. Apesar da famosa afirmação de Milton Friedman de que a única responsabilidade de uma empresa é gerar lucro para seus acionistas, muitos líderes – e quem sabe de forma mais saliente, os clientes – acreditam que as empresas devam operar com um mínimo de respeito pelas pessoas e recursos que a permitem prosperar.

Os desafios inerentes em liderar um algoritmo são tão importantes quanto aqueles de liderar pessoas. Felizmente, esses desafios estão intimamente ligados. Ambos levarão os líderes a definirem uma visão, missão e valores, pois ter uma razão para existir e o que se faz ajuda a reunir os talentos e recursos necessários. Ele fornece uma referência para as regras e termos codificados em uma *dapp* (aplicação descentralizada).[*] A partir dessas regras, você pode então atrair participantes para ajudá-lo a alcançar os objetivos da empresa. Esta abordagem dá às pessoas a oportunidade de participar de acordo com suas capacidades. Uma vez que as pessoas participem, você precisará de uma forma para avaliar a qualidade do trabalho delas, recompensá-las pela contribuição e criar incentivos para elas permanecerem ou retornarem. Também aqui o blockchain pode desempenhar uma função, facilitando a auditagem de um registro de trabalho e recompensar a qualidade através de *tokens*.

Lubin falou um pouco a respeito de alguns mecanismos que a ConsenSys está testando nesse filão. Por exemplo, um programa de "recompensa" da ConsenSys enumera iniciativas que precisam de recursos. "Estamos preparando pessoas 'inteligentes' para se juntar aos nossos projetos", nos disse ele, "e podemos especificar o trabalho. Em Gitcoin, podemos contratar estas pessoas caso o projeto ou a companhia goste delas". Sobre a importância de termos exigências claras, Lubin sugeriu que elas devem fazer parte de um acordo obrigatório legalmente baseado em blockchain, acordo este entre uma empresa e um colaborador: "Devemos especificar a visão, missão, objetivos operacionais, o conselho de administração, o método para se realizar o trabalho. Identificar histórias ou problemas caso uma equipe de desenvolvimento de software se veja diante de um problema. Precisamos desses mecanismos, além de mecanismos para *feedback*. As equipes terão meios para especificar que resultados elas esperam alcançar e uma única pessoa passível de ser responsabilizada por cada resultado esperado, bem como resolução de litígios, arbitragem – tudo isso deve fazer parte de um acordo".

A mensagem de Lubin e outros com os quais conversamos revela que as exigências de clareza em organizações descentralizadas são grandes. Obviamente, assim que tiver esses recursos, você precisará de formas para

---

[*] Uma aplicação descentralizada, ou *dapp*, é um termo guarda-chuva para uma aplicação que contém código para executar acordos e incluir contratos inteligentes. Mas diferentemente dos contratos inteligentes, as *dapps* executam transações entre conjuntos fluidos de participantes (um número não fixo deles) e não precisam envolver obrigações financeiras. As *dapps* caem em três categorias: *apps* para valor, apps para governança, regras, votação e coisas do gênero e, finalmente, apps para processos (por exemplo, celebração de contratos).

reconhecê-los e remunerá-los. O blockchain exerce uma função na recompensa também.

EMPODERANDO TRABALHADORES ATRAVÉS DO BLOCKCHAIN

O desafio de recrutamento e gestão de talentos é perene. A pesquisa de opinião CEO 2019 da Gartner revela que 32% daqueles que a responderam acredita que vai precisar de uma mudança substancial ou total no quadro de pessoal ao longo dos próximos três anos.[20] Uma sondagem com CEOs realizada em 2018 pela Conference Board indicou que os CEOs deixaram de colocar "atrair os talentos corretos" no topo da lista das preocupações daqueles que responderam à pesquisa, acima da necessidade de criar novos modelos de negócios para competir com tecnologias disruptivas.[21] E a 21.ª pesquisa anual com CEOs feita pela PwC (Pricewaterhouse and Coopers) da mesma forma mostra que 80% dos CEOs ao redor do mundo acreditam que sua empresa não possui as habilidades digitais necessárias para competir.[22] O blockchain traz novas alternativas para a maneira através da qual líderes e talentos encontram uns aos outros, trabalham juntos, criam valor e são remunerados.

Atrair talentos em um ambiente digital não pode ignorar o impacto crescente de modelos temporário, contratual e contingente. No mundo analógico, há um setor global crescente de fornecimento de mão de obra que supre talentos no curto prazo.[23] Plataformas de trabalhadores contingentes como Lyft e Uber na área de transporte e TaskRabbit, Upwork e a chinesa Ziwork para atividades que precisam de mão de obra, mas não relacionadas com transporte, de forma similar, dispõem de um mecanismo para encontrar trabalhadores. Pesquisa feita pelo JPMorgan Chase & Co. Institute mostra um crescimento de 300% na participação de trabalhadores americanos nestas plataformas desde 2013.[24] Na Europa Ocidental, acredita-se que 9 a 22% dos trabalhadores (conforme o país) já tenham feito algum trabalho através de plataformas digitais.[25] Vendo este potencial, as grandes organizações estão aplicando o modelo contingente para completar seus quadros. A firma de contabilidade PwC lançou o PwC Talent Exchange reconhecendo as necessidades do pessoal volátil e o *Washington*

A ORGANIZAÇÃO BLOCKCHAIN

Post criou sua própria plataforma Talent Network para encontrar jornalistas *freelances*.[26] Somando tudo isso, mais de 16 milhões de trabalhadores apenas nos Estados Unidos trabalham de forma contratual, *freelance* ou contingente.[27]

O impulso por trás dessa tendência de suprimento de mão de obra *freelance* e contingente é indiscutível. Da mesma forma são os problemas com os mecanismos existentes para encontrar trabalhadores adequados para as vagas existentes, confirmar o trabalho e remunerar os trabalhadores. Dados esses desafios, as startups blockchain, sem surpresa alguma, estão surgindo com novas soluções para mediar o trabalho contingente.

A Heymate lançou na Suíça, em 2018, uma solução para facilitar as negociações entre trabalhadores e empregadores, sem o leilão de preços típico de plataformas para trabalho contingente como a Upwork.[28] A Workchain oferece uma solução para folha de pagamento desenvolvida para possibilitar o pagamento imediato por trabalho completado, um grande problema da economia contingente, dado o grande tempo de espera de algumas plataformas entre o momento em que o trabalho é terminado e aquele que o trabalhador efetivamente recebe. A Workchain facilita o pronto pagamento através de uma solução que permite aos trabalhadores registrados na plataforma realizarem um trabalho, ter este trabalho verificado no blockchain e terem seu dinheiro enviado imediatamente para uma carteira da Workchain e que pode ser sacada por eles por meio de um cartão de débito pré-pago Visa. A Workchain também oferece uma forma de empréstimo de folha de pagamento que permite a trabalhadores dignos de crédito de conseguirem adiantamentos sobre futuros pagamentos.

Outra solução blockchain que visa alcançar o mercado de recrutamento e gestão de mão de obra contingente é o ChronoBank de Sidney, Austrália. A solução do ChronoBank, chamada LaborX, é uma plataforma blockchain para mão de obra que permite a empregadores e trabalhadores se conectarem e fazerem acertos de trabalho.[29] Os empregadores compram horas de mão de obra em LH, o *token* homens-horas, que está vinculado ao salário-mínimo por hora do país de origem do empregador participante.[30]

A natureza cada vez mais global da economia precisa, da mesma forma, de soluções que tornem mais fácil para um empregador pagar trabalhadores localizados em outro país. A startup Bitwage administra a conversão para a moeda local em que o trabalhador é pago.[31] Para encontrar pessoas para trabalhos por contrato ou *freelance*, a Bitwage possui um braço para recrutamento que busca trabalhadores adequados para as vagas anunciadas.

Tanto o ChronoBank quanto a Workchain estão resolvendo apenas um aspecto da complexa relação entre dirigentes empresariais e as pessoas que trabalham para eles. Imagine-os como inspirados em blockchain no nível de suas ambições, dado o foco deles em converter um processo existente para um ambiente digital descentralizado. Outras organizações como a startup Colony, descrita anteriormente neste capítulo, estão indo mais além tentando reimaginar o suprimento de mão de obra e de trabalho para resolver o problema do engajamento contínuo possibilitado através de transparência e remuneração.

TRANSPARÊNCIA E REMUNERAÇÃO

Um dos aspectos mais interessantes daquilo que uma empresa blockchain pode fazer é dotar tanto líderes como trabalhadores do mesmo poder para optar por trabalharem juntos e das mesmas informações sobre o quão bem cada um deles realiza o trabalho. Os empregadores gostam de dizer que os trabalhadores possuidores de habilidades em alta demanda têm certo poder, pois as empresas precisam deles para atender as demandas dos clientes. Trabalhadores muito procurados até podem ter algum poder, mas este é diminuído por limitações impostas por políticas corporativas em relação a benefícios e remuneração de empregados e onde eles podem trabalhar. Da mesma forma, métodos de avaliação ditam, normalmente de cima para baixo, como o trabalho realizado por uma pessoa é julgado e recompensado. Há pouco espaço para o trabalhador mediano negociar; até mesmo trabalhadores bastante experientes enfrentam limites rígidos.

A transparência radical possível em um negócio blockchain poderia mudar esse sistema hierárquico. Organizações blockchain algorítmicas conseguem operar apenas se forem abertas em relação ao que fazem, o trabalho que elas precisam que seja feito e as habilidades que elas precisam para fazer isso. A qualidade dos resultados dos trabalhadores estará aberta para escrutínio, assim como o trabalho de seus líderes. As recompensas da mesma forma serão transparentes e habilitadas via *tokens*.

A ORGANIZAÇÃO BLOCKCHAIN

Um blockchain não pode ser vago em relação às exigências necessárias para se atingir um determinado resultado, a relação entre trabalho realizado e pagamento ou com que critérios um trabalhador ou líder é alocado para uma determinada função. Transparência, imutabilidade e possibilidade de ser auditado garantem essa clareza. A existência de uma disciplina categórica para converter processos (como, por exemplo, metas e objetivos do funcionário) em algoritmos forçará líderes e suas empresas a serem específicos. Os líderes, algumas vezes, até precisam ter uma tendência ao absolutismo na maneira como definem as necessidades dos talentos de modo a poder controlar e limitar atividades dentro da cadeia.

Nem a especificidade exclui a parcialidade. As empresas provavelmente acabarão, sem querer, agregando certas tendenciosidades ao blockchain e, consequentemente, nos seus programas de gestão de talentos. Os líderes precisam ter bastante cuidado ao definirem necessidades e aprovar a participação em redes blockchain. As organizações blockchain – como todas as demais – precisam adotar rigorosos padrões éticos.

Estamos analisando aplicações prévias do blockchain para recrutamento e gestão de talentos. Os departamentos de RH, por exemplo, estão explorando soluções blockchain na verificação das credenciais de um candidato. A startup blockchain APPII oferece uma plataforma para essa finalidade. Algumas ferramentas também possibilitarão que funcionários desenvolvam habilidades e renovem certificações, como as soluções que destacamos para o setor educacional que capturam e armazenam as credenciais de alunos e fazem a combinação do perfil do aluno com os professores adequados para desenvolvimento de habilidades. Esses exemplos são compatíveis com estruturas organizacionais hierárquicas e são elaborados segundo a perspectiva da organização. Tal perspectiva é aplicável no ambiente hierárquico atual, embora sugiramos que a visão da Colony de equilíbrio bidirecional, em que os líderes avaliam os trabalhadores e os trabalhadores avaliam os líderes, ofereça um modelo mais interessante e útil para o futuro. Conforme visto anteriormente na Figura 8-1, sair de uma estrutura tradicional de cima para baixo e ir para uma mais horizontal e flexível implica uma mudança para a holocracia – o modelo organizacional adotado pela Zappos.

Na holocracia, os trabalhadores tomam a iniciativa, define e buscam alcançar suas próprias metas à medida que aumentam suas habilidades ou

214 O VERDADEIRO VALOR DO BLOCKCHAIN

veem novas oportunidades. Em termos práticos, os trabalhadores optarão ou não a se candidatar a uma tarefa ou participar de um projeto; eles não serão alocados, como acontece hoje em dia na maioria dos casos. Importante frisar que o modelo de adesão poderia ser usado com a mesma facilidade com um celeiro de talentos interno quanto com uma força de trabalho descentralizada. O modelo poderia operar tendo todos os participantes identificados com um conjunto de dados tokenizados que documente as qualificações, conhecimentos, credenciais, confiabilidade, preferência de horário e últimas realizações. Lubin disse que a ConsenSys está testando um sistema de remuneração baseado em *tokens* que remunera as pessoas por preencherem determinadas informações ao entrar na empresa como, por exemplo, colocar o seu perfil de qualificações em uma carteira tokenizada que poderia ser usada para se envolver em projetos. A mesma abordagem poderia se aplicar a você como líder.

Esse tipo de transparência radical pode agregar objetividade – poderíamos nos atrever a dizer equidade? – ao ambiente de trabalho através do acesso a informações. Outra opção habilitada pela tecnologia é a *futarquia*, um modelo de governança em que as comunidades empresariais definem medidas de sucesso para um dado empreendimento para depois usar tecnologias de predição para identificar quais ações têm maior possibilidade de gerar os resultados desejados.[32] Concebido pelo economista Robin Hanson como um modelo para governo, a futarquia tem sido adotada pela comunidade de blockchains e vários outros mercados de predição têm surgido, entre os quais Augur, Stox, Gnosis, AlphaCast e Hivemind.[33]

Estes mercados poderiam dar maior visibilidade sobre as exigências e possíveis contribuições de um dado projeto. Tanto líderes quanto trabalhadores seriam avaliados, remunerados e recompensados (via *tokens*) de acordo com resultados concretos. Simpatia, contatos pessoais e a habilidade de publicamente se autopromover teria menos impacto nos níveis salariais e bônus do que o desempenho. Discriminação em termos de raça, idade, orientação sexual ou características físicas seriam menos predominantes em um ambiente anônimo (mais uma vez, supondo-se que a tendenciosidade algorítmica que tivesse sido identificada em contextos anônimos fosse eliminada à medida que os programadores fossem se aperfeiçoando na escrita de código inteligente).[34] Um grande erro cometido no passado poderia implicar menos peso na avaliação no contexto de trabalho de alta qualidade e de forma consistente. As recompensas não viriam através de uma "prova de autoridade" de um líder. Essa mudança no fluxo e controle das recompensas poderia influenciar diretamente o comportamento. Se os trabalhadores sabem que podem conseguir uma parcela maior, será que eles contribuiriam mais? Os líderes investiriam mais consistentemente nas pessoas com as quais trabalham e as iniciativas sob sua supervisão?

DESAFIOS NA LIDERANÇA BLOCKCHAIN

Havíamos situado o presente capítulo como um experimento idealizado no sentido de como o largo uso do blockchain poderia mudar as estruturas organizacionais e de liderança. Apesar da promessa, o blockchain também tem alguns desafios importantes no que tange a empresa. Embora o ambiente de hoje nos dê poucos indícios de quais poderiam ser esses desafios, entre eles teríamos responsabilidade pela prestação de contas, supervisão e comportamentos usuais dos líderes. Vamos dar uma olhada neles, um de cada vez.

O tema responsabilidade pela prestação de contas no blockchain surge com frequência entre nossos clientes, a maior parte das vezes no contexto de incerteza. Por exemplo, os líderes têm que lidar com a situação de quem deve ser responsabilizado caso a atividade entre dois participantes anônimos seja considerada ilegal. Caso haja vários proprietários de uma solução que passa por uma violação de dados que provocou grandes prejuízos, quem deve ser imputado?

Quando uma organização comete um delito contra diretrizes regulamentárias em um ambiente centralizado, os órgãos reguladores se dirigem aos líderes para ressarcir os danos. Em casos extremos, esses líderes podem ir para a prisão. Trata-se de um ótimo motivo para alguém cumprir a lei. Contudo, conforme destacado ao longo deste capítulo, organizações descentralizadas com operações que se desdobram autonomamente em uma rede, não têm líderes da mesma forma que nas organizações com estrutura hierárquica e que funcionam no mundo físico.

Poderia uma DAO nesta situação ser regulada? Deveriam as DAOs ser regulamentadas da mesma forma que as organizações tradicionais cujo centro é o ser humano? Caso ocorra um descumprimento da legislação – mesmo uma provocada por um erro em uma linha de código no meio de outras milhões delas – a quem caberia o ônus da responsabilidade? Não sabemos as respostas para estas perguntas e os órgãos reguladores não se manifestaram sobre as nuances da governança do blockchain, afora alguns poucos comentários sobre criptomoedas.

Outro grande problema com as complexas implicações é a supervisão da tomada de decisão. Em um ambiente físico, em que a maioria das decisões é tomada por pessoas, existem mecanismos de controle e equilíbrio naturais. Líderes ouvem a opinião de seus superiores, pares, subordinados e clientes. Um algoritmo rodando em um blockchain não recebe este *feedback* contínuo. Consequências involuntárias alguma hora ficarão claras, mas, provavelmente, apenas depois de milhões de interações e transações.

Puristas do blockchain acreditam que o mecanismo de consenso, se suficientemente grande, jogará fora decisões ruins. Achamos pouco sensato não levar em conta a segurança desse mecanismo. Nossa preocupação é exacerbada pela escassez de estruturas éticas e governança em torno do uso da IA. Organizações podem decidir como uma questão política codificar a supervisão de liderança em operações de DAOs. Mas manter a autoridade e a consistência enquanto as DAOs crescem para milhões de linhas de código aplicados em múltiplas jurisdições e constantemente atualizadas poderia ser problemático. Em suma, supervisão e governança possuem poucas soluções simples.

Uma questão final afeta o comportamento usual dos líderes. A tendência das pessoas de partir para um conjunto de hábitos já arraigados é bem documentada na psicologia comportamental.[35] As empresas também são vulneráveis a comportamentos padrão, conforme Clayton Christensen destaca em seu livro *O Dilema da Inovação*.[36] Comportamentos padrão já são evidentes no foco da liderança atual no blockchain à medida que a tecnologia reforça modelos de negócios correntes em vez de uma ferramenta para possibilitar a descentralização e novos modelos de negócios.

Certamente, ainda é muito cedo. Os líderes de hoje ainda não tiveram de mudar, mas farão isso quando os computadores puderem ser capazes de armazenar e analisar toda a história de um setor em uma máquina do tamanho de um pen drive. Quando objetos buscadores de valor forem capazes de identificar inteiramente novas formas de valor, será que estes forçarão as empresas a se adaptarem? Desde que seres humanos escrevam os algoritmos e os ensine, o código refletirá pensamento humano. Em princípio, se o pensamento tem uma tendência para a justiça, inclusão e limites ditados pela moral, talvez sua presença não seja danosa. Se o pensamento for no sentido da exclusão e da manutenção do poder e modelos antigos, então os algoritmos poderiam ser problemáticos. Quem decide? Como garantir que decisões algorítmicas não limitem a promessa do blockchain liberar novo valor econômico em um ambiente menos tendencioso e mais colaborativo?

AMPLIANDO SUA VISÃO SOBRE O VERDADEIRO VALOR DO BLOCKCHAIN

O QUE VOCÊ APRENDEU NESTE CAPÍTULO?

A larga adoção de soluções blockchain aprimorado pode vir a ter profundas implicações para a maneira através da qual as empresas atuam e os líderes dirigem, dado que a proliferação de máquinas autônomas e que fazem buscas por si só bem como DAOs criarão um ambiente em que seres humanos e algoritmos possam colaborar para criar valor.

Os "enxames" são uma útil metáfora de como máquinas e humanos poderiam, juntos, realizar objetivos específicos para depois se separarem e se rearranjarem em uma nova configuração para novos propósitos. Organizações como ConsenSys e Colony dão um vislumbre de como as pessoas farão parte de atividades, acumularão reputação e receberão recompensas tomando-se como base suas contribuições.

Holocracias, futarquias e mercados de predição possibilitam participação, colaboração e tomada de decisão mais eficazes bem como transparência na responsabilidade pela prestação de contas, tanto de pessoas quanto de organizações. Uma maneira de eles fazerem isso é através do uso de dados para prever quais escolhas ou comportamentos mais provavelmente levarão a quais resultados. Teoricamente, tais informações motivam os participantes a trabalharem em busca do resultado que desejam obter.

O QUE VOCÊ DEVE FAZER A ESTE RESPEITO?

Você precisa ser claro em relação ao propósito e objetivos da empresa. Em um ambiente descentralizado, talentos e recursos irão decidir autonomamente a colaborar com você devido ao interesse deles em seu propósito e objetivos.

Para manter esses recursos engajados, tome medidas para avaliar o seu estilo de liderança e a estrutura de sua empresa, alinhando-os para formas mais holísticas de trabalho e engajamento.

Procure também conselhos sobre o que será preciso para liderar, colaborar e gerir algoritmos e entidades algorítmicas como as DAOs. Recorra ao arcabouço legal e às estruturas éticas, morais e baseadas em valores para orientação.

Finalmente, reconheça que a cultura de sua empresa irá mudar devido à introdução de agentes autônomos. Examine os mecanismos de recompensa e incentivos usados atualmente tendo em vista o quão bem eles encorajam os profissionais de sua empresa a colaborar. Certifique-se de ter mecanismos de *feedback* multidirecionais para melhorar os resultados, a determinação da responsabilidade pela prestação de contas e a resolução de litígios. Considere como os mecanismos de recompensa irão influenciar o comportamento dos funcionários em relação à colaboração de agentes autônomos.

O QUE VEM A SEGUIR?

Tão importante quanto o engajamento, a colaboração e os incentivos para as organizações comerciais, estes também serão para órgãos governamentais e comunidades civis, sejam eles locais ou "glocais" (tanto *glo*bais quanto *loc*ais). No capítulo seguinte alargamos nosso espectro para examinar o blockchain em termos de sociedade e explorar como uma infraestrutura descentralizada e a tokenização podem abrir portas para uma sociedade blockchain acessível, participativa e geradora de valor.

CAPÍTULO 9

A SOCIEDADE BLOCKCHAIN

Nosso objetivo, quando começamos a escrever este livro, era ajudar líderes empresariais a compreender como o blockchain pode ser usado hoje e no futuro para reinventar quem são seus clientes e parceiros e como estabelecer um envolvimento ativo com eles. Contudo, mesmo com este foco de negócios, nossa pesquisa sobre blockchain sempre tocou na maneira como ele fundamentalmente poderia mudar as regras de engajamento num contexto social mais amplo. Afinal de contas, as empresas são dependentes da sociedade e, ao mesmo tempo, são instrumentos facilitadores para esta. A sociedade estabelece a infraestrutura na qual as empresas operam e, por sua vez, as empresas nutrem a sociedade através de empregos, compromisso econômico e inovação aplicada. Não podemos falar de uma sem reconhecer a influência da outra.

Os modelos para estabelecer um novo contrato social que seja propício à tecnologia e às empresas já está surgindo no mundo do blockchain. O modelo mais comentado dessa associação está ocorrendo na Estônia.[1] O país construiu uma plataforma digital conhecida como X-Road, conectando órgãos governamentais da Estônia a ela. A X-Road é, ao mesmo tempo, completa e restrita: ela suporta uma série de serviços públicos e privados que vão de assistência médica a serviços financeiros, embora nenhum serviço individualmente possa acessar informações de outro sem a permissão da pessoa a quem as informações se referem. Visualizações de determinados registros também são rastreadas e registradas, e o direito daquele que visualiza as informações é autenticado.

Em poucos anos, a X-Road tornou-se tão essencial e confiável segundo a opinião da sociedade estoniana que as empresas constroem suas plataformas em cima dela. Da mesma forma o governo finlandês está alugando a X-Road para sua infraestrutura digital, levantando novas questões sobre a portabilidade de serviços de cidadania, a natureza das fronteiras e soberania do governo. A Estônia está suscitando tais questões com um modelo de *e*-residência que possibilita a não estonianos submeterem pedido de residência na Estônia para depois estabelecerem seus negócios e pagar impostos locais. Na qualidade de um país pequeno com poucos recursos naturais e uma história de vulnerabilidade geopolítica, a Estônia está fazendo uma aposta para independência econômica de longo prazo recorrendo a empreendedores da União Europeia.

Com uma população de apenas 1,3 milhão de habitantes, a X-Road deve acomodar apenas uma fração daquilo que uma plataforma comparável precisaria ter em Londres ou Nova York (com uma população de mais de 8 milhões), para não falar da Cidade do México ou Beijing (com população superior a 20 milhões de habitantes). Mesmo assim, o país está longe de estar sozinho em sua visão da importância de uma rede que permita o compartilhamento de informações em redes não hierarquizadas. O blockchain pode claramente se fundamentar nisso e ser usado para uma gama muito maior de capacidades para reinventar a oferta de serviços e a participação da sociedade. A Lituânia – com seu setor de alta tecnologia, acesso à Internet barato e iniciativas sofisticadas de fintechs e regtechs (tecnologias para resolver questões regulatórias) – adotou as criptomoedas e, em 2018, ocupou o terceiro lugar no mundo em termos de investimentos ICO, atrás apenas dos Estados Unidos e da China.[2] O governo de Malta deu seu parecer no sentido de legitimar o desenvolvimento de blockchain ao criar um organismo regulamentário para supervisionar contratos inteligentes e DAOs.[3] Na Suíça, o governo de Zug emitiu identificadores digitais com base no Ethereum. O Japão implementou diretrizes de regulamentação para permitir o comércio em criptomoedas. Os Emirados Árabes estão buscando implementar uma infraestrutura como parte de sua iniciativa Smart Dubai.[4] Esses exemplos e outros apontam alguns caminhos em que o blockchain está ganhando impulso como ferramenta de empoderamento da sociedade.[5]

O presente capítulo examina os possíveis impactos que o blockchain poderia ter nas sociedades e construtos sociais e, por sua vez, como as sociedades poderão reagir ou se adaptar à medida que o blockchain evolui. Ao longo do capítulo, adotamos tanto uma visão holística quanto uma baseada em componentes. Examinamos como aplicações do blockchain mantidas em redutos poderiam reinventar práticas ou construtos e como esses componentes poderiam consolidar centenas, ou até milhares, de livros-razão habilitados por blockchain, alterando estruturalmente o tecido social. Começamos com uma definição: o que é sociedade blockchain?

OPTANDO POR UMA SOCIEDADE BLOCKCHAIN

Há alguns anos, iniciamos um projeto de pesquisa com vários colegas da Gaertner para descrever em que iriam culminar no futuro os avanços tecnológicos relacionados com Internet, tecnologias móveis, computação na nuvem, *big data*, mídias sociais, IoT, IA e blockchain. Queríamos detalhar como essas tendências tecnológicas, individual ou coletivamente, levariam a mudanças na maneira como seres humanos, coisas, empresas e sociedade interagem. Na época, demos o nome a essa culminação de *sociedade programável*, já que acreditávamos que as interações dependeriam de tecnologia digital, mas influenciariam a maneira como as pessoas se juntariam para formar comunidades e tomar parte em interações sociais persistentes.

A sociedade programável que havíamos visualizado reside no final de uma progressão tecnológica, comercial e social que começou com o advento da *World Wide Web*. Depois de uma década, a progressão havia evoluído para o estágio inicial do negócio digital com a adoção daquilo que a Gaertner chamou de "nexo de forças" para descrever o poder combinado de computação móvel, mídias sociais, computação na nuvem e *big data*.[6] A partir do negócio digital – posição em que nos encontramos hoje – nossas economias e comunidades passarão, primeiramente, por um estágio de negócio adaptável, durante o qual os primeiros agentes inteligentes impulsionados por IA buscarão valor e transacionarão conforme definido por seus algoritmos para depois evoluírem para negócios autônomos em que esses agentes inteligentes se adaptarão e evoluirão de forma independente (veja a Figura 9-1).

FIGURA 9-1

O caminho no sentido de uma sociedade programável

	Web	e-business	d-business	Pós inspiradas em blockchain — Adaptativo	Pós blockchain completo — Autônomo	Pós blockchain aprimorado — Programável
Foco	Constrói e estende as relações para novos mercados	Canais de vendas se tornam globais	Os clientes são pessoas e coisas	Coisas inteligentes se transformam nos principais clientes	Coisas autônomas possibilitam novas formas de valor	Valores derivados de capacidades embutidas
Resultado	Otimiza e amplia as relações	Otimiza canais e interações	Novos modelos de negócios	Maximiza o acesso, alcance e controle	Maximiza as relações com coisas	Possibilita novos sistemas econômicos e sociais
Entidades	Pessoas Empresas	Plataformas	Coisas centralizadas	Distribuídas	Descentralizadas	Programável
Mudanças	As tecnologias alavancam a Internet das informações (IoI)	As operações comerciais e a analítica alavancam a Internet de conteúdo (IoC)	Manufatura distribuída, velocidade financeira	As coisas atuam como procuradores para pessoas ou empresas	As coisas atuam de forma autônoma e alavancam a Internet do valor (IoV)	Seres humanos e coisas colaboram na ""Internet of me" "
Tecnologia	EDI, Web, CRM, ERP	Nuvem, BI, portais, celulares, mídias sociais	APIs, apps, sensores, impressão 3-D, IA	Robótica, máquinas para estabelecimento de metas, IoT, blockchain e gêmeos digitais	Tenta alcançar as metas e algoritmos auto-otimizadores, contratos inteligentes e blockchain	WWL (World Wide Ledge), DAOs, SSI, implantes inteligentes

Abreviaturas: **IA** = Inteligência Artificial; **APIs** = *application programming interfaces* (interfaces de programação de aplicativos); **BI** = *Business Intelligence* (inteligência agregada aos negócios); **CRM** = *Customer Relationship Management* (gestão do relacionamento com o cliente); **DAO** = *Decentralized Autonomous Organization* (organização autônoma descentralizada); **EDI** = *Electronic Data Interchange* (intercâmbio eletrônico de dados); **ERP** = *Enterprise Resource Planning* (planejamento de recursos da empresa); **IoT** = *Internet of Things* (Internet das coisas); **SSI** = *Self-Sovereign Identity* (identidade auto-soberana)

A SOCIEDADE BLOCKCHAIN 223

Muitos elementos tecnológicos impulsionarão no sentido de uma sociedade programável. Por exemplo, coisas interconectadas continuarão a proliferar e recursos computacionais avançados como a computação quântica e a computação na borda tornar-se-ão mais viáveis. IA avançada será usada em aplicações comerciais. O volume de microinterações e transações entre coisas irá aumentar vertiginosamente. Poderosos atores centrais estão investindo em todas essas tecnologias para garantir seu próprio acesso a (ou propriedade de) redes e dados. Entre esses atores temos governos, instituições financeiras e poderosas corporações (inclusive provedores de plataformas digitais).

Ao mesmo tempo a sede por mudança social é grande e continuará a ser. No período seguinte à crise financeira de 2008, cidadãos de todas as inclinações políticas começaram a questionar a credibilidade de intermediários centrais tradicionais. A globalização e a automação tecnológica haviam claramente trazido um crescimento enorme, porém com visíveis consequências involuntárias, mais notadamente um aumento da desigualdade de renda. Moedas fiduciárias foram consideradas por muito tempo um símbolo de confiança, já que fiduciária implica que uma autoridade de confiança – um Banco Central – fez um julgamento qualitativo sobre a habilidade de instituições financeiras acreditadas agirem para defender os interesses do sistema e, por sua vez, fazerem julgamentos arrazoados sobre a capacidade dos tomadores de empréstimo devolverem os recursos emprestados. Quando essas instituições precisavam ser salvas usando dinheiro dos contribuintes, sem nenhuma consequência para seus milionários dirigentes, tratava-se de uma quebra do contrato social.

Clientes e empresas cedem, explicitamente, autoridade a intermediários, incluindo bancos, seguradoras e líderes de governos que elaboram as leis para regulá-los. Esta autoridade é condicional; para mantê-la as instituições precisam provar que o mundo é melhor com eles do que sem eles (reconhecendo que diferentes atores definem benefícios de maneiras diversas). Os membros da sociedade também cedem, implicitamente, autoridade para mecanismos de busca, celulares, dispositivos domésticos inteligentes, plataformas de mídia social e GPS, que todos nós usamos para administrar nossas vidas. Entretanto, à medida que a digitalização e as mídias sociais nos dão uma visão democrática da maneira através da qual a autoridade explícita e a autoridade implícita estão se sobrepondo e até usurpando uma da outra, fica claro que as instituições outrora ditas acreditadas estão avançando no sentido de atingir metas que muitos cidadãos não aprovam nem se beneficiam. Os cismas se tornaram mais pronunciados e a confiança está erodindo em todos os níveis.

Avanços na capacidade tecnológica associados a claras tensões na sociedade sugerem que nossas instituições e infraestrutura sociais são frágeis, quiçá foram rompidas. Todos os países do planeta estão sofrendo no momento as mesmas pressões políticas, sociais e econômicas em diferentes graus. Mais frequentemente isso é evidenciado por cidadãos que são tolhidos da possibilidade de atenderem suas necessidades básicas, como alimentação, moradia, renda, assistência médica, educação e serviços financeiros. Como consumidores da mídia, não podemos confiar na veracidade de nossos jornais impressos ou na TV. Nossa infraestrutura governamental precisa de reparos, atualizações e expansão. Eventos climáticos estão ameaçando vidas e o sustento além de provocarem o deslocamento forçado de pessoas. A confiança entre diferentes grupos na sociedade está ameaçada e as sociedades democráticas estão se tornando mais polarizadas.

Os avanços tecnológicos podem vir a exacerbar esses problemas sociais em vários aspectos. A tecnologia poderia causar a disrupção de fontes de valor a partir das quais as empresas historicamente obtiveram seus lucros. Os avanços também podem vir a provocar obsolescência de certas funções laborais e incerteza em oportunidades futuras de se auferir renda. E o controle e a aplicação de IA no setor social poderiam reforçar a tendenciosidade em relação a quem teria acesso a recursos sociais. Obviamente, o contrário também poderia ser verdade. Avanços tecnológicos poderiam amenizar tais problemas.

Em suma, a sociedade programável tem várias possibilidades. A forma como nós, na qualidade de líderes e cidadãos, administrarmos essa disrupção tecnológica e negociamos pontos fracos em termos sociais irá determinar com o que irá se parecer nossa futura sociedade. No Capítulo 6, na discussão sobre a descentralização das finanças e em outros aspectos, frisamos o impacto que sistemas descentralizados poderiam ter em possibilitar o acesso equânime a recursos e oportunidades e em garantir a responsabilidade pela prestação de contas. Quando passamos para o nível social, as escolhas feitas por cada empresa ou instituição gerarão duas possibilidades para a sociedade programável do futuro. A Figura 9-2 representa esses caminhos divergentes.

Uma sociedade que se baseia em sistemas programáveis, mas centralizados tem o potencial de ser, sinceramente, Orwelliana. Neste tipo de *sociedade programada*, um número muito pequeno de organizações conseguiria ter a propriedade de imensos repositórios de informações relativas a comportamentos, movimentos, finanças, padrões de consumo e até mesmo a saúde e o DNA das pessoas. Nessas circunstâncias, *escolha* se traduziria por "aquelas opções que o *data broker* se beneficia mais em promovê-las". O contrato social implícito seria que tanto indivíduos quanto organizações

FIGURA 9-2

Sociedade programada *versus* sociedade blockchain

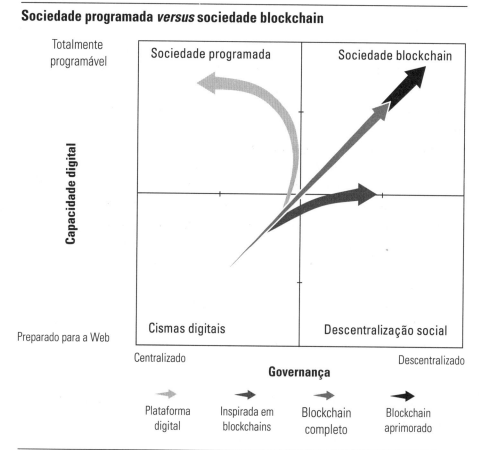

cedem o controle sobre dados, acesso a recursos digitais, contratos relacionados e tecnologia em troca de proteção ao consumidor e visibilidade em plataformas digitais. Novas organizações poderiam apresentar informações de maneira seletiva e ambígua. As recompensas do engajamento social e do trabalho seriam distribuídas de forma desigual. Direitos humanos poderiam ser muito restringidos ao limitar, por exemplo, a possibilidade de poder usufruir de serviços de saúde, poder ser admitido em certas universidades e ter acesso à casa própria em certos bairros. As organizações poderiam limitar a contratação de pessoas a perfis de DNA desejados ou de acordo com o sistema de crédito social designado por um oligopólio, que também se beneficiaria ao mesmo tempo.

Alguns leitores irão tratar isso com escárnio, acreditando que um mundo Orwelliano como este jamais surgirá. Porém, outros já vivem neste mundo. Bilhões de pessoas passam por essa discriminação sistemática em suas interações diárias. Embora haja algo de bom em quase todas as sociedades, o ser humano ainda falha universalmente ao deixar de dar a todos os membros da sociedade acesso igualitário a direitos sociais e recursos públicos. Essa falha se aplica em todos os níveis, seja organizacional ou governamental. Algumas formas de negar o franqueamento são intencionais (por exemplo, quando é negado o sufrágio a certos grupos por questão de gênero, raça, idade ou tempo de casa em uma empresa) e outras não (por exemplo, deixar de apresentar um documento com foto impede que alguém possa acessar o sistema público de saúde ou possa votar em uma eleição). Em uma sociedade programada, estes desvios até poderiam aumentar já que a capacidade de definir privilégios e recompensas ou negá-los se tornaria mais fácil, mais automatizada e aplicada de forma mais abrangente.

Há pessoas e empresas que querem ver este futuro centralizador se concretizar. Eles também gostariam de assegurar direitos para alguns grupos e negá-los para outros. Se a tecnologia pode ajudar esses indivíduos a negar mais rapidamente o acesso de certas pessoas a recursos, eles a usarão. Isso pode acontecer num curto espaço de tempo. Basta considerar a ascensão meteórica dos movimentos populistas de direita em países como Hungria, Polônia, Estados Unidos e Reino Unido, mesmo com o nível de sofisticação tecnológica atual relativamente modesto. Estes movimentos dão a impressão de terem sido feitos para as pessoas – especialmente aquelas que sentem ter direito ao poder, mas que lhe foi de alguma maneira tolhido.

Por outro lado, uma sociedade baseada em sistemas programáveis contudo descentralizados, tem potencial para ser justa e empoderada. Os participantes da sociedade controlam seus próprios dados e são empoderados para defender seus pontos de vista e suas comunidades através de participação efetiva e proativa. Um modelo social descentralizado surgirá apenas quando as tecnologias sobre as quais discutimos ao longo deste livro forem empregadas em escala comercial. Modelos de governança descentralizada, como holocracias e futarquias, facilitariam igualmente um modelo mais empoderado. O contrato social permitiria a indivíduos e organizações liberarem dados e dar a eles acesso a recursos digitais, contratos pertinentes e outras tecnologias em troca de um engajamento maior e uma capacidade de defender e se basear em seus valores fundamentais.

Chamamos esse modelo descentralizado de *sociedade blockchain*. Ele possibilita justiça na autorepresentação, acesso, troca de valores e distribuição dos benefícios sociais. Tal sociedade não é possibilitada apenas por um razão operando em um ambiente digital em rede, mas sim, por um conjunto de redes blockchain descentralizadas que se sobrepõem e se entremeiam para criar uma malha capaz de transações entre redes. O Capítulo 4 tocou nesta interoperabilidade, mostrando como pontos acumulados para bônus poderiam se transformar, como numa metamorfose, em *tokens* que são primeiramente usados com um fornecedor e depois com vários provedores espalhados em um ecossistema. Em outro exemplo de interoperabilidade, os *tokens* para *games* poderiam ser usados em vários *games* em novas plataformas agregadoras. Na Gartner, adotamos o termo WWL (*World Wide Ledger*) para esta malha interoperável de redes blockchain.* O WWL possibilita que *dapps* e livros-razão distribuídos alimentem DAOs independentemente ou como unidades integradas dentro de qualquer organização centralizada. Consequentemente, o WWL introduz um tecido

---

* WWL é uma rede de blockchain, que interage e se sobrepõe, sendo capaz de ser usada de maneira independente (por exemplo, a visualização de um paciente por parte de um plano de saúde) ou combinada (por exemplo, os pacientes podem ver seus prontuários médicos através de vários planos de saúde), conforme a necessidade. Veja Homan Farahmand, David Furlonger e Rajesh Kandaswamy, "Cripto-Politics and 'World Wide Ledger' will Rock your Business Competition", Research Note G00357575 (Gartner, September 17, 2018).

de confiança global que possibilita a operações e unidades organizacionais centralizadas e descentralizadas coexistirem.

Obviamente, são possíveis dois outros cenários. Se sociedades vivenciarem uma rígida limitação à expansão digital e mantiverem seus modelos centralizados atuais, os *cismas sociais* que muitos de nós vivenciamos em nossas comunidades irão se tornar mais profundamente entrincheirados e cada vez mais distópicos. Alternativamente, as sociedades que observam digitalização limitada e se tornam cada vez descentralizadas poderiam passar pela experiência de *descentralização social*. Neste cenário, cidadãos em comunidade ou grupos tribais poderiam compartilhar dados para acessar recursos digitais limitados e respectivos contratos e tecnologias ou como uma maneira de afetar resultados sociais para esses grupos. Dado o ritmo atual da digitalização e oportunidades maiores que a sociedade blockchain suporta, tal cenário parece ter pouca probabilidade de ser sustentável.

Que tipo de sociedade irá emergir com o tempo? Nosso dinheiro se encontra em uma sociedade programada ou então em uma sociedade blockchain. Qual delas temos depende de você, na qualidade de cidadão e líder. Em um ambiente digitalmente sofisticado, as sociedades se formarão como sempre aconteceu, com base em conexões tribais, geográficas, culturais, linguísticas, econômicas ou ideológicas. Mas em uma sociedade blockchain, os participantes escolherão suas afiliações. As sociedades irão da mesma forma manter-se unidas ou se desintegrarão ao longo do tempo dependendo dos direitos, legislação e instituições que regem o contrato social que os participantes definem e emendam através do acesso universal à identidade, ao sufrágio e outras formas de participação social, o blockchain poderia oferecer acesso e participação mais amplos para todos os membros da sociedade. Vamos dar uma olhada em alguns exemplos.

IDENTIDADE NA SOCIEDADE BLOCKCHAIN

Uma parcela significativa da população mundial – mais de 1 bilhão de pessoas – não tem como provar quem são.[7] Mulheres e pessoas jovens são particularmente afetadas, incluindo mais de 670 mil refugiados sírios vivendo na Jordânia.[8] A falta de um documento de identidade torna difícil o acesso a recursos como ajuda alimentar fornecida pelo WFP (*World Food Programme*) pelas Nações Unidas.[9] Em resposta, o WFP vem experimentando uma solução para identificação que se baseia na íris e permite a refugiados no campo de refugiados Azraq, na Jordânia, entrar no supermercado local associado, escolher produtos alimentícios e submeter-se a um escaneamento da íris de autoidentificação em uma plataforma blockchain do WFP. A transação é então verificada e autenticada, associando-se a identidade do comprador com os *vouchers* de alimentação que o WFP entregou a ele. A solução começou como um teste-piloto envolvendo uma centena de refugiados e agora está sendo considerada para ser estendida a todos os 500 mil refugiados sírios vivendo na Jordânia e recebendo apoio do WFP. Observadores notaram que, ao longo do tempo, a solução de ID blockchain poderia ser estendida para outras finalidades – como, por exemplo, verificar credenciais para um programa laboral.

DE AZRAQ, JORDÂNIA, A AUSTIN, TEXAS

O trabalho das Nações Unidas com blockchain inspirou outros grupos ao redor do mundo a levarem em consideração o blockchain para resolver problemas similares de acesso e identificação. Assim como os refugiados, os moradores de rua normalmente não têm um documento de identificação. Quando não se tem um lugar para morar, fica difícil ter coisas de sua possessão e, sem um documento físico de identidade, não se pode fazer uso de serviços de assistência social.

"O exemplo mais claro é usar uma clínica de saúde", disse Kerry O'Connor, diretor de inovação da cidade de Austin, Texas.[10] "As pessoas podem ir até lá e se inscreverem para o programa de assistência médica da cidade, para então ir até uma clínica e obter uma consulta. Mas para poder retornar a esse consultório depois de três meses, você deve ter um documento de identidade; comprovante de residência, já que se trata de um programa para residentes da cidade, bem como, comprovante de rendimentos, já que estas clínicas são reservadas para pessoas de baixa renda".

Anjum Khurshid, chefe de integração de dados na Faculdade de Medicina Dell, da Universidade do Texas, em Austin, ouviu falar do experimento do WFP na Jordânia e contou a O'Connor sobre ele. Quando O'Connor o examinou, viu vários benefícios para a população sem teto de Austin bem como para o pessoal da linha de frente que os atende: "As assistentes sociais gastam um bom tempo em busca de documentos ou informações para possibilitar a um morador de rua ter acesso a serviços para os quais elas não são pagas para fornecer", disse Kerry.

A equipe de O'Connor deu início a um projeto com blockchain e identificou o principal grupo que gostaria de atingir dentro da população de dez mil moradores de rua de Austin.[11] "Se o encararmos quantitativamente", explicou O'Connor, "todos aqueles que chegam à condição de sem-teto [e que venha a ter contato com serviços de assistência social] são avaliados segundo suas várias vulnerabilidades. É usuário de drogas? Está sofrendo algum tipo de abuso? Sofre de alguma doença? A partir daí, o sem-teto recebe uma pontuação. Aqueles que atingiram uma maior pontuação recebem a maior parte dos recursos, mas se o menos vulnerável tiver que esperar [para abrigo ou atendimento], normalmente sua situação irá se deteriorar. Portanto, minha equipe começou a se perguntar como poderíamos alcançar as oito mil pessoas com pontuação menor de forma mais rápida e quando sua situação é menos precária e, quem sabe, dar a eles o que precisam para saírem da condição de sem-teto".

Tendo essa população em mente, O'Connor e sua equipe, em outubro de 2017, concorreram ao Bloomberg Philanthropies Mayors Challenge e receberam uma primeira doação para conduzirem testes e criarem um protótipo – etapa necessária para concorrer a uma doação integral da Bloomberg. Os membros da equipe desenharam uma solução que incluiria todos os serviços de assistência social disponíveis e a documentação exigida por cada um deles. Decidiram se concentrar em metadados relacionados a um documento: em vez de exigir uma cópia da certidão de nascimento ou um cartão do seguro social, o blockchain confirmaria que havia uma certidão de nascimento ou cartão do seguro social válidos associados a uma dada pessoa. A solução tinha então um mecanismo para a pessoa assinar e validar-se em site de atendimento.

O'Connor submeteu sua proposta final ao Mayors Challenge em agosto de 2018. Pouco antes de nossa conversa, ela havia ouvido falar que não tinha sido aprovada. Entretanto, ela não desistiu de obter recursos para o desenvolvimento de um "produto mínimo viável" para sua cidade.

"Quando se trata de tecnologia", disse ela, "não investimos tempo suficiente falando sobre como ela poderia ajudar os membros mais vulneráveis de nossa sociedade". Ela refletiu sobre o tempo que havia gasto desenvolvendo e testando uma solução blockchain para identidade: "Tivemos esta ideia porque investimos tempo pensando em como seria isso para médicos, assistentes sociais, policiais, pessoal trabalhando em bibliotecas e investimos tempo para ter uma visão básica do que é lidar com pessoas que convivem com a situação de desabrigo e desamparo. É um problema de análise de sistemas. Toda reunião em que participo com trabalhadores de diferentes setores, eles dizem, 'Meu Deus, se pudéssemos ao menos compartilhar informações!' Se pensarmos não apenas nos pontos problemáticos, mas também sobre a questão de empoderamento, é crítico adotar uma visão voltada para o ser humano, mesmo para pessoas que não possuem recursos ou podem tirar proveito dele".

IDENTIDADE COMO PODER

A capacidade de usar suas informações de identidade em benefício próprio é uma forma de poder. Exploramos diversas aplicações dessa ideia em plataformas de dados e de *marketing*. Estendendo a ideia para a sociedade blockchain, observamos o potencial de soluções voltadas para a identidade serem aplicadas nos setores de saúde, farmacêutico e pesquisa médica – setores em que há cruzamento entre o público e o privado.

Um aspecto muito ambicionado da identificação para o setor da saúde é o genoma individual. Empresas como a 23andMe possibilitam aos consumidores por algumas centenas de dólares terem parte de seu genoma sequenciado. As pessoas usam esses *kits* para descobrirem sua herança étnica ou determinar se são portadores de certas mutações genéticas associadas a doenças. Por sua vez, as empresas armazenam as sequências e vendem o acesso a estes dados a terceiros como pesquisadores ou indústrias farmacêuticas. Não é revelado às pessoas as quais esses dados genômicos pertencem quando seus dados são compartilhados e elas também não são remuneradas pelo seu uso. Essa falta de controle sobre informações genéticas é comum nos setores médico e de pesquisa de novas drogas.[12] Não estamos dizendo que as pessoas não devam compartilhar seus dados, mas que o compartilhamento deveria ser uma escolha a cada vez.

O blockchain torna possível essa escolha. A startup de blockchain Genomes, com sede no Reino Unido, está construindo uma plataforma blockchain na qual os indivíduos poderão optar por anexar seu genoma sequenciado a partir do momento em que ele foi decodificado. Quando uma empresa ou instituto de pesquisa tiver uma pergunta sobre uma seção do genoma, seu proprietário pode, seletivamente, desbloquear o acesso a ele em troca de uma recompensa. Esse banco de dados de genoma poderia beneficiar instituições de pesquisa públicas e privadas, ao fornecer um repositório de dados novo e mais amplo (graças aos incentivos para participação e melhoria na garantia de privacidade). Os cidadãos também poderiam se beneficiar ao terem uma forma (teoricamente) mais segura de armazenamento de informações genéticas.

As startups não estão sozinhas na adoção do blockchain para assegurar dados médicos. Os desenvolvedores da solução do Taipei Medical University Hospital que destacamos em capítulos anteriores depositam suas esperanças em uma solução blockchain. Assim que tiverem os dados de todos os pacientes no sistema, uma rede de blockchains irá criar uma forma mais flexível de identificar candidatos a estudos de pesquisa para depois usarem a plataforma para captar e acompanhar os dados do estudo.

Se o blockchain é capaz de captar dados sobre células e DNA, poderia ele fazer o mesmo com sinapses e ondas cerebrais? A filósofa Melanie Swan desenvolveu o conceito de *pensamento blockchain*, em que pensamentos e outras experiências cognitivas (quem sabe, no final das contas, a consciência) são reunidos como "arquivos mentais" e *uploaded* para um blockchain.[13] Swan especula sobre as diversas aplicações para essa solução. Por exemplo, blockchains de arquivos mentais poderiam aumentar a memória em caso de perda de memória devido ao envelhecimento, lesão ou doença ou então poderiam ser usados para criar um gêmeo digital com o qual poderiam ser testados futuros cenários.

SOCIEDADE E REPRESENTAÇÃO

A identidade está diretamente relacionada com o direito de voto. Consequentemente, a mesma atividade blockchain voltada para verificar a identidade também poderia ajudar a aumentar a participação do eleitor em eleições. Democracias ao redor do mundo lutam usando meios não discriminatórios para garantir que apenas aqueles com direito a voto o exerçam e limitar a votação a uma única cédula por cidadão. Entretanto, falhas no sistema de votação criam acesso desigual bem como erros e atrasos em garantir uma contagem de votos confiável.

Tais problemas motivaram experimentos de blockchain em sistemas eleitorais. O estado norte-americano de West Virginia, por exemplo, desenvolveu, em 2018, um sistema para resolver o problema da baixa participação de militares alocados em missões no estrangeiro. Cidadãos nessas condições têm direito a votar através de votos pelo correio, mas alguns militares jamais receberam suas cédulas e apenas uma fração daqueles que as receberam, as enviaram de volta.[14] Em resposta, o governo de West Virginia trabalhou em conjunto com uma startup chamada Voatz em um *app* para votação via celular para uso de seus cidadãos residindo no exterior.[15] No total, 144 pessoas residentes no exterior em trinta países baixaram o aplicativo, passaram pelo processo de registro e deram seu voto na eleição de novembro de 2018.[16] Esses números são pequenos segundo o próprio projeto e a abordagem da Voatz é inspirada em blockchain.[17] Mas como prova de conceito, o experimento de West Virginia aponta para um futuro em que um número maior de eleitores poderia exercer o seu direito.

Outros países e municípios estão realizando experimentos similares com *apps* relacionadas com o processo de votação. Viena, na Áustria, está considerando o blockchain como forma de assegurar dados governamentais de todos os tipos, inclusive como os representantes dos cidadãos votam em sessões parlamentares.[18] Autoridades públicas na cidade japonesa de Tsukuba testaram um sistema blockchain para permitir aos cidadãos votarem em projetos urbanos locais.[19] E a cidade de Zug, na Suíça, está engajada em um experimento multinível para emissão de documentos de identidade eletrônicos para que os eleitores possam depois usá-los para se identificarem em um aplicativo para votação antes de darem seus votos em eleições para o governo local. Entre as perguntas

234 O VERDADEIRO VALOR DO BLOCKCHAIN

feitas no piloto apuramos se os cidadãos achavam que deveriam existir sistemas eletrônicos para o pagamento de multas em bibliotecas ou cartões de estacionamento (os resultados das votações experimentais não eram vinculantes).[20]

Uma maior participação do eleitor associada a um registro dos resultados criptografado, imutável e passível de ser auditado prepara o terreno para algoritmos de predição rodarem em sistemas para votação. Ferramentas de predição em uma sociedade podem possibilitar um governo futárquico, modelo de governança proposto pelo economista Robin Hanson. Em um governo futárquico, as sociedades definem medidas gerais de bem-estar social e usam ferramentas de predição para avaliar quais políticas ou abordagens são as que têm maior probabilidade de produzir os resultados desejados. Obviamente, há preocupações concernentes a uma votação. Por exemplo, se votos anteriores começarem a favorecer uma dada abordagem, poderiam eles influenciar as pessoas a votarem como a maioria mesmo se o resultado conflitar com as crenças pessoais do eleitor? Mas o potencial de unir as sociedades mais facilmente e orientar investimento ou política monetária é intrigante.

A experiência com mercados de predição ainda se limita a uns poucos experimentos. Entretanto, a ideia de que os membros de uma sociedade desejariam direcionar de forma proativa os investimentos locais de acordo com um consenso local está ganhando impulso, especialmente para garantir um maior grau de responsabilidade pela prestação de contas e políticas orientadas por ações.

SOCIEDADE E INVESTIMENTO

Os recursos financeiros são tão importantes para o funcionamento da sociedade quanto são para as empresas. Mesmo assim, poucos tópicos geram tanto conflito quanto o uso pelo governo de recursos financeiros. Dar aos membros de uma comunidade a opção de como os recursos públicos serão gastos poderia aumentar a adesão. Isso até poderia gerar mais recursos financeiros: economistas descobriram que se fosse permitido aos contribuintes escolher que partes do orçamento seus impostos financiariam, estes estariam dispostos a pagar o dobro do que pagam quando tais recursos vão para um fundo geral.[21]

Vários experimentos em controle de recursos locais estão em andamento. Em Bangladesh, uma empresa chamada ME SOLshare Ltd., uma *joint-venture* com uma firma de consultoria alemã, a MicroEnergy International, está dotando as comunidades em zonas rurais do país de painéis solares capazes de gerar energia e possibilitar a sua comercialização. Em parceria com uma ONG (organização não governamental) local e a ID-COL (*Infrastructure Development Company Limited*, banco de fomento do governo de Bangladesh), a ME SOLshare equipa as comunidades não atendidas por concessionárias do governo e possibilita a sua comercialização usando um sistema de hardware que monitora e redireciona a energia para outros consumidores. Sistemas de pagamento via celular e um aplicativo (que não usa blockchain) coordenam o pagamento.

Um dos muitos experimentos em energia descentralizada e baseados em blockchain é aquele do Brooklyn, Nova York. Com a ajuda da LO3 Energy, provedor de soluções blockchain para o mercado de energia e a Con Edison, concessionária que atende a cidade de Nova York, uma microcomunidade estabeleceu uma micrograde para gerar energia autonomamente e vendê-la a terceiros na vizinhança.[22] O experimento do Brooklyn é possível graças a um grupo de proprietários de casas que já haviam adquirido painéis solares. A LO3 e a Con Ed trabalharam juntamente com os donos desses painéis no sentido de criarem plataformas e aplicativos que monitorassem a geração de energia que, em vez de direcionar a energia excedente para o sistema da Con Ed, possibilitaria a moradores locais que não tivessem painéis solares comprar essa energia excedente. O experimento com energia descentralizada foi explicitamente apoiado pelo governo da cidade, que está interessado em explorar maneiras de aliviar a antiquada infraestrutura de Nova York.

A ideia de recursos descentralizados não é nova. ONGs e instituições para o desenvolvimento fizeram investimentos significativos em soluções de pequena escala rodando em celulares voltadas para o abastecimento de água e energia, assistência médica e outros serviços sociais, obtendo resultados diversos. Um problema não resolvido envolve a manutenção e o reparo de infraestrutura física depois que o doador ou instalador sai de cena. As comunidades locais nem sempre sabem como consertar equipamentos quebrados ou então lhes faltam as peças necessárias para fazer os reparos. Nem fica claro quem deve arcar com a conta quando recursos compartilhados dão problema. Portanto, as ONGs e instituições financeiras de fomento estão investindo no engajamento das comunidades. Elas estão colaborando ativamente com representantes locais de modo que os investimentos comunitários reflitam suas necessidades atuais. Uma visão do ciclo de vida da infraestrutura está cada vez mais fazendo parte das conversações, aspecto este que o blockchain pode facilitar ao aumentar a rastreabilidade, a visibilidade e o acesso, bem como reduzindo casos de fraudes ou corrupção. Ao suportar o acesso e a distribuição equânimes dos recursos, o blockchain tornaria mais evidentes os impactos financeiro e social.

Um modelo diferente orientado a finanças para investimento comunitário é aquele da Neighborly, que trabalha com municípios na identificação de projetos locais que precisam de financiamento e depois gera a emissão de títulos da dívida pública municipal para levantar fundos para os projetos. Os governos locais podem usar a plataforma para levantar recursos para a manutenção de prédios escolares, reparos de vias, infraestrutura de parques e para outras áreas de interesse da comunidade. O blockchain mantém um registro dos portadores de obrigações e garante que esses investimentos recebam seus rendimentos atingido o período para exercício de direito pelo portador. Pelo fato de as obrigações serem formalmente registradas e terem cotações oficiais, elas são de baixo risco e podem ser encontradas facilmente devido ao nível mínimo para investimento ser relativamente baixo. Esses títulos também podem ser comercializados a qualquer momento no mercado de títulos secundário.

SOCIEDADE E FRONTEIRAS

Muitas sociedades humanas se baseiam em fronteiras. Temos fronteiras regionais e nacionais que definem, por exemplo, nações, estados ou municípios. As empresas também têm uma espécie de fronteira; ela define quais pessoas estão afiliadas à organização. As questões de identidade, participação de eleitores e investimentos locais discutidas neste capítulo, hoje em dia acontecem dentro dos confins de fronteiras governamentais estabeleci-

A SOCIEDADE BLOCKCHAIN 237

das. Mas ao tornar digitais os processos e colocá-los dentro do blockchain poderá, algumas vezes, tornar mais fluidas as fronteiras físicas.

De maneira alguma estamos minimizando a importância literal e simbólica das fronteiras na governança e identidade social. Os palestinos da faixa de Gaza e da Cisjordânia e a anexação da península da Crimeia pela Rússia são apenas dois exemplos do quão as fronteiras estão profundamente associadas a poder e segurança na sociedade. De 2014 a 2018, o Estado Islâmico manteve o que ele próprio chamou um califado no norte do Iraque, criando uma terra natal simbólica para a sua versão de islamismo extremista dentro e nos arredores da cidade de Kirkuk. Menos violento, embora talvez não menos disputado, está o país *Liberland*, cuja existência se baseia em uma diferença de opinião entre Croácia e Sérvia.[23]

Contudo, da mesma forma que alguns veem um grande significado nas fronteiras, outros as estão colocando em questionamento. O movimento *"seastanding"** promovido pelo Seastanding Institute, buscava estabelecer uma sociedade baseada em oceanos completamente fora de fronteiras nacionais para buscar inovação tecnológica sem a supervisão regulatória de governos. O conceito faz lembrar a soberba no estilo *Jurassic Park* e o movimento *"seastanding"* perdeu impulso devido aos desafios técnicos de se construir ambientes seguros para se viver no meio do oceano. Mesmo assim, a ideia de driblar o princípio da legalidade dos governos resiste em navios transoceânicos de ONGs que viajam pelo mundo fornecendo serviços médicos como aborto enquanto se encontram em águas internacionais. De forma semelhante, a Grécia usou embarcações para abrigar imigrantes enquanto estes aguardavam os trâmites apropriados.[24]

O blockchain expande o potencial para uma sociedade sem fronteiras ao possibilitar aos participantes se afiliar entre si e acessar recursos da sociedade. Ao longo do tempo esse potencial poderia se manifestar de forma mais granular. As eventuais elucubrações de alguns californianos se o estado deveria ou não declarar independência poderia experienciar uma manifestação digital na forma de um blockchain da Califórnia. Em menor escala, o blockchain poderia possibilitar a existência de microsociedades formadas por micromercados e microempresas.

---

* Para maiores detalhes sugerimos: https://pt.wikipedia.org/wiki/Seasteading. (N. T.)

A INTERNET OF ME

O quão longe poderia avançar o microdesenvolvimento? O WWL da Gartner, a rede de livro-razão universal por ela proposta, poderia suportar um ecossistema de agentes (autônomos ou não) que poderia facilitar a troca de valor diversa. Em nosso sistema econômico atual, empresas, ativos, clientes e fornecedores operam independentemente uns dos outros e de mecanismos habilitadores. De forma contrastante, em uma sociedade blockchain esses componentes poderiam ser codificados diretamente dentro do mesmo sistema. Portanto, os recursos que você possui, os mecanismos de financiamento que usa, os dados que possui ou aqueles que se referem a você bem como os termos contratuais desejados estão todos codificados dentro da DAO ou *dapp* que transaciona da mesma forma que você no WWL. Chamamos essa integração de sistema e seus componentes de *internet of me*.

No Capítulo 7, introduzimos a ideia de *biohacking* e implantes humanos que poderiam se comunicar de maneira perfeitamente integrada com componentes externos. Também discutimos o potencial para ondas cerebrais ou genomas serem captados e armazenados no blockchain. Além do armazenamento estático, nossos genomas também poderiam ser manipulados através de formas mais avançadas de edição CRISPR.[25] O quão longe vamos querer que estes avanços tecnológicos cheguem?

Em uma revisão da literatura disponível sobre terapia genética, David aprendeu que a capacidade de manipular biologicamente o comportamento, pensamentos e capacidades está mais perto do que pensávamos anteriormente.[26] Ele lançou a hipótese de que, algum dia, os executivos poderiam usar aperfeiçoamento genético para ganhar vantagem competitiva através de procedimentos genéticos que permitiriam a eles pensar mais rapidamente e tomar decisões melhores.[27] Na atual sociedade moderadamente digital, os recursos tecnológicos são *"incorporáveis"*, isso é, podem ser facilmente adicionados a uma funcionalidade empresarial. Por exemplo, um *app* de carteira digital que exigisse que o usuário iniciasse e autenticasse uma transação é um recurso "incorporável". Com a tecnologia blockchain, recursos poderiam ser incorporados à forma humana. Combinado com SSI, agentes autônomos implantados poderiam tomar decisões em seu nome. Essa capacidade suscita questionamento sobre como o contrato social do futuro será estruturado. Em uma época em que a máquina reside dentro de seres humanos, como um contrato social entre humanos seria redigido?

Mesmo sem edição genética avançada, a sociedade blockchain pode provocar a disrupção de grandes instituições econômicas tradicionais da mesma maneira que as mídias sociais, o microblogging e o compartilhamento de arquivos em redes não hierarquizadas fizeram com os setores de conteúdo e mídia já estabelecidos. A diferença entre estas disrupções anteriores e futuras disrupções blockchain dependerá da variedade e da escala da mudança, bem como de sua natureza programável e descentralizadora. As consequências dessas mudanças são significativas e amplas, implicando em uma redefinição de normas morais, legais, étnicas, sociais, econômicas e culturais.

PROBLEMAS EM UMA SOCIEDADE BLOCKCHAIN

Vislumbramos um cenário muito promissor na possibilidade de participação e justiça em uma sociedade blockchain. Porém, essa sociedade também apresenta alguns riscos em termos de segurança, privacidade e propriedade de dados.

Em uma sociedade blockchain, a segurança se torna mais avançada e, ao mesmo tempo, muito mais complexa. Tentamos repetidas vezes derrubar a ideia do blockchain ser um sistema que não pode ser hackeado. Embora existam aspectos das soluções blockchain completo que as tornem difíceis de serem comprometidas, ainda existem vulnerabilidades nas tecnologias periféricas usadas com ou sobre o razão blockchain. As carteiras de criptomoedas, por exemplo, não são seguras em sua forma atual e já houve vários casos de comprometimento em relação à posse de ativos em bolsas de criptomoedas bem como hackeamento do código de contratos inteligentes. Os sistemas de IoT são extremamente inseguros; no momento faltam a eles mecanismos de controle e limitação para confirmar se os dados captados refletem a realidade.

Uma questão relacionada, em torno da segurança, é o gerenciamento de chaves. SSI, a propriedade de criptomoedas e o acesso a redes são

240 O VERDADEIRO VALOR DO BLOCKCHAIN

habilitados através do uso de chaves de segurança que são bem parecidas com senhas, mas são emitidas pelas próprias soluções. E da mesma forma que fazem com senhas, os participantes têm de manter controle sobre elas. Perca-as e você não terá acesso a seus *tokens*, IDs, e assim por diante, não havendo nenhuma maneira de recuperá-las. A perda de uma chave é um risco importante em um sistema inteiramente digital. Uma demonstração prática deste risco aconteceu em fevereiro de 2019, quando o CEO de uma bolsa de valores de criptomoedas faleceu, sendo ele o único que tinha a chave de segurança para acesso aos US$ 137 milhões em *tokens*.[28]

A questão da propriedade de dados também continuará a nos perturbar à medida que a sociedade se tornar cada vez mais programável. Sistemas sociais desenhados para captar dados de seus membros formarão uma camada subjacente de todos os ambientes programáveis, sejam eles programados ou blockchain. Como podemos nós, na qualidade de líderes e membros da sociedade, estar certos de que nenhum participante do sistema conseguirá ter acesso a tudo isso? Podemos começar a construir sistemas descentralizados e passar a rejeitar modelos centralizados que nos são impostos por corporações poderosas. Essa estratégia exigiria que os consumidores abandonassem em massa as plataformas centralizadas já provadas e que nos dão tantos benefícios. Uma mudança dessas não irá acontecer em sociedades democráticas sem haver alternativas comerciais robustas. A descentralização de dados em sociedades não democráticas será ainda mais desafiadora, já que os órgãos governamentais nessas sociedades têm pouca restrição àquilo que podem ter acesso. O sistema de pontuação social descrito no Capítulo 7 no contexto de cidades inteligentes adquire uma compleição mais sinistra quando um governo pode usá-lo sem limitações. Já se diz que o sistema de crédito social da China está influenciando a quem é dado o direito de viajar de avião ou de trabalhar em certos projetos.[29]

Da mesma forma, o engajamento dos cidadãos se constitui em um desafio dentro de uma sociedade blockchain. Ao longo dos exemplos que destacamos, como votação e envolvimento em investimentos locais, partimos do pressuposto de que as pessoas vão querer se envolver. Mas elas realmente querem? A participação em eleições é baixa em muitos países, não apenas devido aos problemas descritos anteriormente no capítulo, mas também porque algumas pessoas não querem votar, não acham que votar seja importante ou não acreditam que o seu voto irá fazer diferença.

Questões similares sobre participação e comportamento se aplicam à comunidade dos desenvolvedores de tecnologia que têm tanto controle sobre os algoritmos que irão governar importantes infraestruturas sociais. Alguns membros da área chegaram a propor um juramento de Hipócrates para os desenvolvedores de software.[30] Mais recentemente, a B9lab propôs um juramento Satoshi como um convite aos desenvolvedores de blockchain a considerarem como os valores da imutabilidade, neutralidade e descentralização irão se manifestar em cada projeto que tem a sua participação.[31] A ideia é fornecer uma estrutura para as pessoas começarem a conduzir suas escolhas à medida que uma sociedade blockchain evolui.

Todas essas questões apontam para a realidade de que mudar um contrato social não se trata apenas da construção da infraestrutura necessária para tal, mas também, sobre como atrair pessoas para que levantem suas mãos e participem de sua construção. Da mesma forma que a organização blockchain precisa que participantes se juntem para colaborar, o mesmo acontece em uma sociedade blockchain. O modelo de recompensas e incentivos nativo do blockchain poderia ajudar a impulsionar essa participação. O complicado papel desempenhado pelas coisas tem grande peso em uma sociedade blockchain. Máquinas que possam interagir entre si e trocar valores poderiam criar regras de governança para si mesmas. Essa capacidade de autogovernança nos dá uma perspectiva completamente nova sobre a ideia de inteligência e tomada de decisão compartilhadas.

AMPLIANDO SUA VISÃO SOBRE O VERDADEIRO VALOR DO BLOCKCHAIN

O QUE VOCÊ APRENDEU NESTE CAPÍTULO?

Os clientes esperam ser capazes de usar tecnologia para fazer compras, administrar suas finanças e acompanhar sua saúde. Por que não usar isto para o engajamento em atividades cívicas também? O futuro programável estará presente em cada aspecto de nossas vidas. O blockchain já está ganhando impulso como ferramenta de empoderamento de sociedades e cidadãos. Experimentos em andamento estão usando blockchain em aplicações governamentais em Zug, Suíça e na cidade norte-americana de Austin. Na Jordânia, o blockchain está possibilitando o acesso a recursos por parte de refugiados sírios. No Brooklyn, o blockchain faz parte de um experimento crucial para geração de energia descentralizada e fora da rede de distribuição convencional. A tecnologia também faz parte de uma iniciativa para estimular investimento local em projetos de infraestrutura através da emissão de títulos da dívida pública municipal. Essas e outras soluções poderiam motivar cidadãos no sentido de uma sociedade blockchain rodando em sistemas descentralizados que empoderam os participantes e encorajam a transparência e o acesso igualitário a recursos. A alternativa é uma sociedade programada em que indivíduos e organizações cedem o controle sobre dados, acesso e recursos a um poder central. Ainda cabe a nós a escolha.

O QUE VOCÊ DEVE FAZER A ESTE RESPEITO?

Nesta era de mudanças nos recursos tecnológicos e, consequentemente, mudança nas normas sociais e econômicas, é preciso decidir que papel você vai querer ter como líder. Busque oportunidades para tirar proveito do blockchain para engajar cidadãos e expandir o acesso a recursos da sociedade para todo mundo que tem direito.

Em um nível mais tático, use e promova uma rigorosa gestão das chaves de segurança ao adotar ou promover soluções blockchain. A gestão da segurança é particularmente importante nos primeiros anos, quando as pessoas ainda estão aprendendo a confiar no blockchain. Como forma de alinhar desenvolvedores de blockchain em torno de um conjunto de princípios orientadores, considere a adoção de um tipo de juramento de Hipócrates para os seus desenvolvedores de software tal como o juramento de Satoshi. Isso trará vantagens à sua marca ao assumir um papel de liderança no estabelecimento de normas e padrões da sociedade blockchain.

Finalmente, prepare-se para quando a tecnologia avançar para poder implantar a "*Internet of me*". Indivíduos interagirão com sistemas blockchain como líderes representando uma organização, como cidadãos e como consumidores – a mesma pessoa poderia desempenhar todos esses três papeis. Sua capacidade de reconhecer tais papeis, seja lá qual for a sua relação com eles, irá ajudá-lo a tirar proveito do crescente engajamento social e econômico de seus clientes.

O QUE VEM A SEGUIR?

O impulso de esperar e ver como qualquer nova tecnologia evolui é alto em organizações ariscas a correrem riscos. Exortamos vocês, na qualidade de cidadãos e líderes de organizações da sociedade, entre as quais as empresas, a não esperarem. A sociedade programável não é um sonho distante. Alguns aspectos dela já estão lá como, por exemplo, o uso de algoritmos para cumprimento da lei na determinação de sentenças.

Os sistemas programados estão avançando cada vez mais na vida cotidiana de todos nós, bem mais do que muitos de nós gostaria de considerar. Se quisermos que nossa futura sociedade programável promova justiça e preserve a privacidade, precisamos estabelecer as bases já. Os líderes de plataformas não estão esperando. As instituições financeiras que administram o fluxo de capitais não estão esperando. As maiores seguradoras do mundo não estão esperando. E pelo fato de elas não estarem esperando, nenhuma instituição social, pública ou privada, que tenha esperança de influenciar na direção a ser seguida por sua comunidade bem como nos termos de engajamento dentro dela pode se dar ao luxo de esperar.

CONCLUSÃO

EM BUSCA DO SEU BLOCKCHAIN

Você tem escolhas a fazer referentes à maneira como o blockchain irá evoluir em sua organização, no mercado que ela atua e na sua sociedade. Tais escolhas contêm, naturalmente, elementos conflitantes, conforme discutimos em vários pontos deste livro.

Por um lado, o blockchain tem sido anunciado como uma tecnologia revolucionária para promover a reengenharia de processos de negócios. Por outro, o verdadeiro valor do blockchain cria novos mercados, setores de atividade, tipos de consumidor e formas de engajamento social com novos modelos organizacionais.

Por um lado, há empresas empregando o blockchain em uma atmosfera de controle centralizado. Por outro, o verdadeiro valor do blockchain demanda a descentralização da governança, economia e tecnologias.

Por um lado, você subiu na carreira em um mercado (e, provavelmente, em uma organização) com claras linhas hierárquicas. Por outro, o verdadeiro valor do blockchain estimula o crescimento ao possibilitar que agentes econômicos atuem de forma autônoma em um ambiente baseado no consenso.

Por um lado, as sociedades ao redor do mundo vêm experimentando uma dissolução generalizada da confiança do cidadão nas instituições públicas. Por outro, o verdadeiro valor do blockchain reside em encorajar a experimentação com novos contratos sociais e novas maneiras de se engajar e participar.

Por um lado, o uso de IA aumenta a opacidade em relação a quem controla as moedas de negociação (isto é, dados, acesso, contratos e tecnologia). De outro, o verdadeiro valor do blockchain fornece transparência através da atividade baseada em máquinas inteligentes e esclarece trocas de valor e a responsabilidade pela prestação de contas.

A lista de objetivos contrastantes continua. A maior diferença de tudo está no espaço entre observação e ação – entre o seu desejo de aprender tudo o que puder e a necessidade de entrar de cabeça no assunto e experimentar por conta própria para descobrir o valor estratégico do blockchain. Em termos de tecnologia, é provável que lhe bata um instinto de esperar e ver o que os outros fazem antes de fazer um investimento. Entre os líderes empresariais prevalece, há muito tempo, a opinião que sustenta que as assim chamadas companhias do tipo B – aquelas que esperam para investir até que os pioneiros tenham provado o valor de uma nova tecnologia – normalmente ficam na melhor condição.[1] Elas, supostamente podem se beneficiar de alguma diferenciação no mercado por terem adotado uma tecnologia suficientemente cedo, porém, elas evitam os riscos absorvidos pelos pioneiros.

A estratégia tipo B pode ter funcionado no passado. Mas ela não será tão efetiva à medida que formos progredindo para uma sociedade programável. As moedas de negociação (dados, acesso, tecnologia e contratos) aceleram a dinâmica o ganhador leva tudo. As organizações que controlam estas moedas ganham uma parcela descomunal das receitas que circulam em um mercado. Estas quatro moedas também definem os termos de participação para clientes, inclusive máquinas inteligentes e demais empresas. Há muito em jogo ao tentar definir um novo modelo econômico e social que interrompe o controle que os atores centrais detêm sobre as moedas e que substitui nosso cenário "o ganhador leva tudo" por uma alternativa mais descentralizada, mais acessível, mais transparente e mais justa. Abraçar a ideia do verdadeiro valor do blockchain requer não apenas uma visão e novas habilidades tecnológicas. As organizações também precisam evoluir no sentido de novos modelos organizacionais que redefinam a liderança, cultura empresarial e práticas de trabalho. Aqueles que esperarem até que a tecnologia blockchain amadureça certamente terão custos de oportunidade maiores impostos por ambas as partes. Milhares de startups blockchain nativas formarão "enxames" para diluir a capacidade competitiva das empresas tipo B e poderes centralizados continuarão a pressionar para manterem suas posições.

Portanto, a janela de oportunidade é pequena. Atores do mercado interessados em manter modelos de governança centralizada já estão forçando modelos inspirados em blockchain como o *status quo* do mercado. Se os esforços destas empresas forem bem-sucedidos e impedirem a evolução no sentido de soluções blockchain completo e blockchain aprimorado, você perderá um ponto de inflexão crítico na evolução do negócio digital. Sem soluções blockchain completo, as milhões de coisas que estão surgindo como agentes econômicos serão controladas por um intermediário central. A IA e os algoritmos em desenvolvimento atualmente irão, consequentemente, converter dados em analítica de predição que irá beneficiar apenas uma pequena parcela da população.

Os líderes que acreditam que a tecnologia deva beneficiar o maior número possível de organizações e indivíduos e que acreditam que soluções avançadas devam ter transparência e responsabilidade pela prestação de contas não podem esperar cinco, dez ou quinze anos para ver como o blockchain evolui. Eles precisam definir e executar agora sua visão de um futuro programável com acesso, influência e valores descentralizados, para o bem de todos.

NOTAS

CAPÍTULO 1

1. John-David Lovelock et al., "Forecast: Blockchain Business Value Worldwide, 2017-2030", Research Note G00325744 (Gartner, March 2, 2017).

2. No blockchain Bitcoin o tamanho do bloco é uniforme e determinado pelo tamanho calculado do *cluster* de registros. Em outras cadeias, o tamanho do bloco pode variar. Por exemplo, no Ethereum, o tamanho do bloco se baseia no quão intensivas são as transações em termos computacionais. Como regra geral, um bloco armazena os registros de aproximadamente 2.000 transações. *Veja* Mitchell Moos, "Bitcoin Transactions per Block at All-Time Highs", *Cryptoslate,* April 8, 2019, https://cryptoslate.com/bitcoin-transactions-per-block-at-all-time-highs/.

3. O conceito que hoje chamamos de *blockchain* foi descrito pela primeira vez em um *white paper* de 2008 assinado por um grupo ou pessoa anônima chamada Satoshi Nakamoto. O *white paper* descreve uma criptomoeda digital que poderia ser negociada de forma segura em uma rede aberta. Juntos, blockchain e *bitcoin*, a criptomoeda que surgiu a partir do projeto de Nakamoto, resolviam um problema que há muito afligia os teóricos: como garantir que duas partes distantes sem nenhuma chance de comunicarem-se entre si poderiam saber e concordar com a mesma linha de ação. (No meio das ciências da computação este problema é conhecido como o problema dos generais bizantinos). Nakamoto criou conceitualmente uma forma de proveitosamente liquidar transações abaixo de certo tamanho, evitar o problema do "gasto duplo" que pode surgir com pagamentos que são, ao mesmo tempo, não físicos e descentralizados bem como confirmar e proteger a identidade dos participantes. *Veja* Satoshi Nakamoto, "Bitcoin: A Peer-to-Peer Electronic Cash System", Bitcoin.org, November 2008, htpps://bitcoin.org/bitcoin.pdf.

4. Entre as tecnologias existentes (com suas datas ou datas aproximadas de surgimento) combinadas para criar o blockchain temos: redes de comunicação distribuídas (por volta de 1964), assinaturas digitais (1976), árvores de Merkle (1979), moedas correntes complementares (pelo menos desde 4000 a.C.), moeda digital (por volta de 1983), algoritmos de consenso do tipo prova de trabalho (inventado em 1993), sistema prático de tolerância a falhas bizantino (1999) e algoritmo de *hash* seguro SHA-256 (por volta de 2001).

5. Nem toda pessoa ou entidade transacionando em um blockchain opera um nó; por exemplo, uma pessoa pode possuir um *bitcoin* ou qualquer outro *token* sem operar um nó. Apenas nós completos mantêm e atualizam cópias do razão.

6. A Gartner define *criptografia* como a codificação sistemática de um fluxo contínuo de bits   antes da transmissão de modo que uma parte não autorizada não seja capaz de decifrá-lo.

7. Há diferentes tipos de *bifurcações (forks)*. Os *hard forks* ocorrem quando uma atualização de software muda as regras do protocolo de rede como, por exemplo, uma mudança no tamanho do bloco, com os quais os nós têm que concordar. Os *soft forks* possibilitam a compatibilidade com versões anteriores de operações de protocolos prévias, com os quais a maioria dos nós deve concordar. As circunstâncias sob as quais elas podem ocorrer variam. A mais comum é quando um subgrupo de participantes quer mudar ou atualizar o protocolo que está operando no blockchain e os demais discordam desta mudança. Neste caso, os dois grupos podem "bifurcar" o blockchain para criarem duas redes distintas. As bifurcações também ocorrem quando há um problema grave com o histórico de transações do blockchain ou com as regras de protocolo que determinam as operações na rede e a rede precisa bifurcar para preservar ativos ou cancelar transações problemáticas.

8. Os *tokens* também podem ser considerados uma forma de *moeda virtual*, que a European Banking Authority definiu como "uma representação digital de valor que não é emitida nem por um banco central nem por uma autoridade pública, nem necessariamente atrelada a uma moeda fiduciária, mas que é aceita por pessoas físicas ou jurídicas como meio de pagamento e que pode ser transferida, depositada ou trocada eletronicamente".

9. Nick Heudecker e Arun Chandrasekaran, "Debunking the Top 3 Blockchain Myths for Data Management", Research Note G00354025 (Gartner, April 19, 2018).

10. Bernard Marr, "How Much Data Do We Create Every Day? The Mind-Blowing Stats that Everyone Should Read", *Forbes*, May 21, 2018, www.forbes.com/sites/bernard-marr/2018/05/21/how-much-data-do-we-create-every-day-the-mind-blowing-stats-that-everyone-should-read/#687bcbdd60ba.

11. Ana Alexandre, "Amazon Granted Patent for Streaming Data Marketplace with Bitcoin Use Case", *Cointelegraph*, April 18, 2018, htpps://cointelegraph.com/news/amazon-granted-patent-for-streaming-data-marketplace-with-bitcoin-use-case.

12. "Abismo de desilusão" é uma fase no ciclo de euforia da Gartner, um construto desenvolvido em meados dos anos 1980 para representar as fases comuns pelas quais

novas tecnologias passam na trajetória para produzir valor usual para a empresa. As fases do ciclo de euforia são "disparo" da inovação, quando uma nova tecnologia entra em cena; o pico de expectativas exageradas, quando uma tecnologia muito alardeada atinge o "pico das conversas" no mercado; o abismo de desilusão, quando os resultados de experimentos iniciais geram desapontamento e as empresas se tornam céticas em relação à tecnologia; a subida do esclarecimento, quando empresas encontram usos efetivos para a tecnologia e, finalmente, o platô da produtividade, durante o qual as tecnologias concretizam seu potencial. Para saber mais sobre o ciclo de euforia e como usá-lo, *refira-se a* Jackie Fenn e Mark Rakino, *Mastering the Hype Cycle: How to Choose the Right Innovation at the Right Time* (Boston: Harvard Business Review Press, 2008).

13. Adam Hayers, "Dotcom Bubble", *Investopedia*, March 19, 2019, www.investopedia.com/terms/d/dotcom-bubble.asp.

14. "Maersk and IBM Introduce TradeLens Blockchain Shipping Solution", Maersk press release, August 9, 2018, www.maersk.com/news/2018/06/29/maersk-and-ibm--introduce-tradelens-blockchain-shipping-solution.

15. Andy Rowsell-Jones et al., "The 2019 CIO Agenda: Securing a New Foundation for Digital Business", Research Note G00366991 (Gartner, October 15, 2018).

16. Na prática, isto significa que as soluções blockchain evoluíram para oferecer as seguintes capacidades críticas: escalabilidade na produção de transações, nós, recursos e assim por diante, de acordo com o contexto; confidencialidade e transparência de todas as transações; governança (uma clara estrutura de tomada de decisão de um setor, participante ou uma pespectiva de gerenciamento de dados); exequibilidade técnica e comercial; finalidade das transações; aplicabilidade operacional (a solução funciona para as atividades da empresa); alinhamento com a legislação e arcabouços legais, contábeis e fiscais; padrões para protocolos, dados, acesso e segurança; interoperabilidade dos livros razão e protocolos; e, finalmente, clareza em relação a processos, riscos e tokenização.

17. Thomas H. Davenport e George Westerman, "Why So Many High-Profile Digital Transformations Fail", hbr.org, March 9, 2018, https://hbr.org/2018/03/why-so-many--high-profile-digital-transformations-fail.

18. Bay McLaughlin, "How Asia Is Adopting Crowdfunding from the West", *Forbes*, December 1, 2016, www.forbes.com/sites/baymclaughlin/2016/12/01/how-asia-is--adopting-crowdfunding-from-the-west/#446baf2c4102.

CAPÍTULO 2

1. David Furlonger e Rajesh Kandaswamy, "Understanding the Gartner Blockchain Spectrum and the Evolution of Technology Solutions", Research Note G00373230 (Gartner, October 26, 2018), https://www.gartner.com/en/documents/3892183, entre outras, nós exploramos cada uma destas fontes de valor listadas.

2. ASX, "Daily Trading Volumes", acesso em: 28 abr. 2019, www.asx.com.au/asx/statistics/tradingVolumes.do.

252   O VERDADEIRO VALOR DO BLOCKCHAIN

3. Data Cherstman, entrevista ao vivo com os autores, Gartner IT Symposium/Xpo, Austrália, out. 2018.

4. Council of Financial Regulators, Austrália, "Review of Competition in Clearing Australian Cash Equities: Conclusions", June 2015, htpps://static.treasury.gov.au/uploads/sites/1/2017/06/C2015-007_CFR-ConclusionsPaper.pdf.

5. ASX, "SX's Replacement of CHESS for Equity Post-Trade Services: Business Requirements", consultation paper, September 2016, www.asx.com.au/documents/public--consultations/ASX-Consultation-Paper-CHESS-Replacement-19-   September-2016.pdf.

6. Para mais informações sobre a falta de um entendimento correto sobre blockchain, *veja* Nick Heudecker e Arun Chandrasekaran, "Debunking the Top 3 Blockchain Myths for Data Management", Research Note G00354025 (Gartner, April 19, 2018).

7. Para saber mais sobre como tirar proveito de dados como um recurso para a sua empresa, *veja* Douglas B. Laney, *Infonomics: How to Monetize, Manage, and Measure Information as an Asset for Competitive Advantage* (Nova Iorque: Routledge, 2017).

8. A iniciativa blockchain da Maersk começou com uma parceira anônima com a IBM e, de acordo com nossas conversações com executivos da Maersk, foi construída em parceria com a IBM. Em outubro de 2018, a Maersk e a IBM lançaram a plataforma como uma colaboração entre elas para um número limitado de usuários potenciais. As duas empresas estavam planejando um lançamento mais amplo para o primeiro trimestre de 2019.

9. Para dados estatísticos no setor de transporte marítimos *veja* Statistica, "Number of Ships in the World Merchant Fleet as of January 1, 2018, by Type", *Statistica: The Statistics Portal*, December 2018, www.statista.com/statistics/264024/number-of-merchant-ships-worldwide-by-type.

10. TradeLens, "The Power of the Ecosystem", acesso em: 23 abr. 2019, www.tradelens.com/sites/ecosystem; Michael del Castillo, "IBM-Maersk Blockchain Platform Adds 92 Clients as Part of Global Launch", *Forbes*, August 9, 2018, www.forbes.com/sites/michaeldelcastillo/2018/08/09/ibm-maersk-blockchain-platform-adds-92-clients--as-part-of-global-launch-1/#2b2c3ff468a4.

11. Escola Europea, "Blockchain Solution for Shipping Has Ports, Container Lines, Forward Agents and Customs on Board", *Escola Europea*, August 13, 2018, www.escolaeuropea.eu/news/industry-news/blockchain-solution-for-shipping-has-ports-container-lines-forward-agents-and-customs-on-board.

12. Shailaja A. Lakshni, "Global Shipping Business Network on Blockchain Platform Launched", *MarineLink*, November 6, 2018, https://www.marinelink.com/news/global--shipping-business-network-443587.

13. Matt Smith, "In Wake of Romaine *E. coli* Scare, Walmart Deploys Blockchain to Track Leafy Greens", Walmart, September 24, 2018, https://news.walmart.com/2018/09/24/in-wake-of-romaine-e-coli-scare-walmart-deploys-blockchain-to--track-leafy-greens.

14. Ryan W. Miller, "Romaine Lettuce Warning: CDC Says *E. coli* Outbreak Has Sickened 32 People in 11 States", USA Today, November 20, 2018, www.ustoday.com/story/news/health/2018/11/20/romaine-lettuce-cdc-warns-e-coli-outbreak-ahead-thanksgiving/20706540002.

15. Michael Corkery e Nathaniel Popper, "From Farm to Blockchain: Walmart Tracks Its Lettuce", *New York Times*, September 24, 2018, www.nytimes.com/2018/09/24/business-walmart-blockchain-lettuce.html.

16. Charles Redfield et al., "Food Traceability Initiative: Fresh Leafy Greens", carta aberta da Walmart para Leafy Green Supplier, September 24, 2018, https://corporate.walmart.com/media-library/document/blockchain-supplier-letter-september-2018/_proxyDocument?id=000000166-088d-dc77-s7ff-4-dff689f0001.

17. Robert Palatnick, entrevista por telefone com os autores, 29 nov. 2018.

18. CIO anônimo, troca de e-mails com os autores, 4 out. 2018.

19. Mats Snäll, entrevista com os autores, Gartner's European IT Symposium/Xpo, nov. 2018.

CAPÍTULO 3

1. Os quatro donos originais dos bancos são Dexia (que foi absorvido pelo Belfius), Fortis (agora BNP Paribas Fortis), ING e KBC Bank.

2. Andrew Grant e Donald M. Raftery, "Large Corporate Banking Relationships Evolving: 2016 Greenwich Leaders U.S. Large Corporate Banking, Cash Management and Trade Finance", Greenwich Associates, December 14, 2016, www.greenwich.com/account/large-corporate-banking-relationships-evolving.

3. Frank Verhaest, entrevista telefônica com os autores, 25 set. 2018.

4. Gartner, "Blockchain Consortia", Research Note 352092 (Gartner for IT Leaders Tool, 2018).

5. Finextra, "Nordic Banks Explore Shared KYC Utility", *Finextra*, May 31, 2018, www.finextra.com/newsarticle/32178/nordic-banks-explore-shared-kyc-utility; R3, "39 Firms Complete Global Trial of KYC on Corda Blockchain Platform", press release, June 28, 2018, www.r3.com/news/39-firms-complete-global-trial-of-kyc-on-corda-blockchain-platform.

6. Nicky Morris, "Trade Finance Blockchains Consolidate into we.trade", *Ledger Insights*, September 2018, https://www.ledgerinsights.com/trade-finance-blockchains-consolidate-into-wetrade-batavia.

7. Annaliese Milano, "Russia's Central Bank Mulls Ethereum System for Pan-Eurasian Payments", *CoinDesk*, April 4, 2018, www.coindesk.com/russias-central-bank-mulls-ethereum-system-for-pan-eurasian-payments.

8. Luxembourg, Economy Ministry, "Blockchain and Distributed Ledgers", June 2018, https://gouvernement.lu/dam-assets/documents/actualites/2018/06-juin/13-ilnas-blockchain.pdf.

9. O projeto Hyperledger é um empreendimento para possibilitar a colaboração no desenvolvimento de blockchains por uma ampla gama de participantes do mercado através do uso de tecnologia código aberto como o Corda. O projeto é apoiado por influentes fornecedores de tecnologia como IBM, Intel e SAP.

10. Aaron Stanley, "Hyperledger and Enterprise Ethereum Alliance Join Forces in Enterprise Blockchain Boost", *Forbes*, October 1, 2018, www.forbes.com/sites/astanley/2018/10/01/hyperledger-and-enterprise-ethereum-alliance-join-forces-in-enterprise-blockchain-boost/#6267b3f34aa2.

11. Paul Smith et al., "HSBC and ING Execute Groundbreaking Live Trade Finance Transaction on R3's Corda Blockchain Platform", press release, HSBC, May 14, 2018, www.hsbc.com/media/media-releases/2018/hsbc-trade-blockchain-transaction-press--release; Bank of Thailand, "Announcement of Project Inthanon Collaborative Partnership", press release, August 21, 2018, www.bot.or.th/Thai/PressandSpeeches/Press/News2561/n5461e.pdf; Bank of Canada, "Fintech Experiments and Projects", Bank of Canada, Digital Currencies and Fintech, acesso em: 28 abr. 2019, www.bankofcanada.ca/research/digital-currencies-and-fintech/fintech-experiments-and-projects.

12. Joseph Young, "Why R3CEV Member Banks Have Left, Abrupt Change in Vision", *CNN*, May 23, 2017, www.cnn.com/r3cev-member-banks-left-abrupt-change-in--vision.

13. Anna Irrera, "Blockchain Consortium Hyperledger Loses Members, Funding: Documents", Reuters, December 15, 2017, www.reuters.com/article/us-blockchain--consortium/blockchain-consortium-hyperledger-loses-members-funding-documents--idUSKBN1E92O4.

14. Gavin Van Marle, "Maritime Industry Can Now Use Blockchain for Certification of Seafarers", Lodestar, November 12, 2018, https://theloadstar.com/maritime-industry--can-now-use-blockchain-for-certification-of-seafarers.

15. Richard Spencer, "Two Senteced to Death over China Melamine Milk Scandal", Telegraph, January 22, 2009, www.telegraph.co.uk/news/worldnews/asia/china/4315627/two-senteced-to-death-over-china-melamine-milk-scandal.html.

16. Daniel Palmer, "Alibaba Turns to Blockchain in Fight against Food Fraud", *CoinDesk*, March 24, 2017, www.coindesk.com/alibaba-pwc-partner-to-fight-food-fraud--with-blockchain.

17. Representante anônimo da Ant Financial, em entrevista com os autores em 18 de outubro de 2018. Uso consentido.

18. Rebecca Hofmann, entrevista com os autores, 15 nov. 2018.

19. Ibid.

20. Mr. Jean-François Bonald, entrevista telefônica com os autores, 18 out. 2018.

21. Ana Alexandre, "Insurance Blockchain Startup B3i Raises $16 Million", *Coin Telegraph*, March 25, 2019, htpps://cointelegraph.com/news/insurance-blockchain-startup-b3i-raises-16-million.

22. Tom Lyons, Ludovic Courcelass e Ken Timsit, "Scalability, Interoperability, and Sustainability of Blockchains". European Union Blockchain Observatory and Forum,

March 6, 2019, https://drive.google.com/file/d/16_IrzddZR84hOSEV6j911gMyO6R1R-Qpu/view.

23. Para padrões internacionais *refira-se a International Organization for Standardization*, "ISO/TC 307, Blockchain and Distributed Ledgers Technologies", acesso em: 24 abr. 2019, www.iso.org/commitee/626604.html. Para os padrões australianos *veja* Varant Meguerditchian, "Roadmap for Blockchain Standards Report", Standards Australia, March 2017, www.standards.org.au/getmedia/ad5d74db-8da9-4685-b171--90142ee0a2el/roadmap-for-blockchain-standards-report.pdf.aspx.

24. A RiskBlock Alliance e B3i são consórcios distintos, mas também estão colaborando e a RiskBlock está liderando ou presidindo os novos padrões para a Acord (*Association for Cooperative Operations Research and Development*) que é o organismo internacional para estabelecimento de padrões para os setores de seguros e serviços financeiros relacionados.

25. "The Institutes RBA Alliance Launches Canopy, the Risk Management and Insurance Industry's First Blockchain Platform", Institutes Risk and Assurance Knowledge Group, September 12, 2018, www.theinstitutes.org/about-us/media-center/articles/institutes-riskstream-collaborativetm-launches-canopy-risk-management.

26. "French Life Insurer CNP Fined over Unclaimed Funds", Reuters, November 3, 2014, www.reuters.com/article/cnpassurances-fine/french-life-insurer-cnp-fined-over--unclaimed-funds-idUSL6N0ST2L620141103.

27. Andrea Tinianow, "Insurance Interrupted: How Blockchain Innovation Is Transforming the Insurances Industry", *Forbes*, January 9, 2019, https://www.forbes.com/sites/andrea-tinianow-insurance-interrupted-how-blockchain-innovation-is-transforming-the-insurances-industry/#71ef83f3ec6.

28. "The Institutes Announces Formation of RBA: the Blockchain Consortium for the Risk and Insurance Industry", Institutes Risk and Insurance Knowledge Group, acesso em: 2 mai. 2019, www.theinstitutes.org/about-us/media-center/articles/institutes--announces-formation-of-riskblock-blockchain-consortium-risk.

29. Roger Homrich, "Fighting Potholes", *Best Practice* (periódico da T-Systems), February 2018, www.t-systems.com/en/best-practice/02-2018/focus/definition/predictive-road-maintenance-810858.

30. Brendan Gough et al., "Digital Technology: Its Impact on Australia's Road Network Management", *Roads Australia 2017 Fellowship Project – National Team Report*, September 2017, www.roads.org.au/Portals/3/FELLOWSHIP%20PHOTOS/RA%20Report%National%20--%20Final%20with%20Cover%20Page.pdf?ver=2017-12-08-100621-543.

31. Chuka Oham et al., "A Blockchain Based Liability Attribution Framework for Autonomous Vehicles", University of New South Wales, CSIRO, Austrália, February 15, 2018, https://arxiv.org/pdf/1802.05050.pdf.

32. Chris Ballinger, citado em Ian Allison, "BMW, Ford, GM: World's Largest Automakers Form Blockchain Coalition", *CoinDesk*, May 4, 2018, www.coindesk.com/bmw--ford-gm-worlds-largest-automakers-form-blockchain-coalition.

33. Shobba Roy Kolkata, "Why Consortium Lending by Banks Hasn't Delivered", *Hindu Business Line*, March 05, 2018, http://www.thehindubusinessline.com/money-and--banking/ why-consortium-lending-by-banks-hasnt-delivered/article22936118.ece.

34. Dwight Klappich, troca de mensagens de e-mail como os autores. Usado com consentimento.

35. R3, "The R3 Story", página Web da R3, acessada 30 mai. 2019, https://www.r3.com/about/.

36. A dívida técnica se acumula quando um sistema tecnológico agrega novas funções além de seus requisitos funcionais básicos. Para maiores detalhes, *veja* Andy Kyte, Luis Mangi e Stefan Van Der Zijden, "A Primer on Technical Debt", Research Note G00307777 (Gartner, October 5, 2016; atualizada em 24 abr. 2018).

CAPÍTULO 4

1. "Definition of Fiat Money", *Financial Times*, acesso em: April 29, 2019, http://lexicon.ft.com/Term?term=fiat-money.

2. Morten Linnemann Bech et al., "Payments Are A-Changin' but Cash Still Rules", *BIS Quartely Review*, March 2018, www.bis.org/publ/qtrpdf/r_qt1803g.htm.

3. Michael Joseph, "M-Pesa: The Story of Jow the World's Leading Mobile Money Service Was Created in Kenya", *Vodafone*, March 6, 2017, www.vodafone.com/content/index/what/ technology-blog/m-pesa-created.html#.

4. "Airtime Is Money", *Economist*, January 19, 2013, www.economist.com/finance--and-economics/2013/01/19/airtime-is-money.

5. Julia Wood, "Buyer Beware, Bitcoin's Fate Could Rest with China", *CNBC*, November 28, 2013, www.cnbc.com/2013/11/28/buyer-beware-bitcoins-fate-could-rest-with--china.html.

6. Para maiores informações sobre como funciona o trabalho de mineração de bitcoinss *refira-se a* Euny Hong, "How Does Bitcoin Mining Work?", *Investopedia*, atualizado em 27 abr. 2019, www.investopedia.com/tech/how-does-bitcoin-mining-work.

7. *Veja*, por exemplo, a valoração em CoinMarketCap, "Bitcoin", acesso em: 28 abr. 2019, https://coinmarketcap.com/currencies/bitcoin.

8. Roman Cheng, entrevista telefônica com os autores, 12 fev. 2019.

9. David Floyd, "Tether Just Burned 500 Million USDT Stablecoin Tokens", *CoinDesk*, October 24, 2018, www.coindesk.com/tether-just-burned-500-million-usdt-stablecoin-tokens.

10. David Babayan, "Crypto Exchanges Embrace New Stablecoin Systems to Curb Price Volatility", *Newsbtc*, November 28, 2018, www.nesbtc.com/2018/11/28/crypto-exchanges-embrace-new-stablecoin-systems-to-curb-price-volatility/.

11. "KrisFlyer to Launch World's First Blockchain-Based Airline Loyalty Digital Wallet", Singapore Airlines, February 5, 2018, https://www.singaporeair.com/en_UK/sg/media-centre/press-release/article/?q=en_UK/2018/January-March/ne0518-180205.

NOTAS

12. Ledger Insights, "IATA Releases Blockchain Whitepaper for Airlines", *Ledger Insights*, December 2018, https://www.ledgerinsights.com/iata-releases-blockchain-whitepaper-for-airlines.

13. *Veja* Second Life, "The Beginning of Second Life", *History of Second Life* (blog), acesso em: April 29, 2019, http://wiki.secondlife.com/wiki/History_of_Second Life; e Wikipedia, s.v., "World of Warcraft", última atualização em: 28 feb. 2019, https://en.wikipedia.org/wiki/ World_of_Warcraft.

14. Jason Whiting, "Online Game conomics Get Real", *Wired*, November 2002, www.wired.com/2002/11/online-game-economics-get-real.

15. Juree Pannekeet, "Newzoo: Global Esports Economy Will Reach $905.6 Million in 2018 as Brand Investment Grows by 48%", *NewZoo*, February 28, 2018, https://newzoo.com/insights/articles/newzoo-global-esports-economy-will-reach-905-6-million--in-2018-as-brand-investment-grows-by-48.

16. Greg Kumparak, "Amazon's New GameOn API Helps Developers Add Esports Competitions to Their Games", *TechCrunch*, March 19, 2018, https://techcrunch.com/2018/03/19/amazons-new-gameon-api-helps-developers-add-esports-competitions-to-their-games.

17. Bitcoin Exchange Guide News Team, "Amazon Cryptocurrency Possibility Has Much Higher Odds Than Anyone Thinks: Amazon Coin in the Making?", Bitcoin Exchange Guide, September 20, 2018, https://bitcoinexchangeguide.com/amazon-cryptocurrency-possibility-has-much-higher-odds-than-anyone-thinks-amazon-coin-in-the--making.

18. Tim Mulkerin, "With Over 100 Million Montlhly Players, This Is Officially the Biggest Game in the World", *Business Insider*, September 13, 2016, www.businessinsider.com/lol-league-of-legends-monthly-active-users-2016-9 e www.statista.com/statistics/808922/esgo-users-number.

19. DreamTeam.gg, "The November DreamTeam Report", *Medium*, December 21, 2018, https://medium.com/dreamteam-gg/dreamteam-report-november-2018-elbc5cc-d16a6.

20. G. Campbell, "APPICS Review: A New Way of Doing Social Media", *Medium*, June 12, 2018, https://medium.com/@GCampbellCrypto/appics-review-a-new-way-of--doing-social-media-607231ed8117.

21. Ashish Mohta, "List of Centralized Social Networks Where You Own Your Data", TheWindowsClub, April 4, 2019, https://www.thewindowsclub.com/decentralized-social-networks.

22. Douglas B. Laney, *Infonomics: How to Monetize Information for Competitive Advantage* (Nova Iorque: Routledge, 2017).

23. Bloomberg, "Facebook Cambridge Analytica Scandal: 10 Questions Answered", *Fortune*, April 10, 2018, http://2018/04/10/facebook-cambridge-analytica-what-happened; Alfred Ng, "How the Equifax Hack Happened, and What Still Needs to Be Done", *CNET*, September 7, 2018, www.cnet.com/equifaxs-one-year-later-a-look-back-at-how--it-happened-and-whats-changed; Thomas Brewster, "Revealed: Marriott's 500 Million

Hack Came after a String of Security Breaches", *Forbes*, December 3, 2018, www.forbes. com/sites/thomasbrewster/2018/12/03/revealed-marriotts-500-million-hack-came-after-a-string-of-security-breaches/#5b1eed54546f.

24. Daniel Hawthorne, Serafin L. Engel, and Alex Norta, "A Data-Ownership Assuring Blockchain Wallet for Privacy-Protected Data Exchange", s.d., acesso em: 2 mai. 2019, https://datawallet.com/pdf/datawallet_whitepaper.pdf.

25. Bernard Marr, "GDPR: The Biggest Data Breaches and the Shocking Fines (That Would Have Been), *Forbes*, June 11, 2018, www.forbes.com/sites/bernard-marr/2018/06/11/gdpr-the-biggest-data-breaches-and-the-shocking-fines-that-would--have-been/#22f2072e6c10.

26. Nathaniel Popper e Mike Isaac, "Facebook and Telegram Are Hoping to Succeed Where Bitcoin Failed", *New York Times*, February 28, 201, www.nytimes. com/2019/02/28/technology/cryptocurrency-facebook-telegram.html.

27. Uber, "Uber Pro Beta Terms and Conditions", Uber Pro, May 1, 2019, www.uber. com/en-CA/legal/rewards-program/uberpro/us-en.

28. David Their, "Google's New Game Streaming Platform Is Called Stadia, and It's Not a Console", *Forbes*, March 19, 2019, www.forbes.com/sites/davidtheir/2019/03/19/googles-new-game-streaming-platform-is-called-stadia-and-its--not-a-console/#4b3d0f838f2d; Derek Strickland, "Square Enix Interested in Blockchain, Game Streaming", *TweakTown*, January 6, 2019, www.tweaktown,com/news/63349/square-enix-interested-in-blockchain-game-streaming/index.html.

CAPÍTULO 5

1. Ben Kepes, "30% of Servers Are Sitting 'Comatose' According to Research", *Forbes*, June 3, 2016, www.forbes.com/sites/benkepes/2015/06/03/30-of-servers-are-sitting-comatose- according-to-research/#6ee3a75459c7.

2. Cruncbase, "Golem Factory GmbH", listas de empresas Crunchbase, acesso em: April 28, 2019, www.crunchbase.com/organization/golem-network#section-locked--marketplace.

3. No Bitcoin, 51% dos participantes têm que validar uma transação para que esta seja aprovada e anexada a um bloco e tais regras são estabelecidas na camada de mensagens da pilha de tecnologia do blockchain Bitcoin. Em outras redes blockchain, as exigências de consenso podem ser estabelecidas para uma porcentagem maior, porém, 51% tende a ser o padrão.

4. Ben Rossi, "How Tesco Is Using AI to Gain Customer Insight", *Information Age*, May 17, 2017, www.information-age.com/tesco-is-using-ai-to-gain-customer-insight-123466328.

5. Samuel Falkon, "The Story of the DAO: Its History and Consequences", *Medium*, December 24, 2017, https://medium.com./swlh/the-story-of-the-dao-its-history-and--consequences-71e6a8a551ee.

NOTAS

6. Blockchain, "Hashrate Distribution", acesso em: April 28, 2019, www.blockchain.com/en/pools.

7. Paul V. Weinstein, "Why Microsoft Is Willing to Pay So Much to GitHub", hbr.org, June 6, 2018, https://hbr.org/2018/06/why-microsoft-is-willing-to-pay-so-much--to-github.

8. Pieter Franken, entrevista com os autores, out. 2018.

9. Bitcoin Project, "Bitcoin Development", *BitcoinCore*, acesso em: 2 mai. 2019, https://bitcoin.org/en/development#bitcoin-core-contributors.

10. Hong Kong Monetary Authority, "The Launch of eTradeConnect and the Collaboration with we.trade", press release, October 31, 2018, www,hkma.gov.hk/eng/key--information/press-releases/2018/20181031-4.shtml.

11. Aapo Markkanen, Thomas Bittman e Bob Gill, "What Tech Product Managers Must Know about Edge Computing", Research Note G00379625 (Gartner, December 2018).

12. John Childress, "Friction and Culture Change", *John T. Childress ... Rethinking* (blog), January 22, 2015, https://blog.johnrchildress.com/2015/01/22/friction-and-culture-change.

13. Klint Finley, "Out in the Open: Occupy Wall Street Reincarnated as Open Source Software", *Wired*, April 28, 2014, https://www.wired.com/2014/04/loomio/.

14. Alanna e Richard D. Bartlett, "Loomio Points", *GitHub*, September 11, 2016, https://github.com/loomio-coop-handbook/blob/master/loomio_points.md.

15. Diretores do Banque de France, reunião com os autores, 29 nov. 2018.

16. Embora a UEFA seja o órgão administrativo para a FIFA na Europa, alguns de seus países-membro são, geograficamente, transcontinentais (como por exemplo, Azerbaijão, Geórgia, Cazaquistão, Rússia e Turquia) ou asiáticos (por exemplo, Israel).

17. *Veja* Sonia Avalos, Agence France-Presse, "Argentina Hooligans: The Endless Cycle of Football Violence", https://sports.yahoo.com/argentinas-hooligans-endless-cycle--football-violence-015134453- -sow.html, November 26, 2018 e UEFA, "Counter-Terrorism Focus at UEFA Seminar", Inside UEFA, April 20, 2018, www.uefa.com/insideuefa/protecting-the-game/security/news/newsid=2552417.html.

18. UEFA, "All You Need to Know About UEFA Euro 2020", UEFA, April 15, 2019, www.uefa.com/uefaeuro-2020.

19. Frédéric Longatte, entrevista telefônica com os autores, 12 dez. 2018.

20. Wired Brand Lab, "Insider Insights: Coordinating Tomorrow's Fast Lane", *Wired*, February 2017. www.wired.com/brandlab/2017/02/insider-insights-coordinating--tomorrows-fast-lane.

21. Roy Maurer, "Employers Are Frustated by These 5 STEM Talent Hurdles", *SHRM* (Society for Human Resource Management), July 30, 2018, www.shrm.org/resource-sandtools/hr-topics/talent-acquisition/pages/employers-frustrated-stem-talent-gaps.aspx.

260   O VERDADEIRO VALOR DO BLOCKCHAIN

CAPÍTULO 6

1. Andy Greenberg, "Inside the 'Dark Market' Prototype, a Silk Road the FBI Can Never Seize", *Wired*, April 24, 2014, www.wired.com/2014/04/darkmarket.

2. James Redman, "Under the Tent: A Look at the Latest Openbazaar Marketplace Software", *Bitcoin*, October 3, 2018, https://news.bitcoin.com.under-the-tent-a-look-at--the-latest-openbazaar-marketplace-software.

3. *Veja* a homepage de Basic Attention Token em https://basicattentiontoken.org. *Veja também* Jon Wood, "Blockchain & Advertising: New Solutions to Old Problems", *Medium*, June 28, 2018, https://medium.com/trivial-co/blockchain-advertising-new--solutions-to-old-problems-e7fcbbc16b85.

4. Vauhini Vara, "Amazon's Failed Pitch to Authors", *New Yorker*, July 31, 2014, www. new yorker.com/business/currency/amazons-failed-pitch-to-authors",

5. Homan Farahmand, "Blockchain: Evolving Decentralized Identity Design", Research Note G00324208 (Gartner, December 2017).

6. Nicky Morris, "Taiwanese Hospital Launches Blockchain Health Record", *Ledger Insights*, September 2018, https://www.ledgerinsights.com/blockchain-health-records--taiwan.

7. Dr. Ray-Chade Chen, conversa pessoal com os autores, 17 jan. 2019.

8. Minda Zetlin, "Mark Cuban Says This Is the 1 Mistake New Entrepreneurs Always Make", *Inc.*, May 23, 2018, www.inc.com/minda-zetlin/mark-cuban-sayinsiang-entrepreneurship-mistakes-funding-vcs-sales.html.

9. *Veja* Jim Duffy, "Zoombie Start-ups: Why Are Entrepreneurs Failing to Grow Their Businesses?", *Guardian*, August 7, 2017, www.theguardian.com/small-business--network/2017/aug/07/zoombie-startups-entrepreneurs-failing-to-grow-their-businesses e Patrick Musso e Stefano Schiavo, "The Impact of Financial Constraints on Firms Survival and Growth", 2007, https://hal-sciencespo.archives-ouvertes.fr/hal-00973115/document.

10. Alex Frew McMillian, "Sparking an IPO Revolution", CNN Money, January 7, 2000, https://money.cnn.com/2000/01/07/investing/q_hambrecht.

11. Susan Greco, "The Real Legacy of Spring Street Brewing", *Inc.*, September 1, 1999, www.inc.com/magazine/19990901/13720.html.

12. "Volume of Funds Raised through Crowdfunding Worldwide in 2017, by Region (in Million U.S. Dollars)", www.statista.com/statistics/946659/global-crowdfunding-volume-worldwide-by-region/.

13. A tecnologia digital também pode ser usada para atender propósitos centralizadores. As plataformas digitais entraram no setor financeiro ao introduzirem soluções para pagamento *on-line* (basta pensar no PayPal e Amazon Pay) além de enormes volumes de dados de cartões de crédito que elas coletam como parte do processo de venda. Quando integrados, estes dados de pagamento permitem às plataformas prever compras futuras, ampliar ofertas de financiamento e negociar condições de pagamento especiais – todas as quais podem canalizar tráfego para elas.

NOTAS

14. Laura Shin, "Here's the Man Who Created ICOs and This Is the New Token He's Backing", *Forbes*, September 21, 2017, www.forbes.com/sites/laurashin/heres-the-man--who-created-icos-and-this-is-the-new-token-hes-backing/#5714be7b1183.

15. Icodata.io, "Funds Raised in 2018", acesso em: 2 mai. 2019, www.icodata.io/stats/2018.

16. David Petersson, "How Smart Contracts Started and Where They Are Headed", *Forbes*, October 24, 2018, www.forbes.com/sites/davidpetersson/2018/1024/how-smart--contracts-started-and-where-they-are-heading/#4af9b13937b6.

17. Samuel Falkon, "The Story of the DAO: Its History and Consequences", *Medium*, December 24, 2017, https://medium.com/swlh/the-story-of-the-dao-its-history-and--consequences-71e6a8a551ee.

18. Hugo Benedetti e Leonard Kostovetsky, "Digital Tulips? Returns to Investors in Initial Coin Offerings", *SSRN*, May 20, 2018, https://papers.ssrn.cm/sol3/papers.cfm?abstract_id=3182169.

19. CB insights, "Venture Capital Funnel Shows Odds of Becoming a Unicorn Are About 1%", *CBInsights Research Briefs*, September 6, 2018, www.cbinsights.com/venture--capital-funnel-2/; HM Treasury, "Financing Growth in Innovative Firms Consultation", UK Publications, August 2017, https://assets.publishing.service.gov-uk/government/uploads/system/uploads/attachment_data/file/642456/financing-growth-in-innovative--firms-consultation_web.pdf.

20. Bitcoin Exchange Guide News Team, "How Cryptocurrency Airdrop Tokens/Coins Work?", *Bitcoin Exchange Guide*, April 30, 2018, https://bitcoinexchangeguide.com/how-cryptocurrency-airdrop-token-coins-work.

21. Olga Kharif, "How's That ICO Working Out?", *Bloomberg Quint*, December 14, 2018, www. bloombergquint.com/businessweek/crypto-s-15-biggest-icos-by-the-numbers.

22. Kik, "Learn Out Company Story", página Web Kik, acesso em: 28 abr. 2019.

23. Jon Russell, "Chat App Kik Takes on Facebook with Developer Ecosystem Built on the Blockchain", *Techcrunch,* May 25, 2017, https://techcrunch.com/2017/05/25/kik--makes-a-move-into-the-blockchain.

24. Ross Eastwood, "KodakCoin ICO Went from a Joke to a Real Blockchain Project in 2019", *Independent Republic*, January 13, 2018, https://theindependentrepublic.com/2019/01/13/kodakcoin-ico-went-from-a-joke-to-a-real-blockchain-project--in-2019.

25. Adrian Zmudzinski, "OECD Calls for 'Delicate Balance' in Global ICO Regulation", *Cointelegraph*, January 18, 2019, htpps://cointelegraph.com/news/-oecd-calls-for--delicate-balance-in-global-ico-regulation.

26. Alejandro Gomez de la Cruz, "The State of ICO Regulation: Insights from 3 Lawyers", *Medium*, September 4, 2018, https://medium.com/coin-governance-system/the--state-of-ico-regulation-insights-from-3-lawyers-b326164681f9.

27. US Securities and Exchange Commission (SEC), "Spotlight on Initial Coin Offerings (ICOs)", SEC, atualizado em 11 abr. 2019, www.sec.gov/ICO.

28. Chems Idrissi, "PACTE Bill: A Framework for ICOs and Protection of Foreign Investments in France", *Soulier Avocats*, December 2018, www.soulieravocats.com/en/pacte-bill-a-framework-for-icos-and-protection-of-foreign-investments-in-france; Pascal Cuche e Tanguy Bardet, "French parliament Adopts PACTE Law", Lexology, April 16, 2019, https://www.lexology.com/library/detail.aspx?g=8a917a5b-16c6-4242-9a11-e7bb81dcb38f.

29. "Security Token Calendar", TokenMarket, https://tokenmarket.net/security-token-calendar/.

30. Tatiana Koffman e Marc Boiron, "The Game of Regs: The STO Context", *Medium*, September 14, 2018, https://medium.com/@tatianakoffman/game-of-regs-the-sto-context-35d9deed2c4d.

31. Matt Robinson e Tom Schoenberg, "Bitcoin-Rigging Criminal Probe Focused on Tie to Tether", *Bloomberg*, November 20, 2018, www.bloomberg.com/news/articles/2018-11-20/bitcoin-rigging-criminal-probe-focused-on-tie-to-tether.

32. PR Newswire, "MovieCoin Utility Token Presale Overachieves", *Cision*, November 29, 2018, www.prnewswire.co.uk/news-releases/moviecoin-utility-token-presale-overachieves-811115426.html.

33. Christopher Woodrow, entrevista com os autores, dez. 2018.

34. Rachel Wolfson, "Christopher Woodrow on Blockchain Technology for the Film Industry", *Forbes*, September 17, 2018, www.forbes.com/sites/rachelwolfson/2018/09/17/rachelwolfson/ christopher-woodrow-on-blockchain-technology-for-the-film-industry/#2ebb3fe96f83.

35. Bee Token, "What Is Beenest? How the Bee Token Is Revolutionizing Home Sharing", *Medium*, December 18, 2017, https://medium.com/@thebeetoken/what-is-beenest?-how-the-bee-token-is-revolutionizing-home-sharing-market-8da32d79bbbb.

36. "LT Blockchain, Ecosystem & Marketplace DAPP", white paper (LockTrip, s.d.), acesso em: 2 mai. 2019, https://locktrip.com/whitepaper_v1.2_t.pdf.

CAPÍTULO 7

1. Representante da Ant Financial, em entrevistas telefônicas com os autores em novembro e dezembro de 2018.

2. Zheping Huang, "Xiongan Calls in ConsenSys to Bring Blockchain Technology to Xi Jinping's Dream City", *South China Morning Post*, July 23, 2018, www.scmp.com/tech/aticle/2156396/xiongan-calls-in-consensys-to-bring-blockchain-technology-to-xi-jinpings.

3. Kai-Fu Lee, citado em Peter Diamandis, "AI Superpowers by Kai-Fu Lee", *Tech Blog*, China series, acesso em: 28 abr. 2019, www.diamandis-kai-fu-lee-ai-superpowers.

4. Gartner, "Internet of Things", Gartner IT Glossary, acesso em: 28 abr. 2019, https://www.gartner.com/gartner-it-glossary/internet-of-things.

5. "The Future of Pharma Packaging Looks Smart", *Packaging World*, April 20, 2017, www.packworld.com/article/trends-and-issues/anti-counterfeiting/future-of-pharma--packaging-looks-smart.

6. Stephanie Kanowitz, "Analytics Platform Helps KC Anticipate the Needs of Its Citizens", GCN, June 23, 2017, https://gcn.com/articles/2017/06/23/kansas-city-data--integration.aspx.

7. "Can Blockchain Fix Potholes?", Potholes, August 28, 2018, www.pothole.info/2018/08/can-blockchain-fix-potholes.

8. Toby Simpson, Arthur Meadows e Humayun Sheikh, "Fetch AI: Token Overview: A Decentralised World for the Future Economy", Fetch.AI Foundation, February 2019, https:// fetch.ai/public/pdf/Fetch-Token-Overview.pdf.

9. 5G é a próxima geração de padrão para telefonia celular, depois do 4G. Ele foi projetado para possibilitar comunicação com volumes de dados enormes, em altíssima velocidade e a baixo custo, necessários para aplicações e dispositivos IoT funcionarem de forma mais eficaz. Para algumas reflexões sobre sua relevância, *refira-se a* Matthew Wall, "What Is 5G and What It Mean for You?", *BBC*, July 24, 2018.

10. Homan Farahmand, "Blockchain: The Dawn of Decentralized Identity", Research Note G00363110 (Gartner, May 24, 2018); Kai Wagner et. al., "Self-Sovereign Identity: A Position Paper on Blockchain Enabled Identity and the Road Ahead", Blockchain Bundesverband (German Blockchain Association), October 23, 2018, https://jolocom.io/wp-content/uploads/2018/10/Self-sovereign-Identity-_-Blockchain-Bundesver-band-2018.pdf.

11. Andrew Hughes, Manu Sporny e Drummond Reed, eds., "A Primer for Decentralized Identifiers: An Introduction to Self-Administered Identifiers for Curious People", W3C Draft Community Group Report, January 19, 2019, https://w3c-ccg.github.io/did-primer.

12. "Sovrin: A Protocol and Token for Self-Sovereign Identity and Decentralized Trust", white paper (Sovrin Foundation, January 2018), https://sovrin.org/wp-content/uploads/2018/03/ Sovrin-Protocol-and-Token-White-Paper.pdf.

13. John Jordan, entrevistas telefônicas com os autores, dez. 2018 e mar. 2019.

14. Dr. Leikei Leong, entrevista com os autores em 5 out. 2018.

15. Nicola Davies, "Smart Technology for Diabetes Self-Care", *Diabetes Self-Management*, June 9, 2016, www.diabetesselfmanagement.com/diabetes-resources/tools-tech/smart-technology-for-diabetes-self-care; Maria Cohut, "Alzheimer's: Brain Implant Could Improve Cognitive Function", *Medical News Today*, January 31, 2018, www.medicalnewstoday.com/articles/320792.php; Brandon Specktor, "Military-Funded Study Successfully Tests 'Prosthetic Memory' Brain Implants", *Live Science*, April 6, 2018, www.livescience.com/62234-prosthetic-memory-neural-implant.html.

16. K. L. Collins et al., "Ownership of an Artificial Limb Induced by Electrical Brain Stimulation", *Proceedings of the National Academy of Sciences of the United States of America* 114, no. 1 (2016): 166-171, www,ncbi.nlm.gov/pmc/articles/PMC5224395.

264 O VERDADEIRO VALOR DO BLOCKCHAIN

17. Grace Caffyn, "Meet the Tiny Bitcoin Wallet That Lives under Your Skin", *Coin-Desk*, November 11, 2014, www.coindesk.com/meet-the-tiny-bitcoin-wallet-that-lives--under-your-skin; David McClelland, "Cash in Hand? This Cryptocurrency Body Implant Will Secure Your Cyber-Cash Stash", *Computer Weekly*, January 18, 2018, www.computerweekly .com/blog/Inspect-a-Gadget/Cash-in-hand-This-cryptocurrency--body-implant-will-secure-your-cyber-cash-stash.

18. Farahmand, "Blockchain: The Dawn of Decentralized Idenitity".

19. Para problemas relacionados com ferramentas para crédito hipotecário, *refira-se a* Robert Bartlett et al., "Consumer-Lending Discrimination in the Era of FinTech", Haas School of Business, University of California Berkley, October 2018, https://vcresearch.berkley.edu/news/mortgage-algorithms-perpetuate-racial-bias-lending-study-finds. Para problemas relacionados com algoritmos para sentenciar criminosos, *refira-se a* Jeff Larson et al., "How We Analyzed the COMPAS Recidivism Algorithm", *ProPublica*, May 23, 2016, www.propublica.org/article/how-we-analyzed-the-compas-recidivism-algorithm.

20. Daisuke Wakabayashi, "Self-Driving Uber Car Kills Pedestrian in Arizona, Where Robots Roam", *New York Times*, March 19, 2018, www.nytimes.com/2018/03/19/technology/uber-driverless-fatality.html.

21. Simon Romero, "Wielding Rocks and Knives, Arizonans Attack Self-Driving Cars", *New York Times*, March 19, 2018, www.nytimes.com/2018/03/19/technology/uber-driveless-fatality.html.

22. "2019 Edelman Trust Barometer", Edelman, January 20, 2019, www.edelman.com/trust-barometer.

23. Eugene Kim, "Amazon's Tear-Long Publicity Blitz for HQ2 Has Backfired", *CNN*, March 2, 2019, www.cnbc.com/2019/03/02/amazon-hq2-publicity-grab-backfiring.html.

24. "2018 Revision of World Urbanization Prospects", UN Department of Economic and Social Affairs, May 16, 2018, www.un.org/development/desa/publications/2018--revision-of-world-urbanization-prospects.html.

25. A Gartner define *experiências contextualizadas* como "compreender quem é o seu cliente, onde se encontram no momento, quais são os seus comportamentos através de dispositivos e máquinas e como interagir em situações específicas". *Veja* Gartner, "Hype Cycle for Customer Experience Analytics", Research Note G00338646 (Gartner, August 2, 2018).

26. A Gartner define inteligência contínua como "um estilo de gestão de tomadas de decisão em que analítica em tempo real é integrada às atividades da empresa. Ela processa dados atuais e passados para prescrever ações em resposta a momentos e outros eventos por que passa a empresa. Ela tira proveito de várias tecnologias como analítica aumentada, processamento de fluxos de eventos, otimização, gestão de regras de negócio e aprendizagem de máquina". *Veja* Gartner, "Hype Cycle for Customer Experience Analytics", Research Note G00338646 (Gartner, August 2, 2018).

27. "Beyond Traffic: The Vision for the Kansas City Smart City Challenge", City of Kansas City, Missouri, February 14, 2016, https://cms.dot.gov/sites/dot.gov/files/docs/Kansas%20City

%20Vision%20Narrative.pdf.

28. "New York City's Roadmap to 80 x 50", New York City's Mayor's Office of Sustainability, September 2016, https://www1.nyc.gov/assets/sustainability/downloads/pdf/publications/New-York-City's-Roadmap%20to%202080%2020%20x%20 2050_20160926_FOR%2020WEB.pdf.

29. R. P. Siegel, "How Kansas City, New york and San Jose Exhibit Three Approaches to Smart Cities", *Green Biz*, October 18, 2018, www.greenbiz.com/article/how-kansas--city-new-york-and-san-jose-exhibit-three-approaches-to-smart-cities.

30. New York State, "Reforming the Energy Vision", acesso em: May 2, 2019, https://rev.ny.org.

31. Richard Evans e Jim Gao, "DeepMind AI Reduces Google Data Centre Cooling Bill by 40%", DeepMind, July 20, 2016, https://deepmind.com/blog/deepmind-ai-reduces-google-data-centre-cooling-bill-by-40.

32. Waterfront Toronto, homepage da "Quayside", acesso em: 2 mai. 2019, https://waterfrontoronto.ca/nbe/portal/waterfront/Home/waterfronthome/projects/quayside.

33. Associated Press, "Ontario Government Fires 3 Directors after Google Deal", *NY1*, December 7, 2018, www.ny1.com/nyc/all-boroughs/ap-top-news/2018/12/07/ontario-government-fires-3-directors-after-google-deal; Jane Wakefield, "The Google City That Has Angered Toronto", BBC, May 18, 2019, https://www.bbc.com/news/technology-47815344.

34. Timpthy Williams, "In High-Tech Cities, No More Potholes, but What about Privacy?", *New York Times*, January 1, 2019, www.nytimes.com/2019/01/01/us/kansas-city--smart-technology.html.

35. Shoshana Zuboff, *The Age of Surveillance Capitalism: The Fight for a Human Future at the New Frontier of Power* (Nova Iorque: PublicAffairs, 2019).

36. René Raphael e Ling Xi, "China's Rewards and Punishments", *Le Monde Diplomatique*, January 1, 2019, https://mondediplo.com/2019/01/05china-social-credit.

CAPÍTULO 8

1. Joseph Lubin, entrevista por telefone com os autores, February 23, 2019.

2. Phil Berardelli, "When Pigeons Flock, Who's in Command?", *Science*, April 8, 2010, www.sciencemag.org/news/2010/04/when-pigeons-flock-whos-in-command.

3. Brian Barrett, "Inside the Olympics Opening Ceremony World Record Drone Show", *Wired*, February 9, 2018, www.wired.com/story/olympics-opening-ceremony--drone-show;

Brian Barrett, "Lady Gaga's Halftime Show Drones Have a Bright Future", *Wired*, February 5, 2017, www.wired.com/2017/02/lady-gaga-halftime-show-drones.

4. Robbie Gonzales, "How a Flock of Drones Developed Collective Intelligence", *Wired*, July 18, 2018, www.wired.com/story/how-a-flock-of-drones-developed-collective--intelligence.

5. *Veja* Harold J. Leavit, "Hierarchies, Authority, and Leadership", *Leader to Leader*, June 7, 2005; e Joe C. Magee e Adam D. Galinsky, "Social Hierarchy: The Self-Reinforcing Nature of Power and Status", *Academy of Management Annals* 2, no. 1 (2008): 351-398.

6. Ronald Wintrobe e Albert Breton, "Organizational Structure and Productivity", *American Economic Review* 76, no. 3 (June 1986): 530-538.

7. C. Anderson e C. E. Brown, "The Functions and Dysfunctions of Hierarchy", *Research of Organizational Behavior* 30 (2010): 55-89.

8. Alexa Clay e Kyra Maya Philips, *The Misfit Economy: Lessons in Creativity from Pirate, Hackers, Gangsters, and Other Informal Entrepreneurs* (Nova Iorque: Simon & Schuster, 2015).

9. Acesse o site Web da empresa para obter uma descrição de sua abordagem organizacional: www.itw.com/about-itw.

10. Knowledge@Wharton, "Johnson & Johnson CEO William Weldon: Leadership in a Decentralized Company", podcast, Wharton School of the University of Pennsylvania, June 25, 2008, http://knowledge.wharton.upenn.edu/article/johnson-johnson-ceo-william-weldon-leadership-in-a-decentralized-company.

11. Esta teoria está passando por teste no mundo real. No momento a divisão de produtos de consumo da J&J está sendo criticada em relação a alegações de que o talco para bebês da Johnson contém asbesto, conhecido por causar o raro câncer do mesotélio e ser um fator suspeito em milhares de diagnósticos de câncer ovariano entre mulheres que fizeram uso do talco. O X da questão é que líderes da divisão de bens de consumo embalados estavam cientes da contaminação e, mesmo assim, não retiraram o produto das prateleiras. *Veja* Lisa

Girion, "Johnson & Johnson Knew for Decades that Asbestos Kurked in Its Baby Powder", Reuters, December 14, 2018, www.reuters.com/investigates/special-report/johnsonandjohnson-cancer.

12. *Veja* Zac Guzman, "Zappos CEO Tony Tsich on Getting Rid of Managers: What I Wish I'd Done Differently", *CNBC*, September 13, 2016, www.cnbc.com/2016/09/13/zappos-ceo-tony-tsich-the-thing-I-regret-about-getting-rid-of-managers.html; e Bouree Lam, "Why Are So Many Zappos Employees Leaving?", *Atlantic*, January 15, 2016, www.theatlantic.com/business/archive/2016/01/zappos-holocracy-hierarchy/424173/

13. Lubin, entrevista telefônica.

14. Nitesh Oundir, "10 Leadership Styles with Examples", *Iamwire*, November 10, 2017, www.iamwire.com/2017/10/10-leadership-styles-with-examples/167818.

15. Robert Greenleaf, *Servant Leadership: A Journey into the Nature of Legitimate Power and Greatness* (Nova Iorque: Paulist Press, 1977).

16. Para maiores detalhes sobre a abordagem da Toyota no que tange o desenvolvimento de liderança, *refira-se a* Jeffrey Liker e Gary Convis, *The Toyota Way to Lean Leadership* (Nova Iorque: McGraw Hill, 2012).

17. Para mais informações sobre o funcionamento do Bounty0x, *veja* Bounty0x, "Earning Crypto Made Simple", acesso em: 2 mai. 2019, https://bounty0x.io.

NOTAS

18. Jaime Rocca e Sari Wilde, *The Connector Manager: Why Some Leaders Build Exceptional Talent – and Others Don't* (Nova Iorque: Portfolio, 2019).

19. "Começar tendo em mente a finalidade" é o segundo dos sete hábitos que Stephen Covey descreve em seu clássico, *The Seven Habits of Highly Effective People: Poerful Lessons in Personal Change* (Nova Iorque: Free Press, 1989).

20. Mark Raskino, "2019 CEO Survey: The Year of Challenged Growth", Research Note G00385368 (Gartner, April 16, 2019).

21. Shelly Hagan, "Global CEO's Recession Concerns Fade as Talent Shortage Bites", *Bloomberg*, January 18, 2018, www.bloomberg.com/news/articles/2018-01-18/global-ceos-recession-concerns-fade-as-talent-shortage-bites.

22. PwC, "CEOs' Curbed Confidence Spells Caution", *PwC CEO Survey*, 2018, www.pwc.com/gx/en/ceo-agenda/ceosurvey/2018/gx/deep-dives/talent.html.

23. A expectativa é de que o setor de provisão de mão de obra cresça 7% em 2018, mas os países mais ativos como Japão, China e Índia estão tendo um crescimento na casa dos dois dígitos, de acordo com a SIA (Staffing Industry Analysts), "Global Staffing Revenue Hits $461 Billion, SIA Forecast Calls for 7% Growth", *SLA Daily News*, June 11, 2018, www2.staffingindustry.com/site/Editorial/Daily-News/Global-staffing-revenue-hits-461-billion-SIA-forecast-calls-for-7-growth-46365.

24. Diana Farell, Fiona Grieg e Amar Amoudi, "The Online Platform Economy in 2018, Drivers, Workers, Sellers, and Lessors", JPMorgan Chase & Co. Institute, September 2018, jpmorgan chase.com/corporate/institute/report-ope-2018.htm.

25. Ursula Hiws et al., "Work in the European Gig Economy", Foundation for European Progressive Studies, 2017, www.uni-europa.org/ wp-content/uploads/2017/11/europagigeconomy-longversion.pdf.

26. *Veja* os sites de fornecimento de mão-de-obra para maiores informações: https://talentexchange.pwc.com e https://talentnetwork.washingtonpost.com/index.html.

27. US Department of Labor, Bureau of Labosr Statistics, "Contingent and Alternative Employment Arrangements Summary", economic news release Bureau of Labor Statistics, June 7, 2018, www.bls.gov/news.release/conemp.nr0.htm.

28. Trevor Clawson, "Automating the Gig Economy: Can Blockchain Tech Make Life Easier for Side-Hustling Millenials?", *Forbes*, September 26, 2018, www.forbes.com/sites/trevorclawson/2018/09/26/automating-the-gig-economy-can-blockchain-tech-make-life-easier-for-side-hustling-millenials/#4f2ca2921bba.

29. Osato Avan-Nomayo, "ChronoBank Launches World's First Complete Blockchain-Based Job Platform, LaborX", *Bitcoinist*, May 28, 2018, https://bitcoinist.com/chronobank-launches-worlds-first-complete-blockchain-based-job-platform-laborx.

30. Para maiores informações sobre o ChronoBank, *veja* Roger Aitken, "Crypto' Startup Attracts $3M Bitcoin, Forges Changelly App Partnership", *Forbes*, January 31, 2017, www.forbes.com/sites/roger-aitken/chronobank-crypto-startup-attracts-3m-bitcoin-forges-changelly-app-partnership/#2d084e7222641; e "What Is Chronobank (TIME)?" *CoinSwitch*, acesso em: 2 mai. 2019, https://coinswitch.co/info/chronobank/what-is-chronobank.

268   O VERDADEIRO VALOR DO BLOCKCHAIN

31. *Veja* PYMNTS, "Where the Distributed Workforce Meets the Distributed Ledger", *PYMNTS*, March 29, 2016, www.pymnts.com/news/b2b-payments/2016/where--the-distributed-workforce-meets-the-distributed-ledger.

32. Ryan Hayes, Alexander Tran e Henry Xu, "Futarchy Considered: A Guide to Blockchain-Based Prediction Markets and Futarchy", s.d., acesso em: 2 mai. 2019, www.ocf.berkley.edu/~alexandra/Blockchain/Futarchy.

33. Para saber mais a respeito de Robin Hanson e suas ideias, dê uma olhada no seu blogue em http://www.overcomingbias.com/ e no seu livro *The Age of Em: Work, Love and Life When Robots Rule the Earth* (Oxford University Press, 2016).

34. Robert Bartlett et al., "Consumer Lending Discrimination in the Era of Fintech", University of California, Berkley, October 2018, http://faculty.haas.berkley.edu/morse/research/papers/discrim.pdf.

35. *Veja*, por exemplo, Daniel Kahneman, *Thinking Fast and Slow* (Nova Iorque: Farrar, Straus e Giroux, 2011).

36. Clayton M. Christensen, *O Dilema da Inovação: Quando as Novas Tecnologias Levam as Empresas ao Fracasso* (São Paulo, Makron Books, 2019).

CAPÍTULO 9

1. Nathan Heller, "Estonia, the Digital Republic", *New Yorker*, December 18, 2017, www.new yorker.com/magazine/2017/12/18/estonia-the-digital-republic.

2. Lubomir Tasev, "Blind Denial of Cryptocurrencies Leads Nowhere, Bank of Lithuania Says", *Bitcoin*, April 14, 2018, https://bitcoin.com/blind-denial-of-cryptocurrencies-leads-nowhere-bank-of-lithuania-says.

3. Malta House of Representatives, "Innovative Technology Arrangements and Services Act, 2018" (disponível em maltês e em inglês), May 22, 2018, https://parlament.mt/media/ 94207/bill-43-innovative-technology-arrangements-and-services-bill.pdf.

4. "Top Ten Countries to Adopt Blockchain Technology", Blockstuffs, March 28, 2019, https://www.blockstuffs.com/blog/countries-adopting-blockchain; Carlos Terenzi, "11 Countries Working with Blockchain Technology", UsetheBitcoin, February 12, 2019, https://www.usethebitcoin.com/11-countries-working-with-blockchain-technology/.

5. CM Guest Columnist, "These 5 Small Nations Are Bigger Players in Blockchain Than You May Have Guessed", *Cyprus Mail Online*, August 27, 2018, https://cyprusmail.com/2018/08/27/these-5-small-nations-are-bigger-players-in-blockchain-than-you--may-have-guessed.

6. David Willis et al., "The Nexus of Forces Changes Everything: Gartner Symposium/ITxpo 2012 Keynote", Research Note G00246019 (Gartner, January 10, 2013).

7. Vyjayanti Desai, "The Global Identification Challenge: Who Are the 1 Billion People without Proof of Identity?", *Worldbank* (blogue), April 25, 2018, https://www.worldbank.org/voices/ global-identification-challenge-who-are-1-billion-people-without--proof-of-identity.

8. M. J. Altman, "10 Facts about the Syrian Refugee Crisis in Jordan", *World Food Program* USA, December 26, 2018, www.wfpusa.org/stories/10-facts-about-the-syrian--refugee-crisis-in-jordan/#.

9. United Nations High Commision for Refugees, UN Refugee Agency, "Jordan Fact Sheet", UN Refugee Agency, June 2018, http://reporting.unhcr.org/sites/default/files/UNHCR%20Jordan%20Fact%20Sheet%20June%202018.pdf

10. Kerry O'Connor, entrevista com os autores, 24 nov. 2018.

11. O'Connor esclareceu que diferentes órgãos do governo usam métricas diversas para a contagem do número de sem-teto na cidade. Porém, disse ela, a natureza sistêmica e normalmente transiente da condição de sem-teto significa que os números calculados pela Departamento de Habitação e Urbanismo dos EUA podem não ser precisos. Os números deste departamento se baseiam nas pessoas que se candidataram oficialmente à casa própria – número bem menor do que aquele das pessoas que passam por períodos sem uma residência permanente e são forçados a ficarem morando provisoriamente nas ruas e se deslocando constantemente por semanas ou meses.

12. Rebecca Skloot, em seu *best-seller The Immortal Life of Henrietta Lacks* (Nova Iorque: Crown, 2010), explora as escassas regras no setor médico em torno do uso das células e outros dados de uma pessoa.

13. Melanie Swan, "Blockchain Thinking: The Brain as a DAO (Decentralized Autonomous Organization)", s.d., acesso em: 2 mai. 2019, https://pdfs.semanticscholar.org/ac86/2c394d5233d7fea85cdf4584b354b0a12b4.pdf.

14. Aaron Wood, "West Virginia Secretary of State Reports Successful Blockchain Voting in 2018 Midterm Elections", *Cointelegraph*, November 17, 2018, htpps://cointelegraph.com/news/west-virginia-secretary-of-state-reports-successful-blockchain-voting-in-2018-midterm-elections.

15. Aaron Mak, "West Virginia Introduces Blockchain Voting App for Midterm Election", *Slate*, September 25, 2018, https://slate.com/technology/2018/09/west-virginia-introduces-blockchain-voting-app-for-midterm-elections.html.

16. Mac Warner, "2018 General Election: A Huge Success for West Virginia", West Virginia Office of Secretary of State, November 15, 2018, https://sos.wv.gov/news/Pages/11-15-2018-A.aspx.

17. Brian Fung, "West Virginians Abroad in 29 Countries Have Voted by Mobile Device, in the Biggest Blockchain-Based Voting Test Ever", *Washington Post*, November 5, 2018, www.washingtonpost.com/west-virginians-abroad-in-29--countries-have-voted-by-mobile-device-in-the-biggest-blockchain-based-voting-test--ever/?noredirect=on&utm_term=.dd85f309f0b3.

18. Equipe de reportagem do SmartCitiesWorld, "Vienna Progresses Blockchain Strategy", *Smart Cities World*, August 3, 2018, www.smartcitiesworld.net/news/vienna--progresses-blockchain-strategy-3198.

19. Samburaj Das, "In a First, Japanese City Deploys Online Blockchain Voting System", *CCN*, March 3, 2018, www.ccn.com/in-a-first-japanese-city-deploys-online--blockchain-voting-system.

20. Lester Coleman, "Switzerland's 'Crypto Valley' Set to Test Blockchain Voting", *CCN*, October 6, 2018, www.ccn.com/switzerlands-crypto-valley-set-to-test--blockchain-voting.

21. Sherry Li et al., "Directed Giving Enhances Voluntary Giving to Government", *Economic Letters* 133 (August 2015): 51-54, www.reserachgate.net/publication/277605021_Directed_giving_enhances_voluntary_giving_to_government.

22. Michael del Castillo, "Brooklyn Blockchain Startup Could Render Power Companies Redundant", *New York Business Journal*, March 2, 2016, www.bizjournals.com/newyork/news/2016/03/02/brooklyn-blockchain-startup-could-render.html.

23. Jolyon Jenkins, "The Man Who Created a Tiny Country He Can No Longer Enter", *BBC News*, November 14, 2016, www.bbc.com/news/magazine-37941931.

24. Rhodri Marsden, "Improbable Ships: From Hospitals to Floating Nuclear Generators", *Independent* (Londres), August 25, 2015, www.independent.co.uk/news/world/improbable-ships-from-hospitals-to-floating-nuclear-generators-10471677.html.

25. Megan Molteni, "The Wired Guide to CRISPR", *Wired*, March 12, 2019, www.wired.com/story/wired-guide-to-crispr.

26. David Furlonger, "The CIO Gene(s): Selection of the Fittest", Research Note G00316767 (Gartner, October 10, 2016).

27. Jim Kozubek, "Can CRISPR Cas9 Boost Intelligence", *Scientific American*, September 23, 2016, https://blog.scientificamerican.com/guest-blog/can-crispr-cas9-boost--intelligence.

28. Gregory Barber, "A Crypto Exchange CEO Dies - with the Only Key to $137 Million", *Wired*, February 5, 2019, www.wired.com/story/crypto-exchange-ceo-dies--holding-only-key.

29. René Raphael e Ling Xi, "China's Rewards abd Punishments", *Le Monde Diplomatique*, January 1, 2019, https://mondediplo.com/2019/01/05china-social-credit.

30. *Veja*, por exemplo, Phillip A. Laplaute, "First, Do No Harm: A Hippocratic Oath for Software Developers", *Queue* (Journal of the Association for Computing Machinery) 2, no. 4 (August 31, 2004), https://queue.acm.org/detail.cfm?id=1016991.

31. A ideia dos proponentes do juramento de Satoshi é garantir que aqueles valores sejam mantidos e protegidos. *Veja* Klara Jaya Brekke, "Proposing the Satoshi Oath for Developers", *B9lab Blog*, https://b9lab.com/proposing-the-satoshi-oath-for-developers--69003cffb022.

CONCLUSÃO

1. Hank Barnes, John-David Lovelock, Jonathon Hardcastle, "Tech Go-to-Market: Introducing Gartner's New Enterprise Personality Profiles for Improved Market Planning and Segmentation", Research Note G00273124 (Gartner, June 26, 2015).

ÍNDICE

23andMe, 232
5G, tecnologia, 176, 181
acesso aberto, 48-50
acesso com permissão, 49-50
acesso
  a capital, 153
  aberto, 49-50
  com permissão, 48-9
  como moeda de negociação, 22-4, 49
  equânime, 150
Actvision, 108
administração científica, 201
Aeroporto Internacional de Hong Kong, 184
agentes autônomos, 31, 48-9, 175-8, 238
agentes inteligentes, 221
Airbnb, 122, 164-5, 166
algoritmos
  consenso, 123, 127, 149-50
  IA, 174, 183-4, 190-1, 193
  mecanismos de controle em, 206-9
  tendências em, 183-4, 206-8, 213
  tomada de decisão, 171, 216-7
Alibaba, 27, 113, 133, 164-5
alocação de recompensas, 124, 144
Alphabet, 188, 189, 190
Amazon Web Services, 108

Amazon, 108, 109, 113, 122, 133, 164-5, 185
ambiente computacional distribuído, 32
ambientes centralizados, 28, 33, 240
Ant Financial, 71-2, 172
anúncios, 149
aplicações descentralizadas (dapps), 155-6, 208, 227
aplicações na medicina, 179-80
apostas, 96
Apple Pay, 117
Apple, 109
aprendizagem em consórcios, 72-73-4
arquétipos, 50-2
  soluções blockchain nativas, 59-60, 61-2, 84
  soluções cavalo de Troia, 53-5, 60, 68, 84, 87
  soluções evolutivas, 57-9, 61, 67, 84
  soluções MDPO (medo de perder a oportunidade), 53-4, 60, 83, 84, 164-5
  soluções oportunas, 56-7, 60-1, 84, 164-5
arquivos mentais, 233
ASTRI (*Applied Science and Technology Research Institute Company*), 179-80

ASX (bolsa de valores australiana), 16, 41-2, 44-6, 56, 164-5
ativos digitais, 22-3, 182
ativos ilíquidos, 17, 29, 31, 98, 102, 117, 147
ativos
  digitais, 22, 181-2
  ilíquidos, 17, 31, 98, 102, 117, 147
  o problema do gasto duplo, 123
Austin, Texas, 16, 229-31
autoridade central, 43-4, 46, 62, 123, 223
Azraq, Jordânia, 229
B3i (Blockchain Insurance Industry Initiative), 69, 75
B3i Service AG, 75
B9Lab, 241
Baidu, 172
Ballinger, Chris, 80-2
banco de dados, 20-1
bancos centrais, 117, 140, 153
Bangladesh, 235
Banque de France, 139-40, 142
Batavia, 69
BATs (*Basic Attention Tokens*), 149
Beenest, 166
Betbrand, 35
bifurcações, 19, 127-8
bimodal, 205
biohacking, 238
bioimplantes, 180-1, 238
BitClave, 149
Bitcoin (livro razão/protocolo ou rede), 103
  bifurcações, 127
  centralização e, 128-9, 129
  descentralização e, 44, 128
  mineração, 128
Bitcoin Cash, 127
bitcoin, 117. *Veja também* criptomoedas
  aumento de preço do, 157-8
  descentralização e, 128
  mineração, 100-2, 128
  representação de valores e, 100-2
  transações, 102

Bitwage, 211
Bleexy, 147-8
blockchain aprimorado, 26, 29-31, 171-95
  benefícios, 181-4
  cidades inteligentes, 186-93
  definição, 173
  medidas a serem tomadas para, 194
  papel da IoT e da IA em soluções, 175-80
  programabilidade *versus* descentralização em soluções, 192
  riscos das soluções, 185-6
blockchain de empresas, 127
Blockchain in Transportation Alliance, 69
blockchain Travel Grid, 107
blockchain washing, 22
blockchain
  aprimorado, 26, 29-33, 171-195
  arquivos mentais, 233
  centralização e, 43-50
  cinco elementos centrais do, 17-21, 37
  completo, 26, 28-9, 36, 38, 144-5, 147-68
  criação de valor através de, 21-4
  emprego comercial do, 15-17
  evolução do, 24-31, 38, 144-5
  informações contraditórias sobre o, 24-5
  inteligência artificial e, 172-186
  IoT e, 172-186
  para participação privada, 163-4
  projetos-piloto/provas de conceito, 28
  soluções inspiradas em, 27-8, 36, 49-62, 144, 164
  soluções nativas, 59-61, 84, 134
  tecnologia, 50-1
  tokens e, 100-3, 117
Bosch, 80
Bounty0x, 205
Brass Golem, 122
Brave, 149
British Columbia, 179-80, 189, 192-3
Buying.com, 148
cadeia de suprimento, 46-9, 82-3, 126

ÍNDICE

caixa- branca analógica, 192-3
caixa-branca digital, 192
caixa-preta digital, 191, 192
Califórnia, 237
Canadá, 160, 179-80, 189-90
Canopy, 78
capital de risco, 153, 154
capital
  acesso a, 153-4
  de risco, 153, 154-5
carteiras de criptomoedas, 239
casas inteligentes, 176-8
centralização
  benefícios da, 130-2, 192
  Bitcoin e, 129
  cavalos de Troia e, 55
  consórcios e, 67-8, 69
  custos da, 192
  nas finanças, 153-4
  por parte de plataformas digitais, 195
CHESS (*Clearing House Electronic Subre-gister System, sistema de sub-registro eletrônico de câmara de compensação*), 41-2, 44-6, 56, 164
China, 68, 70, 71, 96, 160, 172, 180, 189, 220
ChornoBank, 210-11
cidadãos e demais partes interessadas, 193
cidades inteligentes, 172, 173, 186-93, 195
  blockchain em, 190-193
  dados em, 187-8
  definição, 187
  descentralizadas, 192-3
cidades. *Veja* cidades inteligentes
CIOs (*chief information officers*), 28
cismas sociais, 227
clareza em relação a, para consórcios
  comunicações externas, 87-9
  estratégia de saída, 89-90
  estrutura de recompensas, 88
  financiamento, 85-7
  governança, 86-7
  perda de, 203
  propósito, 83-5

propriedade de IP, 85
provimento de tecnologia, 88-9
requisitos para, 209, 213
responsabilidade pela prestação de contas, 86-7
ClimateCoin, 102-3
clínica de saúde instantânea, 229-30
coisas inteligentes, 31-3, 36, 38, 171-95
  interações entre, 180-2
colaboração, 73-4, 83
Colony, 199-200, 205, 211, 213, 217
comerciais, bancos, 153
comerciais, transações, 21-2. *Veja também* transações
comercial, governança, 127-8
comercial, propriedade, 124, 127-8
compartilhamento de arquivos em redes não hierarquizadas, 17, 67, 76, 122
compartilhamento de informações, 72-4, 81, 87-9, 138-9
compensação e liquidação de títulos, 16, 19
compliance KYC (*know-your-customer*), 66-8, 78, 100, 140
comportamento usual, 216
compras durante o entretenimento com jogos *on-line*, 22
computação na borda, 31-3, 134-6, 223
computação quântica, 31, 223
comunicação
  consórcios, 87-9
  líderes, 207-14
concorrência, 206
confiança, 22, 67, 223-4, 227-8
ConnectSocial, 109
consenso, 54, 197-8
  algoritmos, 123, 127, 149-50
  através da descentralização, 121-45
  mecanismos, 20, 29
  precisão dos dados e, 183
Consensys, 203, 208-9, 213, 217
consórcios de blockchain. *Veja* consórcios
consórcios de processos de negócios, 71-2
consórcios focados em tecnologia, 70-2

274 O VERDADEIRO VALOR DO BLOCKCHAIN

consórcios geográficos, 70
consórcios setoriais, 69-70
consórcios, 62, 65-91
  agitação, 72
  centralização e, 67-8, 69
  clareza e, 83-91
  comunicações externas em, 88-9
  confiança e, 67
  considerações sobre, 90-1
  consórcios com base em setores, 69-70
  definição, 65
  desafios enfrentados, 81-3
  descentralização e, 67
  estratégias de saída, 88-90
  estrutura de pagamento, 87-8
  exemplos de, 67-8
  financiamento de, 85-7
  geográficos, 70
  governança de, 69-70
  objetivos dos, 83, 85
  papel dos, 90
  processos de negócios, 71-2
  propriedade de IP e, 88
  provimento de tecnologia por, 88-9
  razões para participar de, 72-6
  responsabilidade pela prestação de contas e, 86-7
  soluções impulsionadas por blockchain, 76-81
  tecnologia, 70-1
  tipos de consórcios, 69-72
contrato social, 219-20, 225-8, 238, 240
contratos inteligentes, 29, 31, 47-51, 103
  avaliação justa de valor e, 152
  como instrumentos reguladores, 156-7
  controle de dados e, 111
  inteligência artificial e, 175-6, 193
  preços diferenciados e, 183
  tomada de decisão e, 126
contratos, 22-4. *Veja também* contratos inteligentes
Cool Cousin, 165-6
cooperação, 82-4
Corda, plataforma, 68, 70

Coreia do Sul, 160
Covey, Stephen, 206-8
credenciais de *login*, 97
credenciais verificáveis, 180
credenciais, 66, 97, 102, 139-40, 150, 152, 179, 213, 228-9. *Veja também* identidade
créditos das mídias sociais, 109
créditos, 109
criação de valor, 21-4
  soluções inspiradas em blockchain e, 41-62
  tokens, 102
Crimeia, península da, 237
criptografia, 18, 19, 28
criptomoedas, 22, 98, 117-8. *Veja também* bitcoin
  crise de 2018, 24, 158
  moedas estáveis, 98, 105, 113
  oferta inicial de moedas, 98, 104-5, 154-6, 159-61, 166
  regulamentação, 160-1
  representação de valor e, 100-2
CRISPR, edição, 238-9
Croácia, 237
crowdfunding, 35, 154, 156
Cuban, Mark, 153
cumprimento de legislação, 186, 206, 242
custos de troca, 108
dados pessoais, 31, 150-2, 164-5
dados, como moeda de negociação no mundo digital, 22-4, 31, 43
  coleta de, 43, 176-8, 189, 192, 193
  contexto para, 182-4
  controle de, 36-7, 109-12, 113, 118, 131-3, 150, 164-5, 190, 193
  descentralização, 240-1
  em cidades inteligentes, 187-9
  em soluções inspiradas em blockchain, 45-8
  gerenciamento de, 131-2
  intercâmbio de, 102
  monetização de, 109-13, 117-8, 133, 181-2, 189, 192-3

ÍNDICE

pessoais, 31, 150-2, 164-6
precisão dos, 182
privacidade, 111, 117-8, 189-90, 192-3
propriedade de, 239-40
qualidade dos, 149
sobrecarga, 185
Dairy.com, 67
DAO, projeto, 156-7
DAOs. *Veja* organizações autônomas descentralizadas
Datawallet, 111
DeepMind, 188
descentralização social, 227-8
descentralização, 121-45
benefícios, 137
como um dos elementos do blockchain, 18, 20, 24, 28-9
componentes da, 123-30
consórcios e, 67
contínuo da, 33-8, 163-6
de dados, 240
desafios da, 122, 137-9
economia e, 124
estado de constante mutação da, 128-30
experimentos em, 121-2
governança e, 124, 125-8, 226-8
IoT e, 176-8
medidas a serem tomadas para a, 121-145
nas finanças, 153-64
organizações centralizadas experimentando a, 139-44
participação e, 126-7
ponto de inflexão, 137
programabilidade *versus*, 134-5, 152, 192
razões para, 131-6
resistência à, 130-2, 136-7, 145
social, 227-8
soluções inspiradas em blockchain e, 60-1
soluções nativas e, 60
tecnologia, 124-5

tokens e tokenização na, 107-9, 133
tomada de decisão e, 125-6
transição para a, 136-9
troca de valores e, 44
valor da, 130-44
desenvolvedores de software, 240-1
desenvolvimento de protocolos, 124, 128-9
destruição criativa, 15
detenção de informações, 81-2
digitalização, 22, 34, 44, 113-5, 134, 148, 162, 164, 190, 193, 223, 227, 228
direito a voto, 233-4
direitos humanos, 225-6
distribuição de recompensas, 98, 100, 105-7, 116, 117, 119
distribuição, 18, 19, 28
DMarket, 109, 109-10, 116-7
Dollar Shave Club, 148
DreamTeam, 108-9, 116
drones, 185, 198
Drucker, Peter, 201
DTCC (*Depository Trust and Clearing Corporation*), 16, 56
economia contingente, 209-11
economia de compartilhamento, 166
economia global, 211
Edgecoin, 103
Elecronic Arts, 108
Emirados Árabes Unidos, 70, 220
emissões de gases efeito estufa, 187-8
empresas de blockchain varejistas, 147-8
EMVCo, tokens, 97
energia descentralizada, 235
Energy Web Foundation, 69
engajamento dos cidadãos, 240
Enjin, 109, 117
ensino superior, 60, 102
Enterprise Ethereum Alliance, 70
enxames computadorizados, 198-9, 205-6, 217
enxames, 198-9, 205-6, 217
equidade, 150, 152, 214, 227-8, 242-3
Equinor, 73-4

276 O VERDADEIRO VALOR DO BLOCKCHAIN

escassez habitacional, 172
espectro de blockchain da Gartner, 25-31,
 104
esportes eletrônicos, 107-9, 116-7
Estado Islâmico, 237
Estados Unidos, 160, 161, 220
Estônia, 219-20
estratégia de saída para consórcios, 88-90
Ethereum, 127-8, 154-5, 156, 158, 197
ética, 213, 216-7
eTradeConnect, 68, 133-4
Everybody World, 35
experimentos com blockchain em empresas, 15-7
Facebook, 113, 164
Facebook, *tokens* de acesso, 97
Fetch, 175-6
FIFA (Federeção Internacional de Futebol
 Associado), 108, 140-1
Filecoin, 122
financiamento de consórcios, 85-7
financiamento, 124
 descentralização do, 153-63
 fontes de, 153-4
FinTech Association, 70
formas de negar o franqueamento, 226
França, 160
Franken, Pieter, 129
fraude com produtos alimentícios, 71-2
fraudes, 81, 98, 107, 123
 alimentos, 71-2
 em *games*, 108-109
 gestão, 66
 habitação, 172
 ICOs e, 158
 prevenção de, 16, 78, 117-8
Friedman, Milton, 208-9
funcionários
 alta demanda, 211
 em holocracias, 214
 empoderamento de, 209-12
 recompensas e incentivos para, 200,
 208-9
 recrutamento de, 209-14

transparência, 211-4
futarquia, 213, 217
GameCredits, 109, 116-7
GameOn, 108-9
Gantt, Henry L., 201
gap competitivo, 136
GDPR (*Global Data Protection Regulation*), 111, 117
gêmeos digitais, 184, 185
genomas, 231, 238
Genomes, 232
gerenciamento de chaves, 239
gestão de riscos, 21-3, 74-7
Gilbreth, Frank, 201
Gilbreth, Lillian, 201
GitHub, 129
gloablismo, 223
Global Shipping Business Network, 47-8
Golem, 121-2, 142
Google Stadia, 117
Google, 109, 113, 117, 122, 164, 186, 193
governança de redes, 125
governança, 47
 comercial, 127-8
 de consórcios, 86
 descentralização e, 124-8, 226-8
 organizacional, 214, 216
 redes, 125
Grécia, 237
guardiões, 150
hacking, 239
Hanson, Robin, 214, 234
Hapag-Lloyd, 47-8
Heymate, 211
hierarquia, 200-4, 207, 213
holocracia, 200-3, 205-6, 213, 217
hordas de cavalos de Troia, 185, 194
Hulu, 67
Hyperledger, 68, 70, 71, 179
Hyperloop, 144
IATA (*International Air Transport Association*), 107
ICOs (oferta inicial de moedas), 22, 98,
 104-5, 154-5, 166-7

ÍNDICE

ICOs "invertidas", 159-60
regulamentação de, 160-1
riscos e benefícios de, 156-60
ICOs invertidas159-60
IDCOL (Infrastructure Development Company Limited), 235
identidade digital, 177-80
identidade
autosoberana, 29, 31, 178-9, 182, 193-5
como poder, 230-3
compliance KYC (*know-your-customer*) e, 66-7, 68, 78
credenciais, 150, 152
em sociedades blockchain, 228-32
sistemas centralizados para, 22
tokens, 100
impostos, 235
imutabilidade dos registros, 150, 185, 213, 240
imutabilidade, 18, 19, 28, 185, 212-3, 240
incentivos, 102, 138, 139, 142, 145, 165, 193, 199-200, 204-5, 208-10, 232. *Veja também tokens* e tokenização
Indiegogo, 35
indústria automotiva, 79-81, 186
indústria cinematográfica, 161-4
indústria farmacêutica, 173
influência/tendenciosidade, 88-9, 149, 183-4, 201, 213, 224, 226
Informações mantidas em redutos, 138-9
informações proprietárias, 67
infraestrutura, 235-6
iniciativa Smart Dubai, 220
Inteligência Artificial (IA), 171-95
algoritmos, 136, 174, 183-4, 190, 193
blockchain aprimorado e, 29, 31
contratos inteligentes e, 175-6
precisão dos dados e, 183-4
riscos da, 185-6
sobre, 173-4
inteligência competitiva, 72
intermediários, 22-4, 28, 223-4
internet of me, 237-9, 242-3
Internet, 37

interoperabilidade, 70, 75, 78, 179, 227
inverno do blockchain, 25-7
investimento, 234-6
IoT (Internet das coisas), 22, 30, 109, 171-195
a respeito da, 35-6, 173-4
contínuo centralização-descentralização e, 134, 136
medidas a serem tomadas para a, 194
preparando-se para a, 185-6
riscos associados à, 185-6
riscos de segurança na, 239
IoT. *Veja* Internet das coisas
IPOs (oferta pública inicial), 154, 164-5
Iraque, 237
Isabel Group, 65-7, 68, 70, 77-8
ISO (*International Organization for Standardization*), 75-6
ITW (Illinois Tool Works), 202
Japão, 70, 98, 220, 234
Johnson & Johnson, 202
joint ventures, 65
Jordan, John, 179, 192
Jordânia, 228
juramento de Hipócrates, 240, 242
juramento de Satoshi, 240-1, 243
Kansas City, Missouri, 173-4, 187, 190, 192, 194
Khurshid, Anjum, 230
Kickstarter, 35
Kik, 159-60
Klappich, Dwight, 82-3
KrisPay, *tokens*, 105, 116
LaborX, 211
lançamentos aéreos de criptomoedas, 158
Lantmäteriet, 58-9
lavagem de dinheiro, 66
legislação, 208, 215
Liberland, 237
libra Brixton, 98
liderança a serviço de seus subordinados, 204
liderança autoritária, 204
liderança burocrática, 204

liderança colaborativa, 204
liderança participativa, 65
liderança
  comportamentos usuais e, 216
  comunicação e, 206-215
  desafios para a, 215-7
  em organizações descentralizadas, 197-9, 202-3, 205-14
  estilos de, 204
  hierarquia, 200-2, 204, 206
líderes ágeis, 205-6
LO3 Energy, 35
LockTrip, 165
Loomio, 138
Lubin, Joseph, 197, 203, 208-9
Luxemburgo, 70
Maersk, 27, 46-8
manutenção de registros, 41
máquina da verdade, 149
Marco Polo, 68
Maritime Blockchain Labs, 71
Masterchain, blockchain, 70
Mastercoin, 154
MDPO. *Veja* soluções MDPO (medo de perder a oportunidade)
ME SOLshare Ltd, 235
mecanismos de segurança, 239-40
mercado negro, 96
mercados de predição, 152, 214, 217, 234
microblogging, 238
MicroEnergy International, 235
micromarcas, 148, 186
Microsoft, 129
microtransações, 22, 31, 95-6, 182-3, 223
mídias sociais, 223, 238
minutos de ligação para celulares, 96
Mobility Open Blockchain Initiative, 69, 80-1
modelo de adesão, 214
modelos de código aberto, 128-30
modelos de negócios baseados em *tokens*, 22
moeda corrente. *Veja também* criptomoedas

complementares, 98
fiduciárias, 95, 103, 104, 181-2, 223
virtuais, 96
moeda virtual, 96
moedas complementares, 98
moedas de negociação no mundo digital, 22-4, 43-50
moedas estáveis, 98, 116, 113, 161
moedas fiduciárias, 95, 104, 105, 181-2, 223
Monex Group, 129
Mortality Monitor, 77-8
MOV, token, 162-3
MovieCoin, 161-3
movimento *seastanding*, 237
MSF (MovieCoin Smart Fund), 162-4
nativos digitais, 33-5
negócio adaptável, 221
negócio digital, 221
Neighborly, 236
neutralidade, 240
nexo de forças, 221
Nordic KYC Utility, 68
nós, 123, 128, 176-7
Nova York, 187-8, 192
o problema do gasto duplo, 123
objetos físicos, 31
Observatório e Fórum de Blockchain da União Europeia, 75-6
obsolescência de certas funções laborais, 224
oferta de poder computacional, 122
ONGs (organizações não governamentais), 235-6
OOC Oil & Gas Blockchain Consortium, 74
OpenBazaar, 148
OPEP (Organização dos Países Exportadores de Petróleo), 67
organizações autônomas descentralizadas (DAOs), 206-15. *Veja também* organizações blockchain
  definição, 31, 126
  desafios das, 215-7

ÍNDICE

enxames e, 198
estrutura das, 201-3
liderança em, 213
mecanismos de controle e equilíbrio, 206-9
participação em, 199
organizações blockchain, 197-218
clareza em, 209
como meritocracias, 200
comunicação em, 206-14
desafios das, 215-7
estrutura de, 199-206
incentivos e recompensas em, 200, 208-10
liderança de, 198-9, 204-17
mecanismos de controle e equilíbrio em, 207-9
padrões éticos em, 213
supervisão da tomada de decisão em, 216-7
trabalhadores em, 209-12
transparência em, 211-4
organizações igualitárias, 201-2
padrões da prática, 76-7
padrões, 75-6
palestinos, 236-7
participação dos eleitores, 240
participação, 49, 123-4, 126-8, 150, 240-1
pensamento blockchain, 233
pessoal. *Veja* funcionários
pilhas de tecnologia, 49
pirataria, 201
plataformas digitais centralizadas, 43-50-1
plataformas digitais, 113, 150, 165-6, 185, 225
pontuação social, 192-3, 240
portabilidade, 152-3
possibilidade de ser auditado, 86-7, 155, 173, 183, 186, 193, 213
PotholeCoin, 174
preços diferenciados, 183
preços justos, 152
prédios inteligentes, 188-189
privacidade, 31, 189-90, 192, 243

problemas sociais, 224
procedimentos operacionais padrão, 67-68
programabilidade, 134-5, 152, 192
programabilidade total, 31
projeto de lei PACTE, 160
prontuários médicos, 152-3
propósito, clareza de, 83-5
propriedade coletiva, 127-8
propriedade intelectual, 31, 85
prova de participação, 123
prova de peso, 123
prova de trabalho, 123
provas de conhecimento zero, 133
provedores de infraestrutura, 28
provedores de tecnologia, 77
psicologia comportamental, 216
Q-*coins*, 96, 106, 108
Quayside, 189-90, 193, 194
queda brusca das ponto.com, 25
R3, 68, 70-2, 85-7
RCI Bank and Services, 74
recompensas. *Veja também tokens* e tokenização
baseados na contribuição, 123-4, 129, 131-3, 138
em organizações blockchain, 199, 208-10, 214
transparência nas, 211-215
recrutamento de talentos, 209-214
recursos descentralizados, 235-6
recursos financeiros, 234-6
redes de blockchain fechadas, 44. *Veja também* soluções inspiradas em blockchain
redes de blockchain permissionário, 44, 127. *Veja também* soluções inspiradas em blockchain
redes públicas, 126-7
redes *sem a necessidade de obter permissão*, 126-8
refugiados, 228
Register da Lloyd, 71
registro de imóveis, 58-9

regras de negócio, 49-50, 123-5

regras

adoção de, 127-8

contratos inteligentes, 155-6

de negócios, 49-50, 123-4, 125

regulamentação

consórcios e, 82-3

de blockchains, 220

de criptomoeda, 22

de finanças descentralizadas, 160-1

de organizações descentralizadas, 208, 215-6

privacidade, 111, 117

regulamentações sobre privacidade, 44, 127. *Veja também* soluções inspiradas em blockchain

Reino Unido, 98

Renault, 16

representação, 233-4

reputação, 200

responsabilidade pela prestação de contas, 86-8, 203, 215-6

responsabilidade, 215-6

RiskBlock Alliance,77-8

rLoop, 144

Rússia, 70

Second Life, 107

Securities and Exchange Commision, 160

SecuTix, 141-3

segurança, 44, 130-1, 239

sem teto, 229-1

sensores, 187, 188

SEPA (*Single Euro Payment Area*), 139-41

serviços financeiros, 71, 74, 81-3, 134, 152-63

setor de alojamento e alimentação, 166

setor de *games*, 22, 107-9, 116-7, 152

setor de saúde, 229, 232

setor de transportes marítimos, 46-7, 71, 183

setor de turismo, 107

setor energético, 73-4, 235

setor formado por instituições que oferecem linhas de crédito indiano, 81-2

Sidewalk Labs, 189-90

Silk Road, 148

Singapore Airlines, 106, 117

sistema de tolerância a falhas bizantino, 123

sistemas de pagamento em redes não hierarquizadas, 96

sociedade blockchain, 219-43

características de uma, 226-8

escolha, 221-8

fronteiras e, 236-7

identidade em uma, 228-32

internet of me e, 237-9, 242

investimento e, 234-6

problemas em uma, 239-41

representação e, 233-4

versus sociedade programada, 225

sociedade programada, 224-228

sociedade programável, 31-7, 221-3, 242, 243

sociedade

blockchain, 219-43

fronteiras e, 234-7

investimento e, 234-6

problemas, 239-41

programada, 224-228

programável, 31-7, 221-3, 241, 242

representação e, 233-4

soluções blockchain completo, 26, 28-9, 36, 38, 147-8

benefícios das, 148-52

inovação financeira através de, 153-64

programabilidade *versus* descentralização com, 151

tokens em, 114

transição para, 144-5

soluções blockchain nativo, 59-61, 84, 134

soluções cavalo de Troia, 54-5, 60, 68, 84, 87, 133, 134, 185

soluções centralizadas, 163-5

soluções de dentro para fora, 78

soluções de fora para dentro, 79-81

soluções evolutivas, 57-9, 61, 67, 84, 107, 134

soluções inspiradas em blockchain, 26-9, 36, 144, 164-5
   acesso em, 48-50
   arquétipos, 50-63
   benefícios das, 41-2, 45-6
   centralização em, 42-51
   contratos em, 50-1
   dados em, 45-9
   descentralização e, 60-1
   moedas de negociação com, 43-50
   propriedade sobre, 44
   tecnologia para, 50-2
   tokens e, 106-7, 116-7
   valor criado por, 41-62
soluções MDPO (medo de perder a oportunidade), 53-4, 60, 83, 84, 164-5
soluções oportunas, 56-7, 60-1, 84, 133, 164-5
soluções SSI (*Self-Sovereign Identity*), 29, 31, 178-9, 181-2, 193-5
Sovrin Network, 177-8
SpaceX Innovation Award, 144
Spring Street Brewing, 154
Standars Australia, 76
startups, 16, 29, 59, 122, 142, 147, 149, 167
Steam, 109
Steemit, 109-10
STO (oferta de valores mobiliários tokenizados), 160-1
Storj, 122
Suécia, 58-9
Suíça, 220, 234
supervisão, 124, 216-7
Swan, Melanie, 231-3
Swarm Fund, 164, 198
SWIFT (*Society for Worldwide Interbank Financial Tellecomunication*), 57, 67, 70, 75
Szabo, Nick, 156
Taipei Medical University Hospital, 2, 126-128, 203
Taylor, Frederick, 201
tecnologia livro-razão digital distribuído, 17, 42

tecnologia
   arquitetura, 124
   avanços na, 224
   blockchain, 51
   como moeda de negociação, 22-4
   descentralização, 124-5
   provimento de, 89
Tencent, 96, 108, 113, 165
teoria da administração, 201
terapia genética, 238
Tether, moeda, 104-5, 161
TIW (*Trade Information Warehouse*), 56
TIXnGO, 141-3
tokens de processos, 97, 117
tokens digitais, 96. *Veja também tokens* e tokenização
tokens e tokenização, 18-20, 24, 28-9, 95-118
   blockchain e, 100-3, 117
   caminhos para a tokenização estratégica, 113-7
   compartilhamento de informações e, 138-9
   complementares, 98
   contínuo descentralização-digitalização, 113-7
   contratos inteligentes e, 193
   criação de valor e, 102
   criptomoeda, 98, 117
   descentralização e, 107-9, 133
   distribuição de recompensas, 138
   em soluções blockchain completo, 114, 148
   evolução dos, 104-13
   fiduciários, 97, 104, 117
   flexibilidade de, 96, 97
   identidade, 100
   medidas a serem tomadas para, 117-8
   microtransações e, 181-2
   monetização de dados e, 109-13, 133
   processo, 97, 117
   segurança, 98, 117, 157-8, 160-1
   soluções inspiradas em blockchain e, 105-7, 117

soluções nativas e, 60
tipos de *tokens*, 97-8
tokens de atenção básica, 147
tokens digitais, 96
troca de valores e, 44
uso de, 95, 99-100, 117
utilitários, 98, 117, 157
valor dos, 96-7
tokens fiduciários, 97, 103-4, 117-8
tokens utilitários, 98, 117, 158
tomada de decisão, 124-6, 171, 216-7, 241
Toronto, 189-90, 192, 193, 194
Townes, Herbert R., 201
Toyota, 204
trabalhadores contingentes, 209-12
trabalhadores *freelance*, 209-12
trabalhadores temporários, 209-12
trabalhadores, 209-14. *Veja também* funcionários
TradeLens, 27, 46-8
transações autônomas, 31
transações digitais, 22-3
transações
  autônomos, 31
  comerciais, 21-3
  fiduciárias, 95
  fraudulentas, 123
  microtransações, 22, 31, 95-6, 182-3, 223
  passíveis de serem auditadas, 156, 172, 183, 186, 193, 213
  regras para, 49-50
transformação digital, 33-5
transparência, 28, 31, 41, 48, 186, 193, 211-4
trocas de valor entre setores diferentes, 185-6
Turing, Alan, 37
Uber Pro, 166

Uber, 165, 186
UEFA (*Union of European Football Associations*), 15, 140-2, 144
Ulule, 35
Upwork, 210
US Oil & Gas Blockchain Forum, 73-4
validação, 150
valor
  avaliação justa de, 152
  da descentralização, 131-44
valores mobiliários tokenizados, 98, 117, 158, 160-1
valores, 208
veículos autônomos, 80, 186
veículos autônomos, 80, 186
veículos inteligentes, 79-81
Verifiable Organization Network, 179-80
Viena, 232-4
vigilância, 192
Voatz, 233
Volkswagen, 16
Voltron, 68
W3C (World Wide Web Consortia), 177-8
Walmart, 55
Waymo, 186
we.trade, 68, 69
Weldon, William, 202
WFP (*World Food Programme*), 228
Woolf Universitym 60-1
Workchain, 210, 211
World of Warcraft, 117
World Wide Web, 150, 221
WR Hambrecht + Co, 154
WWL (World Wide Ledger), 227, 238-9
Xiong'an, 172, 189, 190
X-Road, 219-220
Zappos, 202-203, 213
Zimbábue, 96
Zipcar, 35

AGRADECIMENTOS

Várias pessoas nos ajudaram neste livro e somos extremamente gratos a todas elas pelo tempo dedicado, pelas ideias apresentadas bem como pela paciência.

Gostaríamos primeiramente de agradecer a cinco pessoas cujo encorajamento e inspiração nos levaram a aperfeiçoar continuamente nossas ideias e a assumir riscos ao longo do caminho. São elas:

- Laura Starita, que nos ajudou durante longos dias, noites e fins de semana. Ela estruturou nossas ideias e fez verdadeiras mágicas na edição de modo a esclarecer nossos argumentos. Ela nos desafiou constantemente, tirando-nos de nossas zonas de conforto, porém, ao mesmo tempo, administrando habilmente nossas tensões e um cronograma de publicação apertado.

- Heather Pemberton Levy, que acreditou em nossa capacidade e, em primeiro lugar, tornou este projeto possível. Heather teceu comentários de inestimável ajuda bem como nos encorajou e garantiu que todas as partes envolvidas trabalhassem juntas.

- Vincent Oliva, que em sua carreira na Gartner foi nosso gerente. Mais adiante, Vincent nos orientou a pensarmos sozinhos. Há mais de uma década, ele sempre nos defendeu e nos deu tempo para desenvolvermos nosso projeto sobre o futuro do dinheiro, que se tornou a base para nossa pesquisa sobre blockchain.

284   O VERDADEIRO VALOR DO BLOCKCHAIN

- Ray Valdes, por sua considerada liderança e conhecimento técnico impressionante além da consistência de suas pesquisas e paciente dedicação para nos ajudar a fundamentar nossa análise.

- Mark Raskino que, em 2007, graciosamente organizou um evento, em São Francisco, para que pudéssemos mostrar o que o futuro pode nos reservar.

Muitos colegas da Gartner e outros colaboradores contribuíram com ideias e orientação para tornar o livro melhor do que um que pudéssemos completar sem a ajuda deles. Reconhecemos particularmente aqueles que usaram tempo de suas agendas lotadas para revisar nossos manuscritos. Nesta lista incluímos (se bem que dificilmente limitada a esta) os seguintes indivíduos: Martino Agostini, Mehmet Bozkurt, Henrik Cederblad, Ismail Charkaoui, Hannah Elliott, Homan Farahmand, Thomas Hawley, Rick Holgate, Rick Howard, Richard Hunter, Rajesh Kandaswanny, Phoebe Lam, Susan Landry, Sarah Largier, Ruu-Tian Lawrence, Maggie Lee, Allen Liado, Jorge Lopez, Rich McAvey, Ali Merji, Kristin Moyer, Alistair Newton, Tina Nunno, Don Scheibenreif, Christine Shao, Bart Stanco, Kyle Wu e Chenkai Zhu. Também queremos reconhecer todos nossos colegas cujas pesquisas deram apoio às nossas ideias. E obrigado a você, Gordon Schuit, pela bela apresentação gráfica.

Agradecemos muito a equipe editorial da Harvard Business Press que, apesar do reconhecido profissionalismo, vale a pena frisar mais uma vez: Erika Heilman, que lançou nosso projeto e permaneceu conosco o tempo todo; Kevin Evers, pelo aconselhamento e administração   editorial; Patricia Boyd, pelo detalhado e cuidadoso trabalho de copidesque; Stephani Finks, pela excelente capa e Allison Peter e Anne Starr por nos conduzir durante o processo de produção.

Somos gratos à direção da Gartner pelo apoio dado a este criativo projeto. Obrigado particularmente a Andrew Spender por apoiar o programa *Gartner Books* e aos líderes de pesquisa Mike Harris e Val Sribar pela dedicação e apreciação crítica rigorosa. Nossos gerentes, Lee Weldon, John Kost e Peter Delano tiveram a árdua tarefa de nos ajudar a manter um equilíbrio entre a dedicação ao livro e nossos compromissos com clientes – obrigado por estarem sempre ao nosso lado.

AGRADECIMENTOS

Este livro não seria tão bem fundamentado ou profundo como é sem a ajuda de tantos profissionais que contribuíram com seu valioso tempo para serem entrevistados: Jean-François Bonald, Dr. Ray-Jade Chen, Roman Cheng, Dan Chesterman, Pieter Franken, Rebecca Hofmann, Dr. MeiKei Ieong, John Jordan, Dwight Klappich, Stephane Kunesch e seus colegas, Frédéric Longatte, Joseph Lubin, Kerry O'Connor, Rob Palatnick, Mats Snäll, Tony Sun, Ray Valdes, Frank Verhaest, Michael White, Daniel Wilson, Christopher Woodrow e Guang Zhao.

Finalmente, agradecemos nossas famílias e amigos pelos conselhos e contribuições durante esta aventura intelectual. Em particular, agradecemos nossas esposas, cuja paciência e bom humor foram testados frequentemente por nós, mas que sempre estavam à disposição para nos apoiar e encorajar.

SOBRE OS AUTORES

DAVID FURLONGER é diretor e *Research Fellow* da Gartner na América do Norte. Ele trabalha basicamente com CEOs, conselhos de administração e outros altos executivos, sendo talentoso e assíduo palestrante de destaque com vasta experiência internacional. O foco de sua pesquisa se concentra na futurologia, analisando como tendências tecnológicas e negócios de longo prazo impactam a sociedade, os setores de atividade, os governos e as organizações. Em 2007 introduziu o tema de pesquisa para a Gartner intitulado "O Futuro do Dinheiro" e, posteriormente, lançou o Centro de Excelência e pesquisa sobre blockchain da Gartner .

Antes de ingressar na Gartner, Furlonger trabalhou em várias áreas do setor financeiro bem como em indústrias químicas e de metais preciosos. Como empreendedor e consultor, dirigiu empresas de capital aberto e depois ajudou na venda de uma empresa na área de mídia e software com sede na América do Norte.

CHRISTOPHE UZUREAU é diretor da Gartner no Pacífico Asiático. Trabalha basicamente com CEOs, diretores de TI e outros altos executivos. Sua pesquisa se concentra em como o blockchain e a tokenização capacitam novos ativos, produtos e serviços a gerarem valor para empresas e consumidores. Sua análise explora a evolução de empresas digitais, levando em conta inovações e tecnologias emergentes bem como o seu impacto no comportamento dos consumidores. Uzerau tem larga experiência no setor financeiro. Residiu e trabalhou em diferentes países e dá grande importância ao contexto local, incorporando-o à sua análise.

GRÁFICA PAYM
Tel. [11] 4392-3344
paym@graficapaym.com.br